Éléments de science politique

Logiques politiques
Collection dirigée par Yves Surel

Créée en 1991 par Pierre Muller, la collection « Logiques politiques » a pour vocation principale de publier des ouvrages de science politique, ainsi que des livres traitant de thématiques politiques avec un autre angle disciplinaire (anthropologie, économie, philosophie, sociologie). Elle rassemble des recherches originales, tirées notamment de travaux de doctorat, ainsi que des ouvrages collectifs sur des problématiques contemporaines. Des séries thématiques sont également en cours de développement, l'une d'entre elles visant à publier des ouvrages de synthèse sur les systèmes politiques des États-membres de l'Union européenne.

DERNIERES PARUTIONS

Christophe VOILLIOT, *Éléments de science politique*, 2010
Sous la direction de Sylvain BARONE et Aurélia TROUPEL, *Battre la campagne. Élections et pouvoir municipal en milieu rural*, 2010.
Isabelle ENGELI, *Les politiques de la reproduction, Les politiques d'avortement et de procréation médicalement assistée en France et en Suisse*, 2010.
André-Louis SANGUIN, *André Siegfried. Un visionnaire humaniste entre géographie et politique*, 2010.
Bruno PALIER et Yves SUREL (dir.), *Quand les politiques changent. Temporalités et niveaux de l'action publique*, 2010.
Amandine CRESPY et Mathieu PETITHOMME, *L'Europe sous tensions*, 2009.
Laurent GODMER, *Des élus régionaux à l'image des électeurs ? L'impératif représentatif en Allemagne, en Espagne et en France*, 2009.
Jaeho EUN, *Sida et action publique. Une analyse du changement de politiques en France*, 2009.
Pierre MULLER et Réjane SENAC-SLAWINSKI (dir.), *Genre et action publique : la frontière public-privé en question*, 2009.
Yves SCHEMEIL et Wolf-Dieter EBERWEIN (dir.), *Normer le monde*, 2009.
Marion CARREL, Catherine NEVEU et Jacques ION (dir.), *Les intermittences de la démocratie*, 2009.

Christophe VOILLIOT

Éléments
de science politique

Du même auteur

Voter et se taire ? Monopoles politiques, influences médiatiques, Paris, Éditions Syllepse, 2008 (en collaboration).

La candidature officielle. Une pratique d'État de la Restauration à la Troisième République, Presses Universitaires de Rennes, « collection Carnot », 2005.

© L'Harmattan, 2010
5-7, rue de l'Ecole polytechnique ; 75005 Paris

http://www.librairieharmattan.com
diffusion.harmattan@wanadoo.fr
harmattan1@wanadoo.fr

ISBN : 978-2-296-13340-2
EAN : 9782296133402

L'unité de survie déterminante en dernier ressort est aujourd'hui l'humanité toute entière.

Norbert Elias, *La société des individus.*

INTRODUCTION : La science politique : objets, méthodes et problématiques

> Pour fabriquer une bombe
> A mes enfants croyez-moi
> C'est vraiment de la tarte
> La question du détonateur se résout en un quart d'heure
> C'est de celles qu'on écarte
>
> **Boris Vian, *La java des bombes atomiques* (1954).**

Il est d'usage, dans l'introduction d'un cours, *a fortiori* lorsqu'il s'agit d'un cours de première année de licence présentant une nouvelle discipline, d'exposer brièvement les linéaments de cette dernière. Ce type d'introduction, souvent entendue comme excessivement et inutilement rhétorique par les étudiants, se justifie d'autant plus dans le cas présent – une introduction à la science politique – que cette discipline a, entres autres, la particularité d'être enseignée de manière très différente selon les institutions, les cursus disciplinaires et les enseignants. Devant un tel public, il convient de présenter successivement ses objets, ses méthodes et ses problématiques. J'ai donc exceptionnellement conservé dans cette introduction les traces de l'enseignement oral qui a servi de base à l'élaboration de cet ouvrage[1].

1. La question de l'objet.

Il est particulièrement difficile de définir avec certitude, et encore moins avec précision, l'objet de la science politique tant celui-ci, comme le soulignait Jean Leca a progressivement, à la faveur de l'arrivée de nouvelles générations de chercheurs, « évolué vers l'ubiquité et la dilution »[2]. Pour résumer les riches débats internes à la discipline, et en se limitant volontairement à la science politique française[3], on peut schématiquement distinguer trois positions non exclusives les unes des autres :

---

[1] Enseignement dont le cours magistral n'est que la partie la plus visible, je suis en effet redevable du travail de tous les chargés de travaux dirigés qui ont contribué à cette aventure pédagogique ; qu'ils en soient ici tous chaleureusement remerciés. Je remercie également, et tout particulièrement, Fabrice Bensimon et Arnault Skornicki pour leurs conseils et leurs lectures attentives.

[2] LECA (J.), « La science politique dans le champ intellectuel français », *Revue française de science politique,* XXXII, 4-5, 1982, p. 658.

[3] Pour une histoire comparative, encore à l'état d'esquisse, on se reportera à FAVRE (P.), « Histoire de la science politique », in GRAWITZ (M) et LECA (J.), dir., *Traité de science politique*, Paris, Presses Universitaires de France, 1985, vol. 1, pp. 3-45.

a) *Le relativisme disciplinaire.* La notion de discipline scientifique n'ayant aucun sens d'un point de vue épistémologique[4], il n'y aurait pas lieu de caractériser chaque objet en fonction d'une cartographie disciplinaire contingente, fruit des transformations institutionnelles propres aux champs universitaires (par exemple, en France, la création de l'*École libre des sciences politiques* par Émile Boutmy[5] en 1871) ou à chaque université. Cette position est défendue, avec brio, par Pierre Favre selon qui « les sciences n'ont pas de territoires et de frontières, puisqu'une discipline ce n'est en fait, à un moment donné, qu'une mosaïque de recherches qui se complètent certes souvent, mais plus souvent encore se juxtaposent, se concurrencent ou s'ignorent sans pouvoir être vue comme investissant dans l'ordre un terrain et un seul »[6]. Vouloir spécifier la place de la science politique dans le panorama des disciplines enseignées, et ce faisant son ou ses objets, de manière durable relève d'une « illusion classificatoire » qui est elle-même « fondée sur l'illusion d'une possible mise en ordre définitive du réel »[7]. Tout au plus, dans cette logique, pourrait-on rattacher la science politique à l'ensemble plus vaste, mais lui-même assez flou, des sciences sociales. Et encore, à la condition, de reconnaître avec Jean-Claude Passeron, que les sciences sociales ont en commun une même forme de « raisonnement sociologique »[8], ce qui nous renvoie incidemment à la question des méthodes évoquée plus loin.

b) *L'empirisme débridé.* Si l'on abandonne l'idée de cerner de manière épistémologique l'objet de la science politique, on peut être tenté d'approcher la science politique comme l'ensemble des phénomènes sociaux considérés comme politiques à un moment et dans un espace ou une aire géographique donné[9]. Dans ces conditions, la science politique aurait pour mission d'expliciter

---

[4] L'épistémologie est la science de la connaissance. Un enseignement spécifique d'épistémologie des sciences sociales figure au cursus des étudiants en science politique dans les universités françaises. Voir BERTHELOT (J.-M.), dir., *Épistémologie des sciences sociales,* Paris, Presses Universitaires de France, 2001.

[5] DAMAMME (D.), « Genèse sociale d'une institution scolaire : l'École libre des sciences politiques », *Actes de la recherche en sciences sociales,* 70, 1987, pp. 31-46 ; Id., « D'une école des sciences politiques », *Politix,* 3-4, 1988, pp. 6-12 ; FAVRE (P.), « Boutmy et l'École libre des sciences politiques », *Revue française de sociologie,* XXII, 1981, pp. 429-465.

[6] FAVRE (P.), « Retour à la question de l'objet ou faut-il disqualifier la notion de discipline ? », *Politix,* 29, 1995, p. 144.

[7] *Ibid.*, p. 145.

[8] PASSERON (J.-Cl.), *Le raisonnement sociologique. Un espace non poppérien de l'argumentation,* Paris, Albin Michel, 2006 (1ère ed. 1991).

[9] Les chercheurs francophones qui s'inscrivent dans la perspective d'une anthropologie politique n'hésitent pas, pour leur part, à partir en quête « d'objets politiques non identifiés » mais qui symbolisent des relations de pouvoir. Voir MARTIN (D.-C.), dir., *Sur la piste des OPNI,* Paris, Éditions Karthala, 2002.

ce que ses contemporains considèrent comme des activités politiques. Cette position, qui a le mérite de la souplesse, permet de prendre en compte une grande variété d'objets empiriques et de points de vue sur ces objets. Elle présente néanmoins un inconvénient majeur pour le chercheur qui est le risque de se voir imposer sa problématique par l'air du temps... Pierre Bourdieu avait adressé ce reproche, de manière polémique, à la science politique : « C'est ainsi, disait-il, qu'en se donnant comme objet principal – comme aujourd'hui ce qu'on appelle la *science politique* – la sphère de la politique légitime, la science sociale a longtemps repris à son compte l'objet préconstruit que lui imposait la réalité »[10]. La politique légitime, c'est la notion telle qu'elle est comprise et imposée par les groupes sociaux dominants, que ce soit dans le champ du pouvoir ou dans le champ académique (du fait par exemple de l'emprise exercée par le champ philosophique sur la définition légitime des concepts pertinents[11]). Au contraire, nous suggérait Pierre Bourdieu, les sciences sociales doivent rompre avec le sens commun, construire leurs objets de recherche en exerçant une « vigilance épistémologique » de tous les instants[12], faute de quoi elles ne feront que « renvoyer à la classe dirigeante et à son personnel politique sa science spontanée de la politique, parée des dehors de la science »[13].

c) *La politique comme construction sociale*. Si l'on prend au sérieux l'impératif de rupture avec le sens commun, il est possible d'aboutir à une définition scientifique de l'objet qui fonctionne comme un préalable aux protocoles de recherche, aux investigations empiriques des chercheurs spécialisés. C'est ce que propose, par exemple, Michel Offerlé, pour qui « la science politique peut se délimiter comme le rassemblement d'un ensemble de chercheurs travaillant sur les mécanismes qui sont au principe de la conquête, de l'occupation et de la conservation des positions de pouvoir dénommés politiques dans une société donnée et donc, des mécanismes qui, constamment concourent à politiser, à construire politiquement des problèmes sociaux »[14]. Considérant que la politique n'est qu'une construction sociale (et non une essence) historiquement déterminée. Cette idée « magnifiquement libératrice »,

---

[10] BOURDIEU (P.), « Les modes de domination », *Actes de la recherche en sciences sociales,* 2-3, 1976, p. 126.
[11] PINTO (L.), *La vocation et le métier de philosophe. Pour une sociologie de la philosophie dans la France contemporaine,* Paris, Éditions du Seuil, 2007.
[12] BOURDIEU (P.), CHAMBOREDON (J.-Cl.) et PASSERON (J.-Cl.), *Le métier de sociologue,* Paris, Mouton éditeur, 1968, pp. 102-106.
[13] BOURDIEU (P.), *Interventions, 1961-2001. Science sociale et action politique,* Marseille, Agone, 2002, p. 84.
[14] OFFERLE (M.), « L'histoire des politistes », in LEGAVRE (J.-B.), dir., *Enseigner la science politique,* Paris, L'Harmattan, 1998.

selon l'heureuse formule de Ian Hacking[15], nous incite à ne pas nous limiter, dans notre champ de recherche, aux seuls rapports sociaux politiquement légitimés mais à faire entendre ce que Michel Foucault appelait le « bruit de la bataille », c'est-à-dire l'ensemble des luttes pour la conquête des positions de pouvoir et des luttes, inséparables des précédentes, pour la définition de ces postes. On s'entendra donc, dans cette logique, sur la définition préalable proposée par Bernard Lacroix : « La science politique peut être définie comme l'explication des conditions et des formes du débat politique, l'explication des faits et gestes des professionnels engagés dans cette activité et enfin l'étude de la manière dont ce déploiement d'activité affecte les acteurs sociaux »[16].

2. <u>La question des méthodes</u>.

Partons d'un constat simple à établir au vu de la diversité contemporaine des travaux de science politique (dont une majorité relève d'ailleurs de la position empiriste évoquée ci-dessus) : il n'y a pas de méthode propre à la science politique[17]. Cette discipline n'a comme autre solution que d'utiliser avec rigueur l'ensemble des méthodes des sciences sociales[18] et le mode de raisonnement sociologique qui leur convient. Les sciences sociales – je me réfère sur ce point à la démonstration de Jean-Claude Passeron [19] – peuvent produire des interprétations contextuelles, utilisant des coordonnées spatio-temporelles précises. Néanmoins, du fait de l'obligation d'avoir recours à un langage naturel (c'est-à-dire un langage commun aux chercheurs et aux acteurs sociaux), les sciences sociales ne peuvent prétendre, comme les sciences expérimentales, aboutir à des lois prédictives reposant sur des expériences stables et formulées dans un langage formalisé (comme les mathématiques). Ces rapides considérations épistémologiques[20] ont pour but de refermer, dans le cadre présent cela va de soi, la question des méthodes. Ce n'est certainement pas là qu'il faut chercher ce qui va différencier *in fine* les travaux des politistes de ceux

---

[15] HACKING (I.), *Entre science et réalité. La construction sociale de quoi ?*, Paris, Éditions La Découverte, 2001 (1ère ed. 1999), p. 14. Voir aussi BOGHOSSIAN (P.), *La peur du savoir. Sur le relativisme et le constructivisme de la connaissance,* Marseille, Agone, 2009, (1ère ed. 2006).
[16] LACROIX (B.), « Scalpel pour quoi faire ? », *Cahiers de sociologie politique de Nanterre*, 1, 1994, p. 2. http://www.gap-nanterre.org/spip.php?article1
[17] CURAPP, *Les méthodes au concret. Démarches, formes de l'expérience et terrains d'investigation en science politique,* Paris, Presses universitaires de France, 2000.
[18] Un enseignement spécifique de méthodologie des sciences sociales figure également au cursus des étudiants en science politique. Voir GRAWITZ (M), *Méthodes des sciences sociales*, Paris, Dalloz/Sirey, 1999.
[19] PASSERON (J.-Cl.), *Le raisonnement... op. cit.*
[20] Qui sont loin de faire consensus dans la discipline, voir FAVRE (P.), *Comprendre le monde pour le changer. Épistémologie du politique,* Paris, Presses de Sciences-Po, 2005.

des historiens, des sociologues, etc. Tout lecteur de leurs travaux réalisera vite que les politistes utilisent aussi bien des archives, que des analyses de données statistiques, des entretiens non-directifs, etc... Soit une boîte à outils bien remplie et que les étudiants doivent apprendre patiemment à utiliser.

3. La question des problématiques.

C'est peut-être à partir de cette dernière question que se forge aujourd'hui l'identité scientifique de la science politique, des sciences politiques devrions-nous dire si l'on voulait tenir compte des spécificités nationales. En effet, c'est la qualité du questionnement, la capacité à s'affranchir de frontières disciplinaires, que renforcent paradoxalement la mise en concurrence des équipes et des institutions de recherche, mais aussi parfois la tranquille obstination des chercheurs, qui vont être déterminantes pour l'orientation de la production scientifique. En ce sens, il faut prendre au sérieux la remarque de Bastien François pour qui « la science politique n'est pas autre chose qu'une science de corsaires écumant la mer des sciences sociales, qu'un produit de rapines, qu'un pavillon de complaisance bien utile pour dissimuler un recel de marchandises volée »[21]. Peut-être même les savants auraient-ils à apprendre aujourd'hui de la liberté qui fût un temps celle des pirates des mers...

Les problématiques menées à bien définissent des itinéraires de recherche dont cette introduction à la science politique a vocation à rendre compte. Ces itinéraires, une fois rassemblés et mis en perspective, forment une carte de la discipline. Comme toutes les cartes, elle repose sur une sélection des informations jugées pertinentes par son auteur, elle n'est qu'une représentation rationalisée d'une réalité qui se dérobe d'autant plus que ses frontières, nous l'avons vu, sont loin d'être stabilisées. Il n'est sans doute plus aujourd'hui possible de rendre compte de manière exhaustive de l'ensemble de la recherche en science politique (même si on décidait, ce qui serait absurde, de se limiter aux seuls travaux en langue française). Par conséquent, le lecteur sera l'unique juge de la sélection proposée[22], de la cécité à géométrie variable de l'auteur de ces lignes comme des ses enthousiasmes mal contrôlés

---

[21] FRANÇOIS (B.), « Préalables avant de prendre le droit comme objet », in COMMAILLE (J.), DUMOULIN (L.) et ROBERT (C.), dir., *La juridicisation du politique. Leçons scientifiques,* Paris, L.G.D.J, 2000, p. 116.

[22] Pour des raisons évidentes de format, toute une série de problématiques importantes (mais qui donnent lieu à des enseignements spécifiques et à des publications spécialisées) ne sont pas développées comme elles pourraient l'être dans ce volume : citons, par exemple, la philosophie politique, la théorie des relations internationales, la construction européenne, l'histoire des idées politiques, etc.

L'ouvrage est divisé en trois grandes parties. Dans un premier temps, nous tenterons de comprendre comment s'est historiquement imposé le modèle institutionnel de l'État et comment les institutions et les rapports sociaux qui leur donnent consistance contribuent à produire un ordre que nous qualifierons de politique. Dans un deuxième temps, nous verrons comment cet ordre politique induit à la fois des formes de participation légitimes dans le cadre d'un espace social restreint et des formes d'action plus variées, et qui ont en commun d'avoir pour enjeu principal l'action publique. Un troisième et dernier temps sera consacré à l'étude de cette action publique, de ses acteurs (les élites politiques et administratives) et de ses produits (les politiques publiques).

Chapitre 1 : L'ordre politique

> *Injustice.* - Il est dangereux de dire au peuple que les lois ne sont pas justes, car il n'y obéit qu'à cause qu'il les croit justes. C'est pourquoi il faut lui dire en même temps qu'il y faut obéir parce qu'elles sont loi, comme il faut obéir aux supérieurs, non pas parce qu'ils sont justes, mais parce qu'ils sont supérieurs. Par là, voilà toute sédition prévenue si on peut faire entendre cela.
>
> ***Pascal*, pensée n° 326.**

[01] Posée *ex abrupto*, la question de l'existence d'un ordre politique est susceptible de nous orienter dans des directions variées et inégalement heuristiques. On peut, en premier lieu, envisager l'ordre politique à travers les croyances qui ont permis, durablement, son acceptation et sa reproduction. On peut également, toute une tradition intellectuelle économiciste influencée par le marxisme nous y incite, envisager l'ordre politique comme une superstructure liée aux transformations des forces productives et des rapports de production[23]. On peut, enfin, envisager l'ordre politique à travers l'étude des institutions qui contribuent à le produire, au premier rang desquelles on trouve cette institution qui nous est si familière et que l'on nomme État.

Pour suivre cette perspective d'analyse, il est nécessaire de tenir compte des avertissements de Bernard Lacroix pour qui la « représentation instituée de l'État » est un obstacle majeur à la connaissance et à l'analyse des phénomènes politiques[24]. Si l'on veut comprendre comment s'est construit cet ordre politique, celui dans lequel nous vivons aujourd'hui, il faut accepter au préalable de s'attarder sur quelques évidences (qui sont des prénotions au sens de Durkheim) pour mieux tenter de les mettre à distance. En effet, le simple fait de vivre dans une société étatique, elle-même entourée d'autres sociétés étatiques, fait obstacle

---

[23] Voir, à titre d'illustration de cette orientation théorique : CLARK (G. L.), DEAR (M.), *State Apparatus. Structures and Language of Legitimacy,* Boston, Allen & Unwin, 1984 ; SNOOKS (G. D.), ed, *The Dynamic Society. Exploring the Sources of Global Change,* Londres, Routledge, 1996.

[24] LACROIX (B.), « Ordre politique et ordre social. Objectivisme, objectivation et analyse politique », in GRAWITZ (M) et LECA (J.), dir., *Traité de science politique*, Paris, Presses Universitaires de France, 1985, vol. 1, p. 472 et s.

à une appréhension de l'ordre social autrement que sous la forme « État », forme institutionnelle qui est pourtant historiquement déterminée. Les catégories de « pensée d'État »[25] (la démocratie, le pouvoir exécutif, le régime parlementaire, etc.) s'imposent à nous comme des évidences auxquelles contribue d'ailleurs l'enseignement universitaire du droit. Or, et c'est un point essentiel, ces catégories de pensée d'État, produites par les groupes sociaux qui ont constitué et constituent ce dernier, ne peuvent être en même temps des instruments d'analyse de l'ordre étatique. L'approche impériale, renouvelée ces dernières années par les *postcolonial studies*[26], mais aussi il faut bien le dire par le succès proprement politique de certaines prophéties anti-impérialistes[27], est-elle plus satisfaisante de ce point de vue ? Assurément non, s'il s'agit de minorer sur un mode historiographique la réalité du phénomène étatique[28], plus certainement si elle constitue un appel à élargir nos horizons de recherche et de comparaison au-delà de la géographie et de l'histoire européenne.

---

[25] Sur ces logiques d'imposition, voir LENOIR (R.), *Généalogie de la morale familiale,* Paris, Éditions du Seuil, 2003, pp. 83-88.

[26] Les politistes français sont généralement assez critiques vis-à-vis de ces travaux, à l'instar de Jean-François Bayart pour qui « ni les études post-coloniales elles-mêmes ni leur usage militant ou leur critique scientifique ne parviennent à se défaire de leur ambivalence initiale. Sous la plume de leurs théoriciens, le souci d'universalisme tourne souvent au discours identitaire, et le statut, philosophique ou scientifique, de leurs textes reste fréquemment incertain, ce qui rend malaisé leur commentaire ou leur utilisation ». BAYART (J.-F.), « Les études postcoloniales, une invention politique de la tradition ? », *Sociétés politiques comparées,* 14, 2009, p. 6, disponible sur http://www.fasopo.org ; voir aussi SIBEUD (E.), « Post-Colonial et Colonial Studies : enjeux et débats », *Revue d'histoire moderne et contemporaine,* LI, 4 bis, 2007, pp. 87-95 ; SMOUTS (M.-Cl.), dir., *La situation postcoloniale. Les Postcolonial Studies dans le débat français,* Paris, Presses de Sciences-Po, 2007.

[27] HARDT (M.) et NEGRI (T.), *Empire,* Paris, U.G.E. « 10/18 », 2004. Pour une lecture critique de cette posture prophétique, voir PINTO (L.), « La pensée post- de Toni Negri », in GEAY (B.) et WILLEMEZ (L.), dir., *Pour une gauche de gauche,* Bellecombes en Bauge, Éditions du Croquant, 2008, pp. 197-213.

[28] Voici un exemple de l'ambiguïté qui préside à un tel programme de recherche : « La forme impériale a précédé l'État moderne au niveau des attentes, des habitudes, et des tribulations. La bureaucratie, la souveraineté, le nationalisme, et les autres attributs de l'État moderne se sont développés – au moins en partie – à partir de pratiques impériales à l'étranger et en réponse aux inquiétudes qu'elles suscitaient le plus souvent en Europe ». STOLER (A. L.), MCGRANAHAN (C.), « Refiguring Imperial Terrains », in *Imperial Formations,* Santa Fe, School for Advanced Research Press, 2007, p. 29.

Comment résoudre pratiquement, c'est-à-dire pour ce qui nous concerne pédagogiquement, ce problème ? En effectuant un long voyage, dans le temps et dans l'espace[29], pour tenter de comprendre la genèse des différentes formes d'organisation collective et plus particulièrement celle que l'on désigne comme étant l'État moderne (sous-chapitre 1), ce détour spatio-temporel étant un préalable indispensable à l'analyse sociologique des institutions politiques contemporaines (sous-chapitre 2).

---

[29] Notions qui toutes deux méritent également d'être envisagées dans leur historicité : ELIAS (N.), *Du temps,* Paris, Fayard, 1996 (1ère ed. 1984) ; KERN (S.), *The Culture of Time and Space, 1880-1918,* Cambridge, Harvard University Press, 1983.

1/ Naissance de l'État moderne

[02] Pour appréhender toutes les facettes d'une question aussi vaste, il est nécessaire de mobiliser des connaissances produites par les différentes sciences sociales : histoire, géographie, anthropologie, archéologie, sociologie, etc. Il s'agit de présenter les différentes recherches menées sur ce sujet, où l'éclairant d'un jour nouveau. Sans prétendre à l'exhaustivité, ce sous-chapitre a vocation à poser quelques jalons scientifiques d'une connaissance de formes étatiques variées et de leurs évolutions. En effet, comme le soulignait l'historien allemand Otto Hintze, « nous ne pouvons définir la nature de l'État moderne sans tenir compte de l'ensemble du processus (…) de formation des États ; non pas comme quelque chose qui est, mais comme quelque chose qui devient, qui évolue, et qui dans une certaine mesure, sinon disparaît, du moins se métamorphose en d'autres formes »[30].

Il n'est pas aisé de définir *a priori* ce qu'est l'État. Il peut être envisagé comme une construction sociale et institutionnelle et comme la naturalisation progressive de la domination exercée par un groupe social, soit un processus jamais complètement achevé (en témoigne ce que l'on nomme aujourd'hui la construction européenne[31]) et dont les formes peuvent varier à la mesure des relations sociales qu'il intègre. En effet, on ne peut réduire l'État à une combinatoire institutionnelle (ce que tend à faire le droit constitutionnel) ou à l'exercice du pouvoir par un groupe dominant (ce qu'une sociologie sommaire suffit à exposer). L'État est, pour reprendre la formulation d'Émile Durkheim, un « groupe spécial de fonctionnaires » intégrés dans une « autorité supérieure régulièrement constituée »[32]. Cette définition, qui n'a pas eu la même fortune que celle de Max Weber dans les manuels de sciences sociales, a néanmoins le mérite de mettre l'accent sur la notion de règle et sur son rôle de légitimation de l'exercice des relations de pouvoir[33]. Analyser sociologiquement le rôle des règles de droit, dans la perspective ouverte par les sociologues du droit et des

---

[30] HINTZE (O.), « Nature et transformation de l'État moderne » (1931), in *Féodalité, capitalisme et État moderne. Essais d'histoire sociale comparée choisis et présentés par H. Bruhns,* Paris, Éditions de la M.S.H., 1991, p. 309.

[31] Sur cette question, qui n'est pas abordée en tant que telle dans le cadre de cette introduction à la science politique, voir COHEN (A.), LACROIX (B.) et RIUTORT (Ph.), dir., *Nouveau manuel de science politique,* Paris, Éditions La Découverte, 2009, ch. 11 ; KAISER (W.), LEUCHT (B.), RASMUSSEN (M.), *The History of the European Union. Origins of a Trans- and Supranational Polity, 1950-1972,* Londres, Routledge, 2009.

[32] DURKHEIM (E.), *Leçons de sociologie. Physique des mœurs et du droit,* Paris, Presses Universitaires de France, 1969.

[33] LAGROYE (J.), « La légitimation », in GRAWITZ (M) et LECA (J.), dir., *Traité de science politique,* Paris, Presses Universitaires de France, 1985, vol. 1, pp. 395-467.

institutions, nous contraint à ne pas faire de ces règles la clef de compréhension des mystères de l'État ! C'est pourquoi, répétons-le, le droit public – et singulièrement cette partie du droit public que l'on nommait au XIXe siècle en France « droit politique » – et qui regroupe ces règles, ne peut être un instrument d'analyse sociologique de l'État. Il en est le langage ou, plus exactement, il est le langage commun à tous ceux qui occupent des positions d'État[34]. Par conséquent, dans les développements qui suivent, le droit public sera considéré, parmi d'autres, comme un objet à analyser et non comme l'outillage mental indispensable à la compréhension des phénomènes politiques.

a) Les formes archaïques

En ayant bien présent à l'esprit qu'il ne saurait être question ici d'assimiler toute forme d'autorité plus ou moins institutionnalisée à un État, nous devons néanmoins prendre en considération les apports de l'archéologie[35] et de l'anthropologie à notre connaissance de formes archaïques – sans accorder à ce terme une quelconque connotation péjorative – de sociétés organisées.

(1) Les civilisations anciennes

[11] Dans un vaste panorama des civilisations anciennes, l'anthropologue Elman Rogers Service parvient à recenser six formes archaïques de sociétés organisées[36] :

1° en Méso-Amérique où apparaissent simultanément plusieurs foyers distincts de civilisation vers 3000 avant notre ère[37], la plus complexe étant située dans la vallée de *Teotihuacán* située au nord-est de l'actuelle ville de Mexico[38]. Regroupant une population d'environ 100 à 150 000 personnes[39],

---

[34] Le droit public est d'ailleurs très largement concurrencé aujourd'hui par les sciences économiques et les théories du « public management ». BEZES (Ph.), *Réinventer l'État. Les réformes de l'administration française (1962-2008),* Paris, Presses Universitaires de France, 2009 ; DULONG (D.), « Quand l'économie devient politique. La conversion de la compétence économique en compétence politique », *Politix,* 35, 1996, pp. 109-130.

[35] Qui est aussi une science très politique... TRÜMPLER (Ch.), hrsg, *Das Grosse Spiel. Archäologie und Politik zur Zeit des Kolonialismus, 1860-1940,* Essen, Dumont Buchverlag, 2008. Sur la place de l'archéologie dans les sciences de l'homme, voir LAMING-EMPERAIRE (A.), « Archéologie préhistorique et sciences humaines », in POUILLON (J.) et MARANDA (P.), dir., *Échanges et communications. Mélanges offerts à Claude Lévy-Strauss,* La Haye, Mouton, 1970, vol. 1, pp. 393-412.

[36] SERVICE (E. R.), *Origins of the State and Civilization. The Process of Cultural Evolution,* New York, Norton & Company, 1975.

[37] Le calendrier *maya* commence le 11 août 3114 avant notre ère.

[38] Des travaux plus récents mettent également en avant l'urbanisation de la vallée d'Oaxaca. Voir MARCUS (J.), FLANNERY (K. V.), *Zapotec Civilization. How Urban Society Evolved in Mexico's*

cette société s'est développée à partir d'une agriculture basée sur l'irrigation. Selon l'auteur, le processus d'urbanisation de *Teotihuacán* semble avoir coïncidé avec la mise en place d'un contrôle de l'approvisionnement en eau. De plus, l'existence d'un système centralisé de pouvoir était nécessaire pour établir des échanges commerciaux avec les villages de la vallée et permettre ainsi le ravitaillement d'une vaste cité. Si l'on peut considérer que le développement des échanges de marchandises avait des effets pacificateurs sur les populations voisines qui bénéficiaient ainsi de la demande urbaine de produits agricoles (du maïs, des pois et des agrumes principalement), cela n'empêchait pas néanmoins les invasions par des populations étrangères, c'est-à-dire relevant de royaumes distincts, ou des guerres intestines.

2° au Pérou où le schéma de développement est assez proche du précédent, même s'il n'y a pas eu, semble-t-il, de contact entre ces deux civilisations. Là aussi, après une longue période de lents progrès en matière agricole (1500 ans avant notre ère), on observe une centralisation urbaine autour d'un pouvoir militaro-religieux qui bénéficiait des surplus agricoles que permettait l'irrigation.

3° en Mésopotamie où s'est développée, dans les vallées du Tigre et de l'Euphrate, une agriculture basée sur l'irrigation vers 5000 ans avant notre ère et qui donna naissance à la première civilisation urbaine vers 3500 ans avant notre ère (civilisation sumérienne). Un pouvoir royal héréditaire apparaît vers 2900-3000 ans avant notre ère et un empire dynastique regroupant plusieurs cités vers 2400-2500 ans avant notre ère[40]. Le processus peut se décrire ainsi : au sein de groupes de parenté relativement égaux entre eux se forme, par hiérarchisation progressive, une dynastie à caractère oligarchique dans un cadre urbain. Chacune de ces dynasties a eu une durée d'environ un siècle avant d'être renversée par des invasions donnant naissance à une nouvelle dynastie. L'administration de cet empire est inséparable de l'invention d'une écriture, des chiffres et d'une justice organisée (le célèbre *code d'Hammourabi* rédigé vers 1750 avant notre ère)[41]. Comment expliquer la formation d'institutions centralisées dans cette région du monde ? Pour Robert McAdams, il s'agit d'une part d'une conséquence des guerres opposant soit des cités indépendantes entre elles soit des cités et des populations nomades, et d'autre part d'une conséquence du développement d'un « système de relations sociales hiérarchisées »[42], la

---

Oaxaca Valley, New York, Thames & Hudson, 1996.

[39] COWGILL (G. L.), « State and Society at Teotihuacan, Mexico », *Annual Review of Anthropology,* XXVI, 1997, pp. 129-161.

[40] KRAMER (S. N.), *The Sumerians,* University of Chicago Press, 1963.

[41] MCNEILL (W. H.), *The Rise of the West,* University of Chicago Press, 1963.

[42] MCADAMS (R.), *The Evolution of Urban Society : Early Mesopotamia and Prehispanic Mexico,* Chicago, Aldine-Atherton, 1966, p. 80.

stratification en classes étant pour cet anthropologue ce qui caractérise en premier lieu les sociétés politiques et dont il retrace la formation à partir d'éléments variés : écriture, symboles et lieux du pouvoir, armée permanente, métrologie[43], etc. Les premiers États coïncideraient donc avec la formation de sociétés de classes, ce qui est une proposition théorique acceptable à condition de ne pas assimiler trop rapidement les formes d'autorité archaïques (claniques pour la plupart) à des détenteurs de moyens de production dans une économie de marché[44]. En effet, comme le souligne Elman Rogers Service, l'autorité qu'exercent les chefs militaro-religieux sur les populations agricoles doit être analysée comme une « relation de pouvoir politique »[45] et non comme une relation strictement économique. La dimension religieuse est une dimension permanente de l'exercice de l'autorité politique. « Le sacré [est] mis au service de la légitimation de l'accaparement des ressources par les élites et à l'intérieur de celles-ci par un groupe particulier »[46] qui forme la dynastie régnante.

4° en Égypte, où s'épanouit à la même époque, autour du delta et de la vallée du Nil, une civilisation basée sur l'irrigation artificielle des champs[47]. L'Égypte unifiée ne dispose pratiquement pas d'infrastructures de défense militaire, les cités n'étant pas menacées par des raids de populations nomades. Ce qui caractérise la période ancienne (3100-2200 ans avant notre ère) c'est la concentration des pouvoirs aux mains des pharaons, notamment pour ce qui concerne le commerce, et par conséquent l'absence de marchands privés et de règles commerciales applicables, inutiles à vrai dire en situation de monopole[48]. Les pharaons sont à la fois des chefs de guerre et des chefs religieux dont le pouvoir repose sur des liens de clientèle et de parenté[49]. La stratification sociale est liée à l'émergence d'une bureaucratie à la fois en charge des affaires religieuses et de la redistribution à l'ensemble de la population des fruits du commerce réalisé par les dynasties régnantes.

---

[43]Science des mesures.
[44]Pour McAdams, les classes sociales sont des « des degrés objectivement différenciés d'accès aux moyens de production de la société qui n'impliquent pas nécessairement une mobilité fortement réduite, une conscience de classe ou une lutte de classes déclarée ». *Ibid.*, p. 79.
[45]SERVICE (E. R.), *Origins... op. cit.*, p. 212.
[46]CLEUZIAU (S.), « Transitions vers l'État au Proche et Moyen-Orient. Éléments pour une étude comparatiste », in DESCOLA (Ph.), HAMEL (J.) et LEMONNIER (P.), dir., *La production du social. Autour de Maurice Godelier,* Paris, Fayard, 1999, p. 258.
[47]MANNING (J. G.), « Irrigation et État en Égypte antique », *Annales HSS,* 2002, LVII, 3, pp. 611-623.
[48]« Nous n'avons aucune connaissance de lois égyptiennes réglementant le commerce, et ceci tend à montrer que le commerce privé n'a pas joué un rôle très important dans l'économie agraire. Le fait est que tout le commerce était entre les mains du Pharaon, et le Pharaon divin était, bien sûr, une loi en lui-même ». WOOLLEY (L.), *The Beginning of Civilization,* New-York, New American Library, 1963, p. 322.
[49]HOFFMAN (M.), *Egypt before the Pharaohs,* Londres, Routledge & Kegan Paul, 1980.

5° dans la vallée de l'*Indus*, se développent deux puissantes cités : *Harappa* et *Mohenjo-dar* (2500-1500 ans avant notre ère). Ces deux cités contrôlaient un vaste territoire, du *Penjab* à l'océan, où l'on pratiquait une agriculture irriguée. Nous n'avons pas la certitude de l'existence d'un pouvoir centralisateur[50] faute d'avoir mis à jour des tombes ou des palais qui pourraient servir d'indices probants aux archéologues[51.] Néanmoins ces derniers ont mis à jour des plans urbains complexes et géométriques qui furent respectés durant de longues périodes[52]. Mais la construction de ces cités est la conséquence – et non la cause – du développement de l'agriculture dans la vallée de l'*Indus*. Pour Sir Leonard Woolley, l'existence de deux capitales permettait de mieux contrôler l'ensemble de la vallée. Le pouvoir exercé par les maîtres de ces cités, où n'existe aucune trace de constructions militaires, avait vraisemblablement une dimension surtout religieuse. Comme en Égypte, ce pouvoir religieux s'articulait avec une redistribution à grande échelle des récoltes, comme en témoignent les greniers des villes. Pour certains savants, cette civilisation serait à l'origine du système de castes encore présent en Inde aujourd'hui[53]. Quoi qu'il en soit, les causes précises du déclin de cette civilisation restent mystérieuses : invasions, accidents climatiques liés à des tremblements de terre dans le vaste massif himalayen ?

6° en Chine, on assiste à la formation d'un Empire (500-206 ans avant notre ère) sous l'égide de la dynastie *Chin* ; cet empire détendait approximativement de la vallée du fleuve jaune jusqu'au *Yangtze*[54]. Elman Rogers Service attribue principalement cette réussite à des changements dans la manière de faire la guerre. « La forme nouvelle de la guerre avait pour objectif de détruire toute la structure politique du camp vaincu »[55]. La défaite signifiait donc une incorporation forcée des populations et non plus seulement un changement d'alliance entre les seigneurs féodaux ; donc à la formation d'une classe d'administrateurs civils et militaires issus de la petite noblesse. C'est à cette époque que l'on développa le système d'irrigation et que l'on construisit la

---

[50]KENOYER (J. M.), *Ancient Cities of the Indus Valley Civilization,* Karachi, Oxford University Press, 1998.

[51]De plus, leur écriture n'a pas encore été déchiffrée. POSSEHL (G.), « Revolution in the Urban Revolution.The Emergence of Indus Urbanization », *Annual Review of Anthropology,* 1990, pp. 261-282.

[52]PIGGOT (S.), ed, *Prehistoric India,* New-York, Penguin Books, 1950 ; WHEELER (R. E.), *The Indus Civilization,* Cambridge University Press, 1968.

[53]MALIK (S. C.), *Indian Civilization : The Formative Period,* Simla, Indian Institute of Advanced Study, 1968.

[54]YATES (R. D. S.), « Cosmos, Central Authority and Communities in the Early Chinese Empire », in ALCOCK (S. E.), ea, *Empires. Perspectives from Archeology and History,* Cambridge University Press, 2001, pp. 351-368.

[55]SERVICE (E. R.), *Origins... op. cit.,* p. 260.

fameuse grande muraille, ce qui supposait un système fiscal plus centralisé et aussi une mobilisation à grande échelle des populations pour accomplir ces travaux.

Une septième civilisation ancienne peut être ajoutée à cette liste : la civilisation turanienne. Dans cette région, qui correspond à l'actuel Iran méridional, le développement de centres urbains s'effectue grâce aux échanges commerciaux avec la Mésopotamie. En effet, cette zone de hauts plateaux, de montagnes arides et de steppes désertiques n'est pas propice au développement d'une agriculture irriguée comme dans les civilisations précédentes. Les études disponibles ne permettent pas encore d'apprécier la part des facteurs exogènes (l'exportation de minerais, l'influence de la civilisation sumérienne) et exogènes du développement de ces cités. Leur disparition, vers 2400-2600 ans avant notre ère – tout comme la religion (le zoroastrisme) pratiquée par ces populations – gardent encore leur part de mystère...

[12] L'apparition de ces formes archaïques d'État a donné lieu à de nombreuses tentatives d'explication. En suivant encore une fois Elman Rogers Service, on peut les regrouper en cinq familles :

1° L'explication par <u>la guerre et les conquêtes.</u> Sans tomber dans les simplifications de la *Conquest Theory* qui fait de la guerre le principe unique de développement des États[56], il est intéressant de s'intéresser aux conditions de formation des castes de guerriers chez les peuples qui ont mené les guerres de conquêtes comme les Zoulous[57]. En fait, il est nécessaire de distinguer trois types de guerre dont les conséquences ne sont pas les mêmes sur le développement des États[58] : les guerres de succession, les guerres entre des sociétés équivalentes et les guerres entre des agriculteurs sédentaires et des nomades pilleurs.

2° L'explication par l'irrigation et l'intensification de la production agricole. Pour Karl Wittfogel, discutant l'hypothèse marxienne du « mode de production asiatique »[59], il est nécessaire d'analyser les relations de pouvoir liées à la pratique d'une agriculture intensive basée sur l'irrigation[60]. Sa thèse peut se résumer ainsi : l'irrigation se traduit par un renforcement du groupe

---

[56]OPPENHEIMER (F.), *The State. Its History and Development Viewed Sociologically,* New-York, Vanguard Press, 1926.
[57]FRIED (M. H.), *The Evolution of Political Society,* New-York, Random Hose, 1967.
[58]SERVICE (E. R.), *Origins... op. cit.*, p. 271 et s.
[59] VIDAL-NAQUET (P.), « Karl Wittfogel et la notion de mode de production asiatique », in *La démocratie grecque vue d'ailleurs,* Paris, Flammarion, 1990, pp. 276-317. Il s'agit de la préface à la première édition française de 1964, ultérieurement retirée à la demande de Wittfogel.
[60]WITTFOGEL (K.), *Le despotisme oriental. Étude comparative du pouvoir total,* Paris, Éditions de Minuit, 1977 (1ère ed. 1957).

dirigeant qui monopolise le surplus de production agricole et, par le développement d'une bureaucratie spécialisée, veille aux travaux et à l'entretien du réseau hydraulique. La richesse ainsi produite permet la création d'armées permanentes dont la force contribue à l'extension du monopole fiscal et à l'institutionnalisation du gouvernement sous la forme d'un État despotique. Cette thèse a été vivement contestée et semble aujourd'hui hors de propos pour la plupart des spécialistes[61]. Yves Schemeil a ainsi montré, en étudiant les résistances aux pouvoirs despotiques, que des pratiques communautaires délibératives subsistaient et que le pouvoir impérial, en Chine, n'avait pas fait disparaître toutes les formes antérieures et locales d'autorité[62]. De même, il existe des cas où les systèmes d'irrigation n'ont pas été construits par des bureaucraties centralisées mais par des coopérations entre villages comme dans la vallée de *Salt-Gila* située dans l'actuel État de l'Arizona[63], au Pérou ou dans la vallée de l'Indus[64]. On en conclura donc que l'intensification de la production agricole peut se produire à de petites échelles, à partir de communautés agraires plus ou moins autonomes, et n'implique pas nécessairement une autorité centralisée.

3° L'explication par la croissance démographique. Le développement de surplus agricoles et la division progressive des tâches occasionneraient des conflits entre autorités militaires et religieuses. Selon la thèse développée par la *New Archeology* américaine, l'augmentation de la population ou la dégradation des conditions climatiques [65] seraient des facteurs de stress socio-environnemental qui favoriseraient le développement d'institutions de régulation des conflits[66]. En effet, pour pouvoir répondre à ces défis, il est nécessaire de

---

[61] BUTZER (K. W.), « Irrigation, Raised Fields and State Management : Wittfogel Redux ? », *Antiquity,* 70, 1996, pp. 200-204 ; BRIANT (P.), « L'État, la terre et l'eau entre Nil et Syr-Darya. Remarques introductives », *Annales HSS,* 2002, LVII, 3, pp. 517-529.

[62] SCHEMEIL (Y.), *La politique dans l'ancien Orient,* Paris, Presses de Sciences-Po, 1999.

[63] WOODBURY (R. B.), « A Reappraisal of Hokoham Irrigation », *American Anthropologist,* LXIII, 3, 1961, pp. 550-560.

[64] *Cf.* section 11.

[65] Les hypothèses centrées sur l'importance des facteurs climatiques et environnementaux dans l'évolution des sociétés anciennes ont fait l'objet d'une attention renouvelée à la lumière des problèmes contemporains ; voir FAGAN (B.), *The Long Summer. How Climate Changed Civilisation,* New York, Basic Books, 2004 ; HUGHES (J. D.), « Environmental Impacts of the Roman Economy and Social Structure : Augustus to Diocletian », in HORNBORG (A.), MCNEILL (J. R.), MARTINEZ-ALIER (J.), eds, *Rethinking Environmental History. World-System History and Global Environmental Change,* Lanham, AltaMira Press, 2007, pp. 27-40 ; JARED (D.), *Effondrement. Comment les sociétés décident de leur disparition ou de leur survie,* Paris, Gallimard, 2006 (1ère ed. 2005) ; REDMAN (Ch.), *Human Impact on Ancien Environments,* Tucson, University of Arizona Press, 1999.

[66] CARNEIRO (R. L.), « On the Relationship between Size of Population and Complexity of Social Organization », *Southwestern Journal of Anthropology,* XXIII, 3, 1967, pp. 234-243.

coloniser de nouveaux territoires, de favoriser le stockage des grains ou de développer les échanges avec d'autres populations ; solutions qui nécessiteraient toutes des formes d'autorité plus institutionnalisées et des relations sociales plus inégalitaires[67]. Pour Michael Harner, cette compétition pour les ressources agricoles favoriserait ainsi l'apparition d'une « classe héréditaire » dominante et d'une « organisation politico-militaire centralisée »[68]. Là encore, il est nécessaire d'être prudent avec ce type d'explication ; ce qui doit nous amener à y voir non une relation causale unilatérale mais un ensemble complexe d'interactions[69].

4° L'explication par l'urbanisme. Certains auteurs associent ce qu'ils nomment la « révolution urbaine » à la stratification sociale et au développement des États[70]. Cette explication n'est guère convaincante. Si les cités peuvent avoir des origines multiples (et souvent religieuses), leur développement à grande échelle est la conséquence et non la cause des transformations des sociétés politiques.

5° L'explication par les conflits de classe. Dans cette perspective, les États auraient été formés pour réprimer les masses au profit de l'aristocratie au pouvoir[71]. En fait il est difficile de trouver, dans les études monographiques, trace de véritables conflits de classe. Même les luttes internes au sein d'une cité étaient avant toute autre chose des « wars of prince »[72] entre rivaux qui cherchaient à conquérir des positions de pouvoir.

Le principal problème posé par les études archéologiques tient à la nature même de leurs protocoles de recherche : retrouver les traces d'un chef et des objets qui accompagnaient sa dépouille ne nous donne pas toutes les clefs pour comprendre des modalités d'organisation d'une société. Pour le dire autrement, il reste périlleux de conclure à l'existence d'un État sur la seule base d'objets retrouvés par des archéologues et permettant d'identifier un chef[73]. La majorité

---

[67] STEENSBERG (A.), *Hard Grains, Irrigation, Numerals and Script in the Rise of Civilization*, Copenhague, The Royal Academy of Science and Letters, 1989.
[68] HARNER (M.), « Population Pressure and the Social Evolution of Agriculture », *Southwestern Journal of Anthropology*, XVI, 1, 1970, p. 69.
[69] STEVENSON (R. F.), *Population and Political Systems in Tropical Africa*, New-York, Columbia University Press, 1968.
[70] CHILDE (G. V.), « The Urban Revolution », *Town Planning Review*, XXI, 1, 1950, pp. 3-17.
[71] Voir, section 11, l'explication proposée par Robert McAdams du développement de l'État en Mésopotamie.
[72] WALTER (E. V.), *Terror and Resistance. A Study of Political Violence*, New-York, Oxford University Press, 1969.
[73] « Le problème d'identification le plus difficile réside dans la tentative de séparer les chefferies des États... Les différences entre chefferies et États sont autant quantitatives que qualitatives. Notre principal critère dans le cas présent réside dans les degrés de stratification de la communauté et dans la taille, la qualité et la complexité des éléments architecturaux des plus grands centres urbains dont nous avons connaissance pour telle époque ou telle région ».

des sociétés « primitives »[74] étaient des petites sociétés segmentaires qui ont aujourd'hui disparu. « La *route vers la civilisation* a été ouverte par un petit nombre de bureaucraties qui se sont acquittées en fin de compte, dans des conditions extérieures plutôt inhabituelles pour elles, à exercer le pouvoir derrière l'autorité apparente d'un chef principal »[75] ce qui a ensuite permis d'asseoir une autorité traditionnelle ou charismatique, au sens de Max Weber, et, dans un nombre limités de cas, le développement ultérieur de bureaucraties impériales.

(2) Existe-t-il des sociétés sans État ?

[21] Contrairement aux archéologues qui s'intéressent à l'émergence et au déclin de civilisations urbaines dont les traces demeurent accessibles aujourd'hui par le biais de campagnes de fouilles, les anthropologues ont eu la possibilité, à la faveur de la colonisation européenne au XIXe siècle, d'étudier des formes de sociétés dites « primitives » dont l'activité reposait moins sur l'agriculture irriguée que sur la chasse et la cueillette et qui étaient des sociétés segmentaires, c'est-à-dire dépourvues d'une forme de pouvoir centralisé[76]. Les études sur les sociétés segmentaires remontent aux années 1930 et ont donné naissance à un domaine spécialisé de l'anthropologie : l'anthropologie politique[77]. Ayant recours à l'observation *in situ*, les anthropologues furent en mesure d'analyser les relations de pouvoir et les modes de domination présents dans ces sociétés. Lucy Mair distingue ainsi trois formes de gouvernement au sein des sociétés « primitives »[78]:

1° Le gouvernement minimal au sein de communautés peu nombreuses où les détenteurs d'autorité sont en nombre restreint et l'exercent à un niveau de faible intensité.

2° Le gouvernement diffus où l'ensemble des individus mâles adultes participent à la vie communautaire mais où, au sein de cet ensemble, certains

---

SANDERS (W. T.), MARINO (J.) , *New World Prehistory. Archeology of the American Indian,* Englewood Cliffs, Prentice-Hall, 1970, p. 9.

[74] L'usage des guillemets est aujourd'hui nécessaire lorsqu'on emploie une expression que les anthropologues contemporains se refusent désormais à utiliser sans nuance.

[75] SERVICE (E. R.), *Origins... op. cit.*, p. 306.

[76] La distinction entre sociétés segmentaires et sociétés à État est centrale dans les travaux d'anthropologie politique. Voir EVANS-PRITCHARD (E. E.) et FORTES (M.), *Systèmes politiques africains,* Paris, Presses Universitaires de France, 1964 (1ère ed. 1940) ; GAILLARD (G.) et KUPER (A.), *L'anthropologie britannique au XXe siècle,* Paris, Éditions Khartala, 2000.

[77] BALANDIER (G.), « La politique des anthropologues », in GRAWITZ (M) et LECA (J.), dir., *Traité de science politique,* Paris, Presses Universitaires de France, 1985, vol.1, pp. 309-334.

[78] MAIR (L.), *Primitive Government,* Londres, Pelican Books, 1962. Voir aussi TERRAY (E.), « Sociétés segmentaires, chefferies, États: acquis et problèmes », *Revue canadienne des études africaines,* XIX, 1, 1985, pp. 106-115.

individus ou groupements liés à l'âge disposent d'une autorité supérieure, par exemple les « grands hommes » de Nouvelle-Guinée[79].

3° Le gouvernement étatique qui se caractérise par une centralisation et par le développement d'une bureaucratie spécialisée.

La manière dont la stratification sociale de ces sociétés produit des rôles politiques ne doit pas cependant nous laisser croire que ces rôles, et l'autorité qui en découle, s'exercent de manière permanente. En ce sens, le modèle du gouvernement diffus a sans doute été le plus fréquent et l'institutionnalisation des rôles, sous la forme de royaumes, l'exception. Chez les *Tonga* étudiés par Jan Van Velsen, par exemple, il n'y a à proprement parler de comportements politiques, c'est-à-dire de relations de pouvoir instituées, que dans certaines circonstances[80]. L'exercice des relations de pouvoir (expression qui convient mieux que « la politique ») est intermittent car il n'est pas lié à des positions ou à des groupes spécifiés qui en revendiqueraient durablement le monopole.

[22] Très souvent d'ailleurs, ces peuples ont une approche ambiguë des relations de pouvoir. Dans les sociétés amérindiennes étudiées par Pierre Clastres, le pouvoir apparaît plus comme une menace que comme une nécessité[81]. L'organisation même de ces sociétés résulte de cette ambivalence : les chefs doivent en permanence prouver que l'autorité, à la fois symbolique et coercitive dont ils disposent, est exercée de manière indolore pour la communauté et ne la menace pas en tant que telle. Cette interprétation a été contestée, notamment par Jean-William Lapierre pour qui même dans les sociétés sans chef, sans autorité identifiable, il existe des rapports de domination qui s'exercent de manière permanente entre hommes et femmes, entre adultes et enfants, entre chasseurs et cueilleurs, etc[82].

La question de l'existence de sociétés sans État n'est peut-être pas sans objet, elle doit néanmoins être relativisée [83]. Comme nous l'avons déjà vu

---

[79]GODELIER (M.), *La production des grands hommes. Pouvoir et domination masculine chez les Baruya de Nouvelle-Guinée,* Paris, Flammarion, 1996 (1ère ed. 1982).

[80]VAN VELSEN (J.), *The Politics of Kingship. A Study in Social Manipulation among the Lakeside Tonga of Nyasaland,* Manchester University Press, 1964.

[81]CLASTRES (P.), *La société contre l'État. Recherches d'anthropologie politique,* Paris, Éditions de Minuit, 1974. Sur l'itinéraire intellectuel de Pierre Clastres, voir ABENSOUR (M.), dir., *L'esprit des lois sauvages. Pierre Clastres ou une nouvelle anthropologie politique,* Paris, Éditions du Seuil, 1987, pp. 7-17.

[82]LAPIERRE (J.-W.), *Vivre sans État ? Essai sur le pouvoir politique et l'innovation sociale,* Paris, Éditions du Seuil, 1977.

[83]Elle doit d'ailleurs beaucoup à l'humeur anti-institutionnelle des sciences sociales dans la France des années soixante-dix... Voir BAZIN (J.), « Le bal des sauvages », in AMSELLE (J.-L.), dir., *Le sauvage à la mode,* Paris, Le Sycomore, 1979, pp. 179-218.

précédemment[84], l'évolution des formes de gouvernement est aussi liée aux rapports plus ou moins pacifiés qu'entretiennent ces sociétés avec l'extérieur : guerres de conquêtes, échanges commerciaux, transferts de techniques, etc. On peut ainsi analyser la formation d'Empires, c'est-à-dire de regroupements plus vastes de différentes communautés sous la domination d'une seule comme un « emboîtement »[85]. Les communautés conquises ou agrégées (les structures emboîtées selon la terminologie de Frederick Bailey) cohabitent avec la structure emboîtante dominante et demeurent partiellement organisées selon leurs règles coutumières[86]. Dans ce cas de figure, l'autorité n'est pas forcément présente de manière permanente au sein de chaque communauté, mais il existe bien des rôles institués au sein de la structure emboîtante qui peuvent prendre la forme de lignages ou de dynasties régnantes (soit encore une fois les formes de domination traditionnelle repérées par M. Weber).

b) La formation des États modernes

Cette question est au centre de nombreux travaux qui s'inscrivent dans les problématiques élaborées par la sociologie historique à partir, le plus souvent, d'une relecture de textes « classiques », et qui forment aujourd'hui un domaine spécifique de la science politique que l'on nomme politique comparée. À ces travaux, on ajoutera les propositions d'analyse sociologique contenues dans l'œuvre de Norbert Elias, et on opposera les critiques plus récentes articulées autour de la question de l'euro-centrisme.

(3) La sociologie historique

[31] La sociologie historique[87] est majoritairement une sociologie de langue anglaise et qui s'inspire de deux traditions d'analyse initiées par des auteurs allemands : l'État comme monopole de la violence légitime (Max Weber)[88] et

---

[84] *Cf.* section 11.
[85] BAILEY (F. G.), *Les règles du jeu politique,* Paris, Presses Universitaires de France, 1971 (1ère ed. 1969).
[86] Pour un exemple récemment et magnifiquement étudié de regroupement de ce type, voir MEDARD (H.), *Le royaume du Buganda au XIXe siècle. Mutations politiques et religieuses d'un ancien État d'Afrique de l'Est,* Paris, Éditions Khartala/IFRA, 2007.
[87] Parmi les synthèses disponibles sur ce sujet, voir BADIE (B.), « Formes et transformations des communautés politiques », in GRAWITZ (M) et LECA (J.), dir., *Traité de science politique,* Paris, Presses Universitaires de France, 1985, vol. 1, pp. 599-663 ; SKOCPOL (Th.), ed, *Vision and Method in Historical Sociology,* Cambridge University Press, 1984.
[88] Sur l'itinéraire intellectuel de Max Weber, voir COLLIOT-THELENE (C.), *La sociologie de Max Weber,* Paris, Éditions La Découverte, 2006 ; KAESLER (D.), *Max Weber : sa vie, son œuvre, son influence,* Paris, Fayard, 1996 ; VINCENT (J.-M), *Max Weber ou la démocratie inachevée,*

l'État comme superstructure déterminée en dernière instance par l'évolution de la structure économique et sociale (Karl Marx).

Max Weber considère l'État comme un « groupement politique » qui se distingue d'autres groupements par le moyen qui lui est propre : la violence. Par conséquent, « il faut concevoir l'État contemporain comme une communauté humaine qui, dans les limites d'un territoire déterminé (...) revendique avec succès le monopole de la violence physique légitime »[89]. C'est moins l'État qui intéresse le sociologue allemand que le type particulier de rapport de domination[90] dans lequel il s'inscrit. Son analyse de l'État est donc étroitement liée à son analyse des formes de légitimité et d'acceptation de l'autorité : contrairement aux pouvoirs traditionnel ou charismatique, l'État est une « autorité qui s'impose en vertu de la *légalité*, en vertu de la croyance en la validité d'un statut légal et d'une *compétence* positive fondée sur des règles établies rationnellement »[91]; en d'autres termes, une autorité rationnelle-légale. Ce type d'État, que Max Weber qualifie aussi de moderne, n'a réussi à se former qu'à travers la volonté des souverains « d'exproprier les puissances privées indépendantes qui, à côté de lui [détenaient] un pouvoir administratif »[92]. Pour lui, le monopole de la violence physique légitime n'est pas seulement un pouvoir militaire, c'est un monopole sur l'ensemble des « moyens matériels de domination »[93], c'est-à-dire l'ensemble des administrations et des fonctionnaires qui sont en mesure de contribuer à la stabilité de l'institution étatique.

Les nombreux écrits de Karl Marx donnent d'ailleurs à lire plusieurs variantes de la théorie de l'État[94]. Dans ses premiers textes, l'État se confond avec la classe dominante (la bourgeoisie), il n'est « pas autre chose que la forme d'organisation que les bourgeois se donnent par nécessité, pour garantir réciproquement leur propriété et leurs intérêts, tant à l'extérieur qu'à l'intérieur »[95]. Par la suite, notamment à la lumière de l'expérience de la Commune de Paris en 1871, Karl Marx et Friedrich Engels vont proposer une conception plus instrumentale de l'État qui devient sous leur plume commune

---

Paris, Éditions du Félin, 1998 ; et le numéro spécial de la *Revue française de sociologie,* « Lire Max Weber », XLVI, 4, 2005.

[89] WEBER (M.), « Politik als Beruf », in *Le savant et le politique,* Paris, U.G.E., 1963, pp. 100-101. Il s'agit du texte d'une conférence donnée en 1919.

[90] *Cf.* section 71.

[91] *Ibid.*, p. 102.

[92] *Ibid.*, p. 107.

[93] *Ibid.*, p. 108.

[94] Sans compter tous ceux qui, comme Gramsci ou plus récemment L. Althusser, ont tenté de réinterpréter ces écrits de Marx dans un cadre théorique (ré)unifié. Voir BIDET (J.) et KOUVELAKIS (E.), dir., *Dictionnaire Marx contemporain,* Paris, Presses Universitaires de France, 2001.

[95] MARX (K.), *L'idéologie allemande,* Paris, Éditions sociales, 1968 (1ère ed. 1932), p. 105. Le manuscrit de ce texte date de 1846.

un outil au service de la classe dominante, quelle qu'elle soit, y compris la classe révolutionnaire. L'État est par conséquent « dans la règle l'État de la classe la plus puissante, de celle qui domine au point de vue économique et qui, grâce à lui, devient aussi classe politiquement dominante et acquiert ainsi de nouveaux moyens pour mater et exploiter la classe opprimée »[96]. Cette dimension répressive de l'État l'inscrit dans des rapports de domination qui sont spécifiques à chaque classe dominante. Pour Marx et Engels, la classe ouvrière, dans une perspective révolutionnaire, ne pouvait donc conserver tel quel l'ensemble des organes de l'État bourgeois (armée permanente, police, bureaucratie, magistrature, etc.). Même si, dans *L'État et la révolution* (1917), il reprend à son compte bon nombre des formules anti-étatiques de Marx dans *La Guerre civile en France* (1871), Lénine a, dans les années qui suivirent, amplement contribué à la construction d'institutions comparables, à bien des égards, à celles qu'il venait de faire disparaître...

[32] Parmi les travaux de sociologie historique les plus suggestifs, il faut citer l'hypothèse de « l'économie-monde » que l'on doit à Immanuel Wallerstein, inspiré lui-même de la tradition marxiste et de l'œuvre de l'historien français Fernand Braudel[97]. Wallerstein étudie à la fois les transformations intervenues dans l'organisation de la production et des échanges économiques d'une part, et les transformations des modes de gouvernement politique[98]. Le XVe siècle est pour lui une période charnière. Auparavant le monde était divisé en Empires où un gouvernement contrôlait, parfois de manière assez lâche, un ensemble de sociétés distinctes en monopolisant les ressources fiscales et militaires. À partir de milieu du XVe siècle, se met en place une « économie-monde », d'abord dans l'Europe du nord-ouest, puis progressivement dans l'ensemble des continents à la faveur de la colonisation européenne. Cette « économie-monde » correspond au développement du mode de production capitaliste : il s'agit « d'une importante zone géographique au sein de laquelle il existe une division du travail et, donc, non seulement des échanges de produits de base ou de première nécessité mais aussi des flux de travail et de capital »[99]. Elle est organisée autour d'un centre où se développe un secteur industriel, et de périphéries qui fournissent les matières premières et qui achètent les biens manufacturés. Cette

---

[96] ENGELS (F.), *L'origine de la famille, de la propriété privée et de l'État*, Paris, Éditions sociales, 1975 (1ère ed. 1884), p. 156.
[97] BRAUDEL (F.), *Civilisation matérielle, économie et capitalisme, XVe-XVIIIe siècles*, Paris, Armand Colin, 3 vols., 1967-79.
[98] WALLERSTEIN (I.), *Le système du monde du XVe siècle à nos jours*, Paris, Flammarion, 1974-80, 2 vols.
[99] WALLERSTEIN (I.), *Comprendre le monde. Introduction à l'analyse des système-monde*, Paris, Éditions La Découverte, 2006 (1ère ed. 2004), pp. 43-44.

infrastructure économique, au sens marxien du terme, repose donc sur l'exploitation des zones périphériques à partir de relations marchandes inégales. Pour Immanuel Wallerstein, cette infrastructure détermine les formes d'organisation politique que l'on retrouve dans les différentes régions de « l'économie-monde ». Dans les pays formant le centre (Angleterre, France, Provinces-Unies[100]) apparaissent des États centralisés disposant de puissantes bureaucraties et de forces armées, notamment des flottes de guerre, capables d'assurer la sécurité des échanges commerciaux. Dans les pays situés à la périphérie du centre (Russie, Prusse), on observe le maintien, voire l'aggravation, du système féodal antérieur car celui-ci est adapté à l'organisation des secteurs agricoles et miniers qui fournissent les matières premières que ces pays exportent. Deux types d'État prennent ainsi forme à la « Renaissance »[101]: des États « forts » au centre et des États « semi-périphériques » où la domination des élites féodales se maintient et dont les ressources fiscales, principalement liées au commerce, sont plus faibles. Immanuel Wallerstein caractérise en effet la force d'un État à partir de sa « capacité à mettre réellement en œuvre les décisions légales » qu'il propose de mesurer à partir de « la part des impôts dus effectivement collectés »[102]. La faiblesse de l'État apparaît, à l'inverse, quand il est instrumentalisé, pour devenir « un lieu essentiel, parfois le principal, d'accumulation de richesses – à travers le vol et la corruption à plus ou moins grande échelle »[103].

L'hypothèse de « l'économie-monde » a fait l'objet de plusieurs critiques que l'on peut résumer à grands traits. Premièrement, son mode de raisonnement fonctionnaliste et linéaire[104]: la genèse et la forme que prend un État dépend entièrement de son degré d'insertion dans l'économie mondiale et dans le système des échanges commerciaux. Deuxièmement, une certaine approximation historique au regard des travaux des historiens sur la genèse de l'État à l'époque médiévale[105]: certains pays pourtant bien insérés dans les échanges commerciaux comme les Provinces-unies ne donnent pas véritablement naissance à des États centralisés[106]. Inversement, c'est plutôt en

---

[100] Ensemble qui correspondrait aujourd'hui à la Belgique et aux Pays-Bas.
[101] Nous verrons plus loin que cette appellation est assez problématique car elle correspond à une chronologie euro-centrée.
[102] WALLERSTEIN (I.), *Comprendre... op. cit.*, p. 87.
[103] *Ibid.*
[104] SPRUYT (H.), *The Sovereign State and Its Competitors. An Analysis of Systems Change*, Princeton University Press, 1994, p. 18 et s.
[105] BADIE (B.) et BIRNBAUM (P.), *Sociologie de l'État,* Paris, Librairie Hachette, 1978. Voir aussi SKOCPOL (T.), « Wallerstein's World Capitalist System. A Theoritical and Historical Critique », *American Journal of Sociology,* LXXXII, 1976, pp. 1075-90.
[106] GROSKI (Ph. S.), *The Disciplinary Revolution. Calvinism and the Rise of the State in Early Modern Europe,* Chicago, The University of Chicago Press, 2003, ch. 2.

France et en Espagne, deux pays situés dans la périphérie proche, que se développe l'absolutisme monarchique aux XVIe et XVIIe siècles[107].

[33] Dès lors on peut se demander, avec l'historien britannique Perry Anderson, si ce n'est pas à l'époque médiévale – et plus exactement lors de la crise du système féodal, à partir du XIIIe siècle – qu'il faut chercher les origines de l'État moderne[108]. Cette crise du système féodal est liée à l'augmentation de la population dans les campagnes et au développement des villes qui échappent progressivement à la domination des seigneurs au profit de la bourgeoisie marchande. À ces transformations dans la structure économique, il faut aussi ajouter le soutien qu'une partie des grands féodaux va apporter à l'entreprise royale de consolidation du pouvoir étatique via des expéditions militaires comme les croisades qui leur assurent en retour une certaine prospérité économique. Le développement de l'État ne repose pas seulement sur les lignages royaux mais aussi sur le pouvoir d'une bureaucratie de légistes qui vont théoriser les fondements de l'absolutisme royal en (re)découvrant le droit romain tombé en désuétude durant le haut Moyen-Âge, comme l'a signalé Joseph R. Strayer[109]. Progressivement, l'opposition entre groupes sociaux (la bourgeoisie de robe, la bourgeoisie commerçante, l'aristocratie féodale) va mettre fin au régime féodal. Ce déclin du féodalisme n'est pas général en Europe et s'effectue selon des modalités distinctes selon les pays : c'est en effet dans les rapports de force entre groupes sociaux, et dans les ressources dont ils disposent que Perry Anderson voit la clef de compréhension de trajectoires nationales divergentes. En Espagne, cela se traduit par un renforcement de la domination exercée par l'aristocratie féodale, et ce malgré l'importance des ressources de la bourgeoisie commerçante liée au négoce transatlantique. En Europe centrale l'absolutisme ne rencontre que peu de résistances et se renforce du fait de la menace militaire que les « nouveaux monarques » occidentaux faisaient peser sur ces territoires. En Angleterre, l'absolutisme royal incarné par la dynastie des Tudor finit par échouer devant une coalition de la noblesse et de la bourgeoisie qui imposent, via le Parlement, un contrôle des dépenses de l'État, empêchant ainsi les souverains de monopoliser l'ensemble des ressources

---

[107]COSANDEY (F.) et DESCIMON (R.), *L'absolutisme en France. Histoire et historiographie,* Paris, Éditions du Seuil, 2002.
[108]ANDERSON (P.), *L'État absolutiste,* Paris, Librairie Maspero, 1978, 2 vols.
[109]« Le véritable bénéfice retiré de l'étude du droit romain fut d'offrir un ensemble de catégories où l'on pouvait couler les idées nouvelles et un vocabulaire pour les définir. Ainsi la distinction entre droit civil et droit criminel, romaine à l'origine, fut utile aux juges anglais qui tentaient de consigner par écrit le rapide développement de leur droit coutumier. L'idée de bien commun et l'idée que le souverain était chargé de promouvoir de bien, servirent à justifier des innovations telles que l'impôt universel ». STRAYER (J. R.), *Les origines médiévales de l'État moderne,* Paris, Payot, 1979 (1ère ed. 1970), pp. 43-44.

fiscales comme en France.

[34] Remontant encore plus loin dans le temps médiéval, Hendrik Spruyt considère que l'expansion commerciale et urbaine qui caractérise le bas Moyen-âge (1300-1350) va donner naissance à trois formes institutionnelles concurrentes[110] : l'État souverain organisé sur une base territoriale, la Ligue Hanséatique et les cités-états italiennes. En Italie du nord, les villes sont de grande taille et n'ont pas besoin d'un monarque protecteur ou de se regrouper. Au sein de ces anciennes cités romaines, les intérêts de la bourgeoisie et de la noblesse, elle aussi intéressée au commerce des produits de luxe, ne sont pas contradictoires ; la vie politique y est plutôt caractérisée par une lutte entre factions rivales. En France, à l'exception de Paris et des villes des Flandres, les cités sont de petites tailles. Elles vont donc rechercher l'appui du roi pour échapper au contrôle de l'aristocratie féodale, en échange de quoi elles fourniront à la dynastie des capétiens les moyens nécessaires à l'établissement d'une bureaucratie royale. Dans l'Allemagne du nord, les cités marchandes moins riches que leurs homologues italiennes, et plutôt spécialisées dans le commerce moins rémunérateur des matières premières, vont se regrouper entre elles pour échapper à l'emprise féodale. Trop occupés à garantir leurs possessions italiennes et rivaliser avec la papauté, les empereurs germaniques vont en effet maintenir un système féodal morcelé et menaçant pour la bourgeoisie commerçante. Ce n'est que par l'imposition d'un monopole commercial que la Ligue Hanséatique pourra disposer des moyens financiers de garantir militairement l'indépendance des villes membres. Sur la moyenne durée, l'État moderne va s'avérer la forme institutionnelle la plus efficace et va supplanter les deux autres. La Ligue Hanséatique est dissoute en 1667 et les cités-états italiennes vont connaître une expansion territoriale dans le cadre de la compétition qui les oppose aux États voisins à partir du XVe siècle. Articulé sur des frontières stables[111] et sur la revendication d'une souveraineté monarchique pleine et entière, l'État moderne apparaît comme la solution institutionnelle la plus pertinente à ceux désireux de rompre avec l'ordre féodal caractéristique du haut Moyen-âge.

---

[110] SPRUYT (H.), *The Sovereign State... op. cit.,* ch. 4.
[111] *Cf.* section 61.

		Souveraineté interne	
		fragmentée	consolidée
Délimitation territoriale	frontières	cités-états italiennes	France
	absence de frontières	Ligue Hanséatique	Empire universel
		féodalisme	Théocratie universelle

<u>Les deux dimensions caractéristiques de l'État moderne</u>[112]

[35] La question de la genèse de l'État peut également être appréhendée comme modalité explicative des phénomènes révolutionnaires. C'est ce que propose Barrington Moore Jr. dans une ambitieuse étude des « voies révolutionnaires » qui marquèrent, selon lui, le passage au monde moderne à partir du XVIIe siècle[113]. Ces différentes « voies révolutionnaires » sont au nombre de trois : la voie « capitaliste-réactionnaire » qui est une sorte de « révolution par le haut » issue d'une alliance entre les élites féodales et la bourgeoisie naissante, la voie « révolutionnaire-bourgeoise » où, à l'instar de ce qui se produit en France après 1789, l'aristocratie est supplantée par la bourgeoisie et la voie « communiste » marquée par la victoire de la classe ouvrière, éventuellement alliée au monde paysan, sur la bourgeoisie. C'est dans les transformations ouvertes par la voie « révolutionnaire-bourgeoise » que Barrington Moore Jr. situe la naissance des États modernes en France, en Angleterre mais aussi aux États-Unis. Dans tous les cas les transformations dans l'ordre politique trouvent leur origine dans l'émergence d'une agriculture commerciale. C'est en effet le surplus lié à la commercialisation des produits agricoles qui permet l'enrichissement soit de l'ancienne aristocratie comme en Angleterre, soit de la bourgeoise urbaine comme en France. L'État moderne est donc lié à l'ascension de la bourgeoisie comme classe sociale. Là où elle demeure faible, comme en Prusse ou en Russie, les structures de l'État absolutiste perdurent et c'est la voie « capitaliste-réactionnaire » qui s'impose.

Parmi les critiques adressées au travail de Barrington Moore Jr.[114], on retiendra celle de Brian M. Downing sur l'importance à accorder au legs institutionnel médiéval (gouvernement local, libertés individuelles et

---

[112] SPRUYT (H.), *The Sovereign State... op. cit.,* tableau p. 154.

[113] MOORE (B.), *Les origines sociales de la dictature et de la démocratie,* Paris, Librairie Maspéro, 1983 (1ère ed. 1966).

[114] SKOCPOL (TH. R.), « A Critical Review of Barrington Moore's *Social Origins of Dictatorship and Democracy* », *Politics and Society*, 4, 1973, pp. 1-34.

juridictions indépendantes)[115]. C'est la destruction du « constitutionnalisme médiéval » et la révolution militaire intervenue au XVIIe siècle - poursuivie durant la guerre de Trente ans qui opposa entre elles les principales puissances européennes - qui expliquent selon lui comment l'État moderne a pu prendre la forme d'un État absolutiste en Prusse ou en France. Inversement, c'est la préservation de ce legs institutionnel qui aurait permis l'émergence du parlementarisme en Angleterre, dans les Provinces-unies et en Suède. La révolution commerciale, et conséquemment l'émergence de la bourgeoisie comme classe, n'auraient donc pas eu le rôle décisif que leur accordait Barrington Moore Jr.

[36] Jack A. Goldstone, qui dirige le *Center for Global Policy* au sein de la *George Mason University* (Virginie)[116], propose également une approche dynamique des transformations des États, centrée sur la question des crises à répétition provoquées par les rébellions et les révolutions. Selon lui, les transformations démographiques – qu'il envisage comme une variable exogène – sont en mesure d'expliquer « l'effondrement récurrent des États en Europe, en Chine et au Moyen-Orient entre 1500 et 1850 »[117]. Les États agrariens-bureaucratiques (ceux que l'historiographie désigne plus volontiers comme absolutistes[118]) s'avèrent incapables de répondre à l'inflation créée par l'augmentation de la population. Cette inflation réduit les ressources fiscales des États, dont l'assiette est le plus souvent fixe, alors même que leurs dépenses augmentent. L'augmentation inévitable des impôts qui en résulte provoque des troubles et des oppositions, y compris au sein des élites dont l'accès aux positions de pouvoir se trouve entravé par la crise fiscale. De plus, l'augmentation de la population agricole accroît la concurrence pour les terres et génère des migrations dans les villes, donnant ainsi naissance à des groupements instables et disposés à écouter et à prendre au sérieux les idéologies réformatrices ou révolutionnaires qui émergent durant cette période. Ce « modèle démographique-structurel »[119] identifie plusieurs lignes de conflit entre groupes (paysans vs propriétaires terriens, artisans vs élites urbaines, etc.) et au sein de ces groupes. Dans la lignée des travaux de l'historien britannique Lawrence Stone[120], l'auteur insiste tout particulièrement sur les conséquences de

---

[115] DOWNING (B. M.), *The Military Revolution and Political Change,* Princeton University Press, 1992, pp. 241-251.
[116] http://globalpolicy.gmu.edu/index.html
[117] GOLDSTONE (J. A.), *Revolution and Rebellion in the Early Modern World,* Berkeley, University of California Press, 1991, p. 459.
[118] POGGI (G.), *The Development of the Modern State. A Sociological Introduction,* Stanford University Press, 1978, ch. 4.
[119] GOLDSTONE (J. A.), *Revolution..., op. cit.,* p. 24 et s.
[120] STONE (L.), *The Crisis of the Aristocracy, 1558-1641,* Oxford University Press, 1965.

la compétition pour les postes au sein des groupes dominants.

Quelles seront les conséquences des épisodes révolutionnaires sur l'évolution des États ? Jack A. Goldstone constate que l'évolution vers des formes institutionnelles plus démocratiques est le seul fait des nations occidentales. En effet, ces pays furent les seuls à remplir les deux séries de conditions nécessaires à ses yeux : premièrement, le développement des libertés individuelles basées sur la tolérance ; deuxièmement, le développement d'une économie capitaliste. Lorsque la première condition n'est pas réunie, comme en Espagne ou au sein de l'Empire ottoman, les innovations et les initiatives individuelles se trouvent entravées. Lorsque la seconde condition n'est pas remplie, le système économique n'est pas assez efficace pour répondre à la demande sociale. « C'est la combinaison des libertés publiques et du capitalisme qui essentielle à sa réussite »[121].

L'approche de cet auteur est au fond assez paradoxale : soucieux d'éviter le réductionnisme économique qu'il attribue aux écoles marxiste et libérale, il insiste sur la pluralité des facteurs qui explique l'évolution des États, mais, dans le même temps, il a besoin d'un élément causal – les phénomènes de surpopulation – qui est présenté comme le point de départ du processus qu'il analyse ensuite. Or, la plupart des éléments qu'il mentionne pour la période moderne sont déjà présents, peu ou prou, au cours des siècles précédents. La seule véritable nouveauté que l'on peut situer au XVIe siècle, pour les pays de l'arc atlantique, est l'afflux d'or et d'argent issu du « pillage à longue distance »[122] du continent américain, afflux dont l'aspect inflationniste n'est guère contestable[123]. La structure sociale d'un pays, et partant ses institutions, ne sont donc pas uniquement affectés par des phénomènes démographiques. Le risque est grand, à partir d'une telle hypothèse, de construire un modèle par trop simplificateur[124]. C'est pourquoi, l'analyse sociologique se doit de mettre en avant des processus à la fois non intentionnels mais aussi non indexés systématiquement sur des variables exogènes qui se transforment aisément en principe explicatif.

---

[121] GOLDSTONE (J. A.), *Revolution... op. cit.,* p. 485. Souligné par l'auteur.
[122] SASSEN (S.), *Critique de l'État. Territoire, autorité et droits de l'époque médiévale à nos jours,* Paris, Éditions Demopolis/Le Monde Diplomatique, 2009 (1ère ed. 2006), p. 57.
[123] Entre 1493 et 1800, 85 % de l'argent et 70 % de l'or proviennent des mines américaines. BARRET (W.), « Word Bullion Flows, 1450-1800 », in TRACY (J. D.), ed, *The Rise of the Merchant Empires. Long-Distance Trade in the Early Modern World, 1350-1750,* Cambridge University Press, 1990, pp. 224-254.
[124] TURCHIN (P.), *Historical Dynamics. Why States Rise and Fall,* Princeton University Press, 2003.

(4) La « dynamique de l'Occident » et la genèse d'une bureaucratie d'État

[41] La « dynamique de l'Occident » est le titre de la traduction partielle du maître ouvrage du sociologue d'origine allemande Norbert Elias [125] paru initialement en 1939 : *Über den Prozess der Zivilization*. L'analyse qu'il propose de la genèse de l'État se situe à deux niveaux : premièrement, en articulant socio-genèse et psycho-genèse ou, pour le dire autrement l'étude simultanée des structures sociales et des structures mentales - contrairement aux auteurs comme Charles Tilly qui persiste à ne voir dans la diminution de la violence « privée » que l'effet mécanique de l'accroissement de la contrainte étatique[126] et considère le processus de civilisation comme un « résultat surprenant »[127] ; deuxièmement, en mettant en évidence un processus de « conquête monopolistique » conduisant, dans une logique de concurrence pour les ressources, à la constitution d'« unités de domination » stables. Chacun des deux volumes de la traduction française correspond à un de ces niveaux d'analyse[128], mais il est évident que l'auteur ne souhaitait pas les dissocier.

Le point de départ de l'analyse de Norbert Elias se situe en Europe occidentale dans l'univers féodal du XIe siècle, c'est-à-dire dans une société divisée en multiples « unités de domination ». Le mécanisme non intentionnel par lequel une de ces unités (le royaume de France qui ne comprend à l'époque que le domaine royal proprement dit situé entre Paris et Orléans[129]) va finir par supplanter les autres correspond à un processus concurrentiel où celui qui n'accroît pas ses ressources risque de perdre ce qu'il possède déjà, ce qui exclut donc le maintien d'un *status quo* entre ces « unités de domination ». L'auteur nous présente cette dynamique sociale sous la forme d'une loi du monopole : « Quand dans une unité sociale d'une certaine étendue, un grand nombre d'unités sociales plus petites, qui par leur interdépendance forment la grande unité, disposent d'une force sociale à peu près égale et peuvent de ce fait librement – sans être gênés par des monopoles existants – rivaliser pour la

---

[125] Pour une analyse d'une trajectoire intellectuelle singulière, voir DELMOTTE (F.), *Norbert Elias : la civilisation et l'Etat. Enjeux épistémologiques et politiques d'une sociologie historique*, Editions de l'Université de Bruxelles, 2007 ; GARRIGOU (A.) et LACROIX (B.), dir., *Norbert Elias. La politique et l'histoire*, Paris, Éditions La Découverte, 1997 ; HEINICH (N.), *La sociologie de Norbert Elias*, Paris, Éditions La Découverte, 1997 ; JOLY (M.), « Dynamique de champ et "évènements". Le projet intellectuel de Norbert Elias (1930-1945) », *Vingtième siècle. Revue d'histoire*, 106, avril-juin 2010, pp. 81-95.
[126] TILLY (Ch.), *Contrainte et capital dans la formation de l'Europe, 990-1990*, Paris, Aubier, 1992 (1ère ed. 1990), p. 121 et s.
[127] *Ibid.*, p. 206.
[128] Respectivement *La civilisation des mœurs* et *La dynamique de l'Occident*.
[129] http://www.historel.net/moyenage/carte3.html

conquête des chances de puissance sociale, en premier lieu des moyens de subsistance et de production, la probabilité est forte que les uns sortent vainqueurs, les autres vaincus de ce combat et que les chances finissent par tomber entre les mains d'un petit nombre, tandis que les autres sont éliminés ou tombent sous la coupe de quelques-uns »[130]. La formation de ces monopoles fiscaux et militaires suit une logique de concurrence et de monopolisation qui se traduit par la création et/ou le renforcement d'institutions centrales[131].

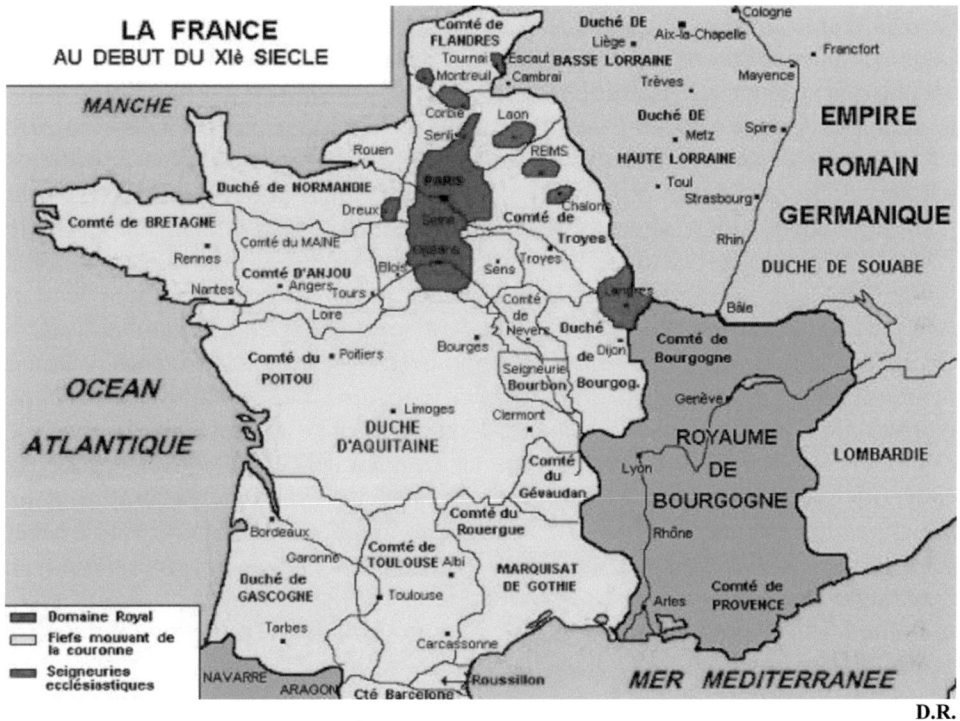

À partir de l'exemple français[132], Norbert Elias distingue plusieurs phases dans ce processus :

1° une phase d'initiative privée qui correspond *grosso modo* à la période féodale où les seigneurs rivalisent entre eux et possèdent des ressources équivalentes ;

---

[130]ELIAS (N.), *La dynamique de l'Occident,* Paris, Presses-pocket, 1990 (1ère ed. fra 1975), p. 27.
[131]GLETE (J.), *War and the State in Early Modern Europe. Spain, the Dutch Republic and Sweden as fiscal-military States, 1500-1660,* Londres, Routledge, 2002, ch. 1.
[132] Pour une démonstration analogue à partir de l'exemple anglais, voir STRAYER (J. R.), *Les origines de l'État... op. cit.*, p. 57 et s.

2° une phase des apanages, (XIVe et XVe siècles) où le « seigneur central » dispose désormais de suffisamment de ressources pour que les seigneurs les plus faibles recherchent sa protection ;

3° une phase de mise en place d'un monopole royal (fin XVe-XVIe siècles) c'est-à-dire l'apparition d'une administration spécialisée dans la gestion des fonctions de domination, à la fois fiscale et militaire ;

4° une phase de formation des États modernes.

« Parvenu à ce stade, le grand monopole centralisé (...) prend peu à peu l'aspect d'un instrument au service de la société toute entière, société pratiquant la division des fonctions : autrement dit, il devient l'organe central de cette unité sociale que nous appelons aujourd'hui l'État »[133]. Au sein de cet État absolutiste, la cohésion sociale provient des liens d'interdépendance qui s'établissent entre un nombre croissant d'individus et d'un mécanisme d'auto-contrôle des affects par lequel les individus intériorisent progressivement les contraintes liées au monopole royal qui pèsent sur leurs comportements quotidiens, par exemple l'interdiction de se battre en duel ou de cracher en public. « La stabilité particulière des mécanismes d'autocontrainte psychique qui constitue le trait typique de l'habitus de l'homme "civilisé" est étroitement lié à la monopolisation de la contrainte physique et à la solidité croissante des organes sociaux centraux »[134]. Ce processus de civilisation concerne tous les groupes sociaux. Norbert Elias montre ainsi comment le roi Louis XIV domestique la noblesse d'épée en la transformant en noblesse de cour au sein d'un nouvel espace (la cour de Versailles) où le souverain occupe une position d'équilibre entre l'aristocratie d'origine féodale et la bourgeoise transformée en noblesse de robe. « La cour est le lieu organisé de cette forme monopolisée de la compétition (...). C'est cette situation sociale assez particulière, c'est cette balance précaire entre la bourgeoisie montante et la noblesse sur son déclin (...) qui laissent au maître central une marge d'action et de décision considérable »[135].

[42] Dans un ouvrage ultérieur consacré à la sociogenèse des disciplines sportives en Angleterre, Norbert Elias a émis l'hypothèse que le Parlement y joua un rôle comparable à la société de cour française dans le processus de civilisation. « La transformation des traditionnelles assemblées d'états anglaises en chambres du Parlement au sens moderne du terme traduit non seulement un changement des institutions, mais aussi un changement dans la structure de la personnalité des classes supérieures anglaises »[136]. Ces changements

---

[133] ELIAS (N.), *La dynamique... op. cit.*, p. 101.
[134] *Ibid.*, p. 188.
[135] *Ibid.*, p. 148. Voir aussi ELIAS (N.), *La société de cour*, Paris, Flammarion, 1985 (1ère ed. 1969).
[136] ELIAS (N.), DUNNING (E.), *Sport et civilisation. La violence maîtrisée,* Paris, Fayard, 1994 (1ère ed. 1986), p. 47.

institutionnels, depuis la première reconnaissance des droits de l'aristocratie face au souverain – la *Magna Carta* de 1215 –, se sont en effet accompagnés de transformations dans les comportements et les manières de faire de l'aristocratie anglaise. L'éloquence parlementaire s'est ainsi progressivement substituée aux aptitudes guerrières dans la résolution des conflits internes au royaume. Ce processus d'auto-contrainte et de modulation des affects, qui a donné naissance à la figure du *gentleman*, explique la montée en puissance du Parlement qui en vient, à partir du XVIIIe siècle, à contre-balancer le pouvoir des souverains. C'est le Parlement, et non la cour royale, qui est l'instrument de la nationalisation et de la disciplinarisation des élites anglaises. Contrairement à Louis XIV, les souverains britanniques souhaitaient que la *gentry* demeure sur ses terres pour y maintenir l'ordre et la justice[137]. Engagés dans des activités économiques nouvelles (extraction de minerais, construction de routes et de canaux, etc.), l'aristocratie britannique a aussi fait sienne la morale bourgeoise du travail et de l'abstinence influencée par les mouvements réformateurs. Selon Helmut Kuzmics et Roland Axtmann, ce processus de construction d'un État parlementaire et de rapprochement des élites s'est prolongé au siècle suivant en lien avec le développement des activités commerciales et la naissance de formes de sociabilités urbaines liées à ces activités[138]. Les *clubs* londoniens formèrent ainsi des lieux de rencontre pour les *businessmen*, où se faisaient (et se défaisaient) les réputations commerciales, et où les formes de politesse les plus contraignantes furent progressivement adoptées par les nouveaux venus issus des classes moyennes[139]. Même la classe ouvrière s'est *in fine* trouvée incluse dans ce processus de disciplinarisation qui a aussi coïncidé, dans le cas de la Grande-Bretagne, avec une extraordinaire expansion commerciale et industrielle[140].

[43] Quel bilan peut-on faire de ces travaux de sociologie historique ? La diversité des situations nationales est souvent mise en regard de formes différentes d'État, elles-mêmes expliquées à partir de transformations économiques et sociales. L'ampleur de la perspective peut séduire mais comment imaginer aujourd'hui qu'un chercheur isolé puisse maîtriser, ne serait-ce qu'à travers des lectures secondaires dans les langues qu'il maîtrise,

---

[137] HEAL (F.), HOLMES (C.), *The Gentry in England and Wales, 1500-1700,* Londres, Macmillan, 1994.
[138] KUZMICS (H.), AXTMANN (R.), *Authority, State and National Character. The Civilizing Process in Austria and England, 1700-1900,* Farnham, Ashgate, 2007 (1ère ed. 2000), ch. 1.
[139] BREWER (J.), « Commercialization and Politics », in *The Birth of a Consumer Society. The Commercialization of Eighteenth-Century England,* Londres, Europa Publications, 1982, pp. 197-262.
[140] *Cf.* section 51.

l'ensemble des travaux mobilisables pour appréhender la question de la genèse de l'État moderne. Les acquis historiographiques de ces dernières années sur cette question ont à l'inverse la particularité d'être issus de groupes de recherche mieux à même de mobiliser une documentation plus importante[141]. Pour l'historien médiéviste Jean-Philippe Genet, l'État moderne apparaît *in fine* comme un « État dont la base matérielle repose sur une fiscalité publique accepte par la société politique et dont tous les sujets sont concernés ». C'est la guerre qui constituerait, selon lui, le principal vecteur de la formation des États. On peut donc parler d'« États de guerre » pour qualifier le modèle institutionnel qui se met en place dans les années 1250-1350 en Angleterre, en Écosse, en France, au Portugal, etc., et se diffuse ensuite en Italie, en Allemagne et en Europe centrale. La genèse de l'État moderne est donc liée à la fois à l'évolution du féodalisme, à la réforme grégorienne[142] et à l'essor d'une économie urbaine. L'ensemble de ces travaux érudits montrent que la disparition des structures féodales n'a été possible : 1) parce que l'aristocratie guerrière avait des intérêts à servir le pouvoir royal et les institutions monarchiques ; 2) parce que les marchands avaient intérêt à l'affirmation d'un pouvoir parlementaire seul à-même de limiter les prélèvements fiscaux sur le négoce.

[44] Dans un de ses cours au Collège de France, le sociologue Pierre Bourdieu a proposé une stimulante lecture de ces travaux réalisés par des historiens[143]. L'État dynastique, qui précède l'État moderne, est organisé selon le modèle de la « maison ». Par conséquent, l'État est presque toujours identifié à la maison du roi. Ce dernier est avant tout un chef de lignage qui doit organiser sa succession à travers le sacre d'un héritier mâle et qui peut, grâce à des stratégies matrimoniales, tenter d'étendre son domaine et donc ses « chances de puissance » pour parler comme Norbert Elias. Par rapport aux autres seigneurs féodaux, qui eux aussi sont à la tête de maison dont certaines sont aussi puissantes que celle du roi du point de vue des ressources fiscales ou militaires, le souverain dispose d'un capital symbolique accumulé plus important[144]. C'est

---

[141] Il s'agit, en premier lieu, du programme de recherche du C.N.R.S. dirigé par l'historien médiéviste Jean-Philippe Genet et, en second lieu, du programme *Origins of the Modern State* de la Fondation européenne de la science. GENET (J.-Ph.), dir., *L'État moderne : bilans et perspectives,* Paris, Éditions du CNRS, 1990 ; REINHARD (W.), dir., *Les élites du pouvoir et la construction de l'État en Europe,* Paris, Presses Universitaires de France, 1996.

[142] Nom donné au mouvement de réforme animé et dirigé dans la seconde moitié du XIe siècle par la papauté, particulièrement à l'initiative du pape Grégoire VII. Voir VAUCHEZ (A.) dir., *Histoire du christianisme des origines à nos jours. Apogée de la papauté et extension de la chrétienté (1054-1274),* Paris, Desclée, 1993.

[143] BOURDIEU (P.), « De la maison du Roi à la maison d'État. Un modèle de la genèse du champ bureaucratique », *Actes de la recherche en sciences sociales,* 118, 1997, pp. 55-68.

[144] LOVEMAN (M.), « The Modern State and the Primitive Accumulation of Symbolic Power »,

lui que l'Église reconnaît à partir du XIIIe siècle comme souverain temporel et qui peut donc agir comme *imperator regno suo*. Comment s'effectue dès lors la transformation des États dynastiques en États modernes ? Par la montée en puissance progressive d'une bureaucratie s'appuyant sur les ressources intellectuelles offertes par le droit romain. Cette bureaucratie, nous dit Pierre Bourdieu, devient progressivement indépendante des dynasties royales à la faveur des conflits entre États (comme la guerre dite de « cent-ans ») ou à l'intérieur même de la famille royale (comme la question de la régence[145] liée à la « folie » du roi Charles VI). Cette montée en puissance de la bureaucratie inscrit dans le fonctionnement de la maison du Roi une « division du travail de domination » qui se traduit par une opposition de plus en plus prégnante entre, d'un côté, les héritiers, rivaux au sein de la dynastie royale, et, de l'autre côté, des clercs[146] qui ont le sentiment de servir un État et non plus uniquement un prince. Cette loyauté des clercs vis-à-vis des institutions auxquelles ils doivent leur promotion sociale est donc un moteur puissant d'une construction institutionnelle inédite qui prend la forme de l'État moderne. À un mode de reproduction dynastique fondé sur le rang et la naissance succède progressivement un mode de reproduction bureaucratique fondé sur la compétence. Cette dynamique sociale dont les effets à long terme sont considérables est la clef principale de compréhension des transformations institutionnelles : « Le passage de l'État dynastique à l'État bureaucratique est inséparable du mouvement par lequel la nouvelle noblesse, la noblesse d'État (de robe), chasse l'ancienne noblesse, la noblesse de sang »[147]. La construction de l'État moderne est inséparable de la construction de la bureaucratie à travers des luttes incessantes pour s'approprier les profits (qui à cette époque sont avant tout financiers) liés à la définition et à l'obtention de nouvelles positions d'État (les offices). Se porter acquéreur d'un office, c'est à la fois le moyen d'obtenir une position reconnue mais aussi bénéficier d'un accès à des ressources publiques gagées sur des prélèvements fiscaux. Le processus de bureaucratisation repose bien sur une « expropriation des puissances privées », ce que Max Weber a bien montré, mais il est inséparable de l'émergence d'une « noblesse d'État » qui va imposer un ordre politique distinct de celui de la maison du roi et qui va faire valoir des règles impersonnelles d'administration. « Le champ bureaucratique, progressivement conquis contre la logique patrimoniale de l'État dynastique (...) devient le lieu d'une lutte pour le pouvoir sur le capital étatique et sur les profits matériels et symboliques qu'il

---

American Journal of Sociology, CX, 6, 2005, pp. 1651-1683.

[145] ADAMS (T.), « Christine de Pizan, Isabeau of Bavaria and Female Regency », *French Historical Studies,* XXXII, 1, 2009, pp. 1-32.

[146] Le terme désigne un employé ou un serviteur instruit.

[147] BOURDIEU (P.), « De la maison du Roi... », *art. cit.*, p. 61.

procure »[148]. Ces profits, ce sont bien sur des titres et des honneurs mais aussi des terres (et les droits qui leur sont liés), des rentes et des offices rémunérateurs. L'État moderne, contre la vision lénifiante d'une histoire des institutions qui ne le considère que sous l'angle de ses agencements bureaucratiques, est avant tout un espace de lutte pour imposer une définition de l'État conforme aux intérêts de ceux qui s'en font les chevilles ouvrières.

(5) Vers un renversement de perspective ?

[51] Jusqu'ici, les cadres théoriques dont nous avons rendu compte situent en Europe occidentale le processus de genèse de l'État moderne. Cette histoire est aujourd'hui partiellement remise en cause car considérée comme euro-centrée[149] ou inspirée par l'orientalisme des savants[150], c'est-à-dire écrite d'un point de vue particulier, celui des Européens qui – au cours des deux derniers siècles – ont imposé au monde entier leur modèle étatique[151]. Des travaux récents ont considérablement réévalué l'apport des civilisations orientales ou, pour le dire autrement, mis fin au privilège historiographique dont l'Ouest bénéficia longtemps par rapport à l'Est[152]. John M. Hobson montre ainsi que se forme dans la partie orientale du monde, à partir du VIIe siècle un « réseau commercial étendu »[153] qui relie entre eux plusieurs empires, celui de la dynastie *Tang* en

---

[148] *Ibid.*, p. 68.

[149] Pour Samir Amin, l'eurocentrisme est une construction « arbitraire et mythique » qui établit une continuité entre l'Europe capitaliste du XIXe siècle et l'antiquité gréco-romaine. AMIN (S.), *L'eurocentrisme. Critique d'une idéologie,* Paris, Anthropos, 1988, p. 61 et s.

[150] Brian Stanley Turner définit l'orientalisme comme « un système scolaire apparu au début du quatorzième siècle avec l'établissement par le Conseil de l'Église de Vienne d'un certain nombre de chaires universitaires pour promouvoir la compréhension des langues et de la culture orientales ». TURNER (B. S.), *Orientalism, Postmodernism and Globalism,* Londres, Routledge, 1994, p. 37. Voir aussi l'ouvrage désormais classique d'Edward Saïd : SAÏD (E.), *L'orientalisme,* Paris, Éditions du Seuil, 1980. Certaines de ces critiques sont assurément exagérées : celle de James Morris Blaut, par exemple, lorsqu'il considère que « Comme beaucoup d'européens de son temps, [Max] Weber était un raciste ». BLAUT (J. M.), *Eight Eurocentric Historians,* New York, The Guilford Press, 2000, p. 20.

[151] CORM (G.), *L'Europe et le mythe de l'Occident. La construction d'une histoire,* Paris, Éditions La Découverte, 2009.

[152] BAYART (J.-F.), « L'historicité de l'État importé », in *La greffe de l'Etat,* Paris, Éditions Karthala, 1996, pp. 11-39 ; FRANK (A. G.), *ReOrient. Global Economy in the Asian Age,* Berkeley, University of California Press, 1998, ch. 1 ; GOODY (J.), *L'Orient en Occident*, Paris, Éditions du Seuil, 1999 ; GOODY (J.), *The Eurasian Miracle,* Cambridge, Polity Press, 2010. Voir aussi, dans la perspective de la « Global History » : BAYLY (Ch. A.), *La naissance du monde moderne, 1780-1914,* Paris, Éditions de l'Atelier/Le Monde Diplomatique, 2007 (1ère ed. 2004) ; OSTERHAMMEL (J.), *Die Verwandlung der Welt. Eine Geschichte des 19 Jahrhundert,* Munich, C. H. Beck, 2009.

[153] HOBSON (J. M.), *The Eastern Origins of Western Civilisation,* Cambridge University Press, 2007, p. 35.

Chine (618-907), celui des Omeyyades puis des Abbassides au Moyen-Orient (621-1258) et celui des Fatimides en Afrique du Nord (909-1171). Le développement sans précédent des échanges commerciaux dans le monde musulman et la ronde des caravanes de la Chine à la Méditerranée via des routes commerciales sécurisées[154] n'est pas sans rapport avec l'extension de l'islam. Issu lui-même d'une famille de marchands, Mahomet a contribué, par ses enseignements religieux, à doter ses contemporains de règles commerciales strictes, définissant les contours de contrats « justes », interdisant l'enrichissement non justifié (*ribā*) et favorisant par là-même le développement des échanges[155]. De manière plus générale, le « contractualisme égalitaire »[156] qui inspire la *sharî'a* a contribué à délégitimer l'absolutisme agraire et à favoriser des groupes de marchands aux vues plus cosmopolites. La densité des relations commerciales a favorisé en retour le développement de l'agriculture et de l'industrie donnant naissance à une véritable économie capitaliste qui fût vraisemblablement « la plus intensive et la plus développée de l'histoire avant l'époque moderne »[157]. Peut-on dès lors considérer qu'existait au XIIIe siècle une « économie-monde » antérieure à l'extension de l'économie européenne ? Oui, nous dit Janet L. Abu-Lughod, mais cette « économie-monde » présentait la particularité de ne pas reposer sur l'hégémonie d'une seule région, mais de former une sorte d'archipel composé de huit sous-systèmes reliés entre eux par trois grandes routes[158]: la route du nord reliant Constantinople à l'Asie centrale, la route du centre reliant la Méditerranée à l'océan Indien via Bagdad, et la route du sud reliant l'Égypte à l'océan Indien[159].

L'autre foyer de développement économique lors du dernier millénaire est incontestablement la Chine impériale. La thèse selon laquelle la forme despotique de l'État aurait contrarié le développement industriel, encore défendue par Perry Anderson[160], n'est aujourd'hui plus recevable. Les progrès technologiques remarquables réalisés pendant plusieurs siècles et de manière

---

[154] Notamment par l'empire mongol, voir ABU-LUGHOD (J. L.), *Before European Hegemony. The World System A. D. 1250-1350,* Oxford University Press, 1989, p. 153 et s.

[155] Les instruments juridiques utilisés à partir de cette époque dans le monde musulman sont parfois d'une grande complexité, voir JOHANSEN (B.), « Le contrat *salam*. Droit et formation du capital dans l'Empire abbasside (XIe – XIIe siècles) », *Annales HSS,* LXI, 4, 2006, pp. 863-899 ; SALEH (N. A.), *Unlawful Gain and Legitimate Profit in Islamic Law,* Cambridge University Press, 1986.

[156] HODGSON (M. G. S.), *L'islam dans l'histoire mondiale,* Arles, Acte Sud, 1998, p. 87.

[157] RODINSON (M.), *Islam and Capitalism,* Londres, Allen Lane, 1974, p. 56.

[158] ABU-LUGHOD (J. L.), *Before... op. cit.*, p. 14 et la carte p. 34.

[159] *Ibid.*, carte p. 138 ; FRANK (A. G.), *ReOrient... op. cit.,* carte p. 65 ; TRACY (J. D.), ed, *The Rise of the Merchant Empires... op. cit.*

[160] *Cf.* section 33.

constante dans la Chine impériale[161] ont débouché, sous la dynastie *Song* (960-1279), soit six siècles avant l'Angleterre, sur une véritable révolution industrielle basée sur la sidérurgie et la métallurgie[162]. La fermeture de la Chine au commerce international à partir de 1434 est l'argument le plus souvent avancé pour expliquer la supériorité européenne à partir du XVIe siècle[163]. Selon John M. Hobson, il s'agit d'un véritable « mythe »[164]. C'est pour des raisons de légitimité politique que les empereurs de la dynastie *Ming* (1368-1644) laissèrent croire que la Chine considérait désormais tous ses voisins comme des vassaux et leur imposait un tribut[165]. De fait, la croissance économique chinoise ne s'en est guère trouvée affectée ce qui en faisait, au milieu du XIXe siècle, une puissance industrielle (mais pas militaire) encore comparable, si ce n'est supérieure, à la Grande-Bretagne[166] et, *a fortiori*, à d'autres nations européennes comme la France ou l'Allemagne[167]. Ce n'est qu'à la fin du siècle que l'économie chinoise se trouva *de facto* subordonnée aux intérêts des puissances occidentales, les traités « inégaux » signés à partir de 1840 s'inscrivaient encore dans la logique et dans la tradition impériale de gestion diplomatique et d'accommodement vis-à-vis des « barbares » venus d'au-delà des mers[168].

---

[161] Voir les différents volumes de la série *Science and Civilisation in China* (Cambridge University Press) publiés depuis 1954 sous la direction de Joseph Needham et FRANK (A. G.), *ReOrient... op. cit.,* pp. 195-204.

[162] HARTWELL (R.), « A Cycle of Economic Change in Imperial China : Coal and Iron in Northeast China, 750-1350 », *Journal of the Social and Economic History of the Orient,* X, 1967, pp. 102-159 ; WAGNER (D.), *Iron and Steel in Ancient China,* Leiden, E. J. Brill, 1993.

[163] Cette chronologie a été remise en cause par les travaux de Karl Pomeranz qui conduisent à situer ce qu'il nomme « grande divergence » au XVIIIe voire au XIXe siècle. POMERANZ (K.), *The Great Divergence. China, Europe and the Making of the Modern World Economy,* Princeton University Press, 2000.

[164] HOBSON (J. M.), *The Eastern... op. cit.*, p. 63.

[165] MANCALL (M), « The Ch'ing Tribute System : An interpretative Essay », in FAIRBANK (J. K.), ed, *The Chinese World Order,* Cambridge, Harvard University Press, 1968, pp. 63-89 ; FRANK (A. G), *ReOrient... op. cit.,* pp. 111-117.

[166] BRAY (F.), *Technology and Society in Ming China, 1368-1644,* Washington, American Historical Society, 2000 ; DIXIN (X.), CHENGING (W.), eds, *Chinese Capitalism, 1522-1840,* Londres, MacMillan, 2000 ; WONG (R. B.), *China Transformed : Historical Change and the Limits of European Experience,* Ithaca, Cornell University Press, 1997.

[167] Pour une comparaison basée sur la consommation de produits textiles, voir Pomeranz (K.), *The Great Divergence... op. cit.*, pp. 327-338.

[168] « Ainsi le système des traités des années 1840 aux années 1880 n'était pas simplement une tentative des occidentaux pour amener la Chine dans leur monde ; mais bien plutôt comme une astuce Ch'ing permettant de s'accommoder de l'Occident et de lui donner une place au sein du monde chinois. Du point de vue de la Chine ancienne, les traités furent un moyen de "réfréner et contenir" (chi-mi) les puissants "barbares" des mers ; la période qui va des premiers traités au début de 1880 était considérée comme la dernière phase de cette manière traditionnelle de "gérer" (ch'ou-pan) les problèmes posés par les barbares ».

En %	1750	1800	1830	1860	1900	1913
Europe	23,1	28,0	31,1	53,6	63	57,8
Grande-Bretagne	1,9	4,3	9,5	19,9	18,5	13,6
Chine	32,8	33,3	29,8	29,8	6,2	3,6

Production mondiale de produits manufacturés[169]

[52] La mise en perspective de la vision *occidentale* du monde, et son corollaire la réévaluation du rôle historique des civilisations orientales, nous montrent combien le modèle du despotisme oriental, loin de correspondre à un modèle spécifique de construction de l'État n'était que le produit de notre vision ethno-centrique du monde[170], conception dont les prémices remontent aux Grecs anciens[171]. Mais ce constat ne doit pas nous faire oublier que le monde s'est bel et bien occidentalisé à la faveur du mouvement de colonisation qui a consacré, à partir de la deuxième moitié du XIXe siècle, l'hégémonie occidentale, ce qui a rendu possible, entre autres, la généralisation au-delà du continent européen de « l'État moderne formel »[172].

c) *L'universalisation de l'ordre étatique*

Quelles qu'en soient les causes, la formation des États a produit, à l'échelle de continents entiers des effets considérables. Peut-on aborder cette question à partir de la notion d'ordre étatique ? Oui, à condition d'envisager cet ordre comme le produit évolutif des relations entre États et à condition de ne pas

---

FAIRBANK (J. K.), « The Early Treaty System in the Chinese World Order », in *The Chinese World... op. cit.,* p. 258.

[169] TOMLINSON (B. R.), « Economics and Empire : the Periphery and the Imperial Economy », in *The Oxford History of the British Empire,* Oxford University Press, vol. 3, 1999, p. 69.

[170] « Selon ces conventions de traduction, l'Orient ne serait qu'une collection de lacunes ou une liste d'anomalies : l'absence de propriété privée, l'absence de classes sociales, et l'absence de changements historiques dans le mode de production. Et Weber et Marx ont adhéré à l'idée que la politique des États dans l'Orient était arbitraire et incertaine, leur vision des sociétés orientales peut ainsi être considérée comme la reprise d'un concept plus ancien, à savoir le *despotisme oriental.* ». TURNER (B. S.), *Orientalism... op. cit.*, p. 41.

[171] SPRINGBORG (P.), *Western Republicanism and the Oriental Prince,* Oxford, Politiy Press, 1992.

[172] GAZIBO (M.) et THIRIOT (C.), « Le politique en Afrique dans la longue durée : historicité et héritages », in *Le politique en Afrique. État des débats et pistes de recherche,* Paris, Éditions Khartala, 2009, p. 27. L'autre conséquence majeure du processus de colonisation est la transformation des États-nations européens en sociétés impériales. Voir CHARLE (Ch.), *La crise des sociétés impériales : Allemagne, France, Grande-Bretagne, 1900-1940. Essai d'histoire sociale comparée,* Paris, Éditions du Seuil, 2001.

limiter l'étude de ces interactions au seul personnel d'État, c'est-à-dire aux gouvernants. Ce sont en effet des groupes sociaux variés et des sociétés entières qui sont pris dans le jeu des relations entre États et parfois même constitué en enjeux des relations entre États[173].

(6) Ordre national et ordre international

[61] La formation des États s'est traduite par l'imposition de lignes de partage qui, progressivement vont se transformer en frontières délimitant des territoires. C'est donc au sein de territoires précisément limités que s'exerce le processus de monopolisation des ressources[174]. Comme l'a montré Paul Alliés, la construction étatique va de pair avec la généralisation du modèle de la « frontière linéaire »[175] – celle que nous connaissons aujourd'hui. Cette frontière linéaire va substituer du continu au discontinu, elle va délimiter et réglementer ces zones indéfinies, ces marches impériales[176], ces *hinterlands* où nul ne savait véritablement quelles règles s'appliquaient et qui était le souverain. Ces marges représentaient parfois la moitié des territoires d'une unité géographique comme le pays de Galles entre les XIIIe et XVIe siècles[177]. À cette mosaïque féodale[178] succède une carte géographique de territoires bien définis où les différentes « unités de domination » se jouxtent sans se superposer[179] et où les zones intermédiaires disparaissent, ce qui remet progressivement en cause le mode de vie des populations nomades[180]. Ce travail d'imposition des frontières est inséparablement symbolique et matériel ; il coïncide, en France, avec l'émergence d'un pouvoir monarchique absolu à compter du XVIe siècle[181]. Il

---

[173]C'est le cas par exemple des minorités si l'on veut bien considérer toutefois que cette catégorie elle-même est la conséquence imprévue de l'universalisation de la forme étatique.

[174]*Cf.* section 41.

[175]ALLIES (P.), *L'invention du territoire,* Presses Universitaires de Grenoble, 1980. Voir aussi ALTINK (H.), GEMIE (S.), eds, *At the Border. Margins and Peripheries in Modern France,* Cardiff, University of Wales Press, 2008 ; MURPHY (A.), « Historical Justifications for Territorial Claims », *Annals of the Association of the American Geographers,* LXXX, 4, 1990, pp. 531-548.

[176]CLAVAL (P.), *Espace et pouvoir,* Paris, Presses Universitaires de France, 1978, p. 108 et s.

[177]DAVIES (R.), « Frontier arrangements in fragmented societies : Ireland and Wales », in BARTLETT (R.), MCKAY (A.), eds, *Medieval Frontier Societies,* Oxford, Clarendon Press, 1989, p. 82.

[178]Que nos cartes contemporaines simplifient exagérément car elles sont inspirées par le modèle cartographique de l'État-nation.

[179]GUENEE (B.), « Des limites féodales aux frontières politiques », in NORA (P.), dir., *Les lieux de mémoire,* Paris, Gallimard, 1997, vol. 1., pp. 1103-1124.

[180]SALZMAN (Ph. C.), « Political Organization among Nomadic Peoples », *Proceedings of the American Philosophical Society,* III, 1967, pp. 115-131.

[181]DE CROUY CHANEL (E.), « La frontière picarde », in COHEN (A.), LACROIX (B.) et RIUTORT (Ph.), dir., *Nouveau manuel... op. cit.*, pp. 86-87.

s'appuie sur la théorie de la « délimitation moderne » mise en forme par les légistes pour qui « la conception du *no man's land* est, dans l'ordre des relations politiques normales, une conception contraire à la nature même de l'État »[182].

De nouveaux outils, comme les passeports [183], et des administrations spécialisées dans la délimitation et l'entretien des frontières apparaissent : en France, les services des douanes et le commissariat aux fortifications, dirigé par Vauban de 1662 à 1707[184]. Le territoire devient à la fois le support du processus de construction étatique et une projection symbolique de l'espace rendue possible par l'évolution des techniques cartographiques. La carte où figurent en gras les lignes frontières devient une des représentations les plus communes de l'État à partir du XVIIIe siècle, alors que les dynasties régnantes étaient, elles, identifiées par des symboles comme les fleurs de lis pour les Bourbons[185]. Ces cartes, dont certaines sont de véritables œuvres d'art, sont d'abord en usage au sein de l'aristocratie. C'est d'ailleurs grâce à l'aide financière de Madame de Pompadour que, en 1757, Didier de Vaugondy peut publier un *Atlas universel* comportant cent-huit cartes conçues par son père, Gilles Robert de Vaugondy, géographe du roi. Mais c'est grâce aux progrès de la scolarisation (la géographie devient une matière obligatoire dans l'enseignement primaire en 1867) que la représentation cartographique de l'État s'impose à l'ensemble des français, sous la forme de l'hexagone[186].

[62] Le territoire est un des quatre éléments constitutifs de la définition juridique de l'État[187]. En l'occurrence, cette définition ne fait qu'enregistrer une invention du XVIIIe siècle et contribue ainsi à naturaliser cette forme spécifique de domination territoriale. Il convient néanmoins de préciser quelle a été la

---

[182]GEOUFFRE DE LAPRADELLE (P.), *La Frontière*. Thèse pour le doctorat en sciences politiques et économiques, Paris, Les Éditions Internationales, 1928, p. 56.

[183]Outils qui seront sans cesse perfectionnés : CRETTIER (X.) et PIAZZA (P.), dir., *Du papier à la biométrie. Identifier les individus*, Paris, Presses de Sciences-Po, 2006 ; O'BYRNE (D.), « On passports and borders controls », *Annals of Tourism Research*, XXVIII, 2, 2001, pp. 399-416 ; SALTER (M.), *Rights of Passage. The Passport in International Relations*, Boulder, Lynne Rienner, 2003 ; TORPEY (J.), *The Invention of the Passport Surveillance, Citizenship and the State*, Cambridge, Oxford University Press, 2000.

[184]BARROS (M.), SALAT (N.) et SARLAN (T.), *Vauban : l'intelligence du territoire*, Paris, Éditions Nicolas Chaudun/SHD, 2006.

[185]CAHOURS D'ASPRY (J.-B.), *Des fleurs de lis et des armes de France. Légendes, histoire et symbolisme*, Biarritz, Éditions Atlantica, 2006.

[186]WEBER (E.), « L'hexagone », in NORA (P.), dir., *Les lieux de mémoire : la nation*, Paris, Gallimard, « quarto », 1997, vol. 2., pp. 1171-1190.

[187]Selon l'article 1er de la *Convention de Montevideo sur les droits et les devoirs des États* du 26 décembre 1933, un État peut être considéré comme souverain s'il remplit les quatre conditions suivantes : « être peuplé en permanence, contrôler un territoire défini, être doté d'un gouvernement et être apte à entrer en relation avec les autres États ».

contribution du droit international public, qui se substitue progressivement au *jus gentium* à partir du XVe siècle[188], à la genèse de l'ordre étatique. Le droit international public n'est ni le simple reflet du processus de construction étatique, ni une condition nécessaire et suffisante de ce processus. Il est le produit des relations inter-étatiques et contribue, par la vision du monde qu'il construit et consolide, à légitimer symboliquement, au niveau international, l'ordre étatique[189]. Cette vision est celle d'un monde composé - et bientôt rempli à la faveur de la colonisation européenne - d'États souverains dont le droit prétend régir les relations sur un mode pacifié. À travers la formation d'un droit des nations, c'est à une « légitimation positiviste de l'État »[190] que l'on assiste à partir de la seconde moitié du XVIIIe siècle. Cette légitimation s'articule autour de la notion de souveraineté qui, une dégagée de ses présupposés jusnaturalistes, va fonctionner, efficacement, comme un principe à prétention universelle à la fois pour décrire (notamment dans les manuels servant à l'enseignement de la science politique « classique ») et pour justifier l'action de l'État : signature des traités, déclarations de guerre, colonisation de terres vierges, etc.

Progressivement, les États vont s'assurer un quasi-monopole sur la vie politique internationale. Si la liste des quelques trois-cent délégations officielles présentes au congrès de Vienne en 1815 comprend encore des représentants d'entités non-étatiques comme les « libraires allemands » ou les « fonctionnaires de l'ancien duché de Francfort » venus défendre leurs intérêts[191], ce sont bien les représentants des États européens qui sont les acteurs principaux de ce moment majeur de la diplomatie européenne. Considéré dès lors par les juristes positivistes comme un sujet de droit[192], l'État s'impose comme le seul acteur reconnu par le droit international public, et ce jusqu'à l'apparition des organisations internationales puis des organisations non gouvernementales. C'est donc à juste titre que l'on a pu qualifier ce dernier, au XIXe siècle, de « droit des États » car, à cette époque, les États n'obéissent qu'aux règles qu'ils se sont fixées ou auxquelles ils ont librement adhéré par voie conventionnelle. Comme le souligne Josépha Laroche, « Simple droit de coordination et non de subordination, le droit international public n'a pas pouvoir d'imposer aux États

---

[188] HOLZGREFE (J. L.), « The Origins of Modern International Relations Theory », *Review of International Studies,* XV, 1, 1989, pp. 11-26.

[189] KOSKENNIEMI (M.), *The Gentle Civilizer of Nations. The Rise and Fall of International Law, 1870-1960,* Cambridge University Press, 2001.

[190] LAROCHE (J.), *Politique internationale,* Paris, L.G.D.J., 2000, p. 42.

[191] LENTZ (TH.), *Les Cent-Jours – 1815. Nouvelle histoire du Premier Empire, T. IV,* Paris, Fayard, 2010, p. 66 ; voir aussi PETERSON (G.), « Political Inequality at the Congress of Vienna », *Political Science Quaterly,* LX, 4, 1945, pp. 532-554.

[192] Sur le positivisme juridique, voir GRZEGORCZYK (CH.), MICHAUT (F.) et TROPER (M.), dir., *Le positivisme juridique,* Paris, L.G.D.J., 1993.

ses normes : il n'est en mesure d'assurer qu'une coordination normative de leurs souverainetés. C'est dire à quel point son développement a accompagné celui des États et combien il a participé à la consécration de l'inter-étatisme »[193]. Que l'ordre international soit d'abord un ordre inter-étatique est donc un fait difficilement contestable. Il a d'ailleurs survécu à l'affirmation du principe des nationalités au début du XXe siècle[194], aux (re)découpages territoriaux initiés par les traités internationaux consécutifs au premier conflit mondial, à la création de la Société des Nations, puis de l'O.N.U. en 1945. Pour comprendre cette stabilité de l'ordre international, il ne faut pas perdre de vue qu'il s'affirme à la faveur de la domination des États-nations occidentaux. Ce sont d'ailleurs les craquements de cet ordre inter-étatique qui en font voir aujourd'hui, de manière rétrospective, les lignes de force.

(7) Mondialisation et « crise de l'État »

[71] Pour comprendre ce qui nous est souvent présenté comme une « crise de l'État »[195], bel exemple de prénotion soit-dit en passant, il faut d'abord tenter d'analyser les phénomènes d'importation et d'exportation des modèles étatiques occidentaux liés à la domination coloniale. Durant cette période, les États occidentaux ont dupliqué, dans les territoires qu'ils contrôlaient, des institutions calquées sur le modèle métropolitain. Comme l'a souligné avec force Charles Tilly, le modèle étatique européen « a servi d'étalon à la formation d'États dans le monde entier »[196]. C'est dans cette logique impériale que, par exemple, le code civil, s'est imposé aux populations africaines sous domination française. Ce transfert d'institutions, au prix d'adaptations ou d'une cohabitation plus ou moins bien réglée avec les institutions existantes et antérieures à la conquête européenne[197], répondait à un seul objectif : favoriser l'exploitation des territoires conquis et maintenir l'ordre au sein des populations soumises à la tutelle coloniale. Lorsque ces territoires sont devenus des États indépendants, après la seconde guerre mondiale pour la plupart, il n'y pas eu – sauf rares exceptions – de rupture totale avec les anciennes puissances coloniales. Bien au

---

[193] LAROCHE (J.), *Politique... op. cit.*, p. 45.
[194] Voir l'exposé doctrinal de ce principe dans REDSLOB (R.), *Le principe des nationalités*, Paris, Librairie du Recueil Sirey, 1930.
[195] « La crise contemporaine de l'État met non seulement en question le modèle unique de l'État mais l'État lui-même en tant que modèle », MEDARD (J.-F.), « Le modèle unique d'"État en question" », *Revue internationale de Politique Comparée*, XIII, 4, 2006, p. 684.
[196] TILLY (C.), « War Making and State Making as Organized Crime », in EVANS (P.), RUESCHEMEYER (D.), SKOCPOL (T.), eds, *Bringing the State Back In*, Cambridge University Press, 1985, p, 182.
[197] MOMMSEN (W. J.), DE MOOR (J. A.), eds, *European Expansion and Law. The Encounter of European and Indigenous Law in 19th and 20th century Africa and Asia*, Oxford, Berg, 1992.

contraire, les nouvelles élites issues de la décolonisation n'ont eu de cesse d'importer des modèles institutionnels pour donner vie et consistance aux relations de pouvoir dans lesquelles ils se trouvaient confirmés comme les nouveaux maîtres d'un destin collectif et en fonction des carrières qui s'ouvraient désormais à eux. Selon Bertrand Badie, ce phénomène d'importation s'inscrit dans des stratégies spécifiques à ces nouvelles élites ; l'ensemble de ces stratégies collectivement assumées participant d'un processus de « construction néo-patrimoniale du pouvoir »[198].

On peut résumer ce processus à grands traits de la manière suivante. Dans la plupart des pays devenus indépendants, une bourgeoisie d'État va rapidement monopoliser les positions de pouvoir inscrites dans les cadres institutionnels hérités de la période coloniale. Mais, l'indépendance politique allant de pair avec une dépendance économique maintenue, et parfois aggravée, vis-à-vis des anciennes métropoles, ce n'est qu'en accaparant des ressources privées que ces élites post-coloniales parviennent à se maintenir au pouvoir (ex : Nigéria, Philippines). En effet, ces nouveaux États ne disposaient pas des ressources que sont susceptibles de procurer le monopole fiscal à l'instar des États européens plus anciennement constitués. Les ressources internes (fiscales) faisant défaut, c'est donc dans la gestion des rapports avec l'extérieur (droits de douane, concessions minières, contrôle de l'exportation des matières premières, etc.) que les gouvernants vont trouver les ressources nécessaires à la mise en place des attributs de la puissance étatique (police, armée, etc.). S'effectuant selon une logique clientélaire, cette gestion des rapports avec l'extérieur va s'avérer un obstacle puissant et durable à l'institutionnalisation de l'État. En effet, l'accès aux ressources ne peut relever dans ce cadre du respect et de la mise en œuvre de normes impersonnelles (des règles de droit) mais résulte de transactions qui supposent, pour être effectives, la rémunération de multiples intermédiaires et l'entretien de clientèles. On assiste à ce que l'africaniste Nicolas Van De Walle nomme « phagocytose »[199], à savoir le comportement des détenteurs de positions de pouvoir et des membres de leurs clientèles qui refusent de s'astreindre au paiement de l'impôt, des droits de douane, des droits de licence, etc., pratique qui est à l'origine, selon lui, d'une crise permanente des économies africaines. Mal payés, souvent peu considérés, les fonctionnaires des pays du

---

[198] BADIE (B.), *L'État importé. L'occidentalisation de l'ordre politique,* Fayard, 1992, p. 23. Voir aussi KOHLI (A.), *State-Directed Development. Political Power and Industrialization in the Global Periphery,* Cambridge University Press, 2004. Le modèle patrimonial se caractérise lui par la domination exercée par une oligarchie de propriétaires terriens qui se sert des positions de pouvoir pour accroître les rentes et les avantages qu'elle peut tirer du contrôle ou de la neutralisation des bureaucraties d'État.

[199] VAN DE WALLE (N.), *African Economies and the Politics of Permanent Crisis, 1979-1999,* Cambridge University Press, 2001, p. 53.

Sud et leurs familles se font en effet volontiers prébendiers en usant et abusant des prérogatives liées à leurs fonctions.

L'importance des liens clientélaires dans bon nombre de pays anciennement colonisés s'ajoute aux multiples formes de résistance à l'imposition d'un ordre étatique. Le passage de l'État patrimonial à des formes rationnelles-légales de domination, au sens où l'entendait Max Weber[200], s'en trouve considérablement entravé. La dépendance vis-à-vis de l'extérieur – que ce soit vis-à-vis d'un pays plus puissant, vis-à-vis d'organisations internationales ou de firmes multinationales – contribue au maintien d'un ordre patrimonial dans les pays du Sud. Certes, on y retrouve des formes hiérarchisées d'administration bureaucratique, mais il s'agit de « bureaucraties formelles »[201]. L'accès à ces positions obéît le plus souvent à une logique de clientèle, ce qui ne favorise pas une domination « en vertu du savoir » qui constitue pour Max Weber le type-idéal de « l'administration purement bureaucratique »[202]. Loin d'être une forme de « maladie infantile » ou la conséquence de comportements propres à certaines régions du monde, le clientélisme d'État (formule plus précise que le terme de « corruption ») est une stratégie collective pour toute une série d'acteurs intéressés à retirer des positions de pouvoir des profits individuels selon un enchaînement bien mis en évidence par la sociologie de la dépendance[203].

[72] Toutefois, Bertrand Badie se refuse à tout inférer de la relation de dépendance entre les nouveaux États et les anciennes puissances coloniales : il considère que c'est le lien entre l'ordre mondial et ces formes de domination néo-patrimoniales qui est l'explication la plus probante. C'est parce que les dirigeants des pays du Sud ont été contraints, à travers des programmes de développement que les structures économiques de leurs pays rendaient nécessaires, de solliciter le soutien financier des pays du Nord – ou de leurs concurrents, l'U.R.S.S. dans les années 1960-1970, la Chine, le Brésil et l'Inde aujourd'hui – et des institutions internationales contrôlées par ces derniers (F.M.I., Banque mondiale[204], etc.) qu'ils furent, et demeurent, encouragés à

---

[200] La domination rationnelle-légale est une « forme de domination légitime revêtant un caractère rationnel et reposant sur la croyance en la légalité des règlements arrêtés et au droit de donner des directions qu'ont ceux qui sont appelés à exercer la domination par ces moyens ». WEBER (M.), *Économie et société,* Paris, Presses-Pocket, vol. 1, 1995 (1ère ed. fra. 1971), p. 289.
[201] *Ibid.*, p. 296.
[202] *Ibid.*, p. 299.
[203] BALANDIER (G.), « Contribution à une sociologie de la dépendance », *Cahiers internationaux de sociologie,* XII, 1952, pp. 47-69.
[204] HIBOU (B.), « Banque mondiale : les méfaits du catéchisme économique. L'exemple de l'Afrique subsaharienne », *Politique Africaine,* 71, 1998, pp. 58-74.

fonder leur pouvoir sur le contrôle de ressources importées et non sur des logiques de représentation de groupes sociaux analogues à celles des États parlementaires occidentaux[205]. Pendant la période dite de la « guerre froide » (1947-89), les deux super-puissances, les États-Unis et l'Union soviétique, furent contraintes de constituer de vastes réseaux d'alliances à l'échelle mondiale. Les pays du sud, en faisant allégeance à l'une ou à l'autre des super-puissances, pouvaient ainsi disposer d'un accès privilégié à des ressources variées : économiques, militaires, technologiques, etc. Il n'en va plus de même depuis les années quatre-vingt-dix. Les organisations internationales ont tenté à cette époque de limiter le développement des États patrimoniaux en imposant aux pays du sud des programmes d'ajustement structurels [206] inspirés par l'idéologie néo-libérale [207] et tardivement compensés par des programmes contestés de lutte contre la pauvreté208. Au nom de l'efficience économique, ces programmes vont limiter l'accès aux ressources des élites occupant les positions de pouvoir. En Côte d'Ivoire, par exemple, la redistribution des ressources s'effectuait grâce à la *Caisse de compensation des cours du café*, matière première dont ce pays est, depuis les années quatre-vingt, un des principaux producteurs et exportateurs à l'échelle mondiale[209]. Privé de cet instrument qui servait, entre autres, à s'assurer la fidélité d'une clientèle électorale, l'ancien parti unique (le *Parti Démocratique de la Côte d'Ivoire*) s'est lancé dans une périlleuse stratégie d'ethnicisation de la vie politique (d'où l'invention du mot « ivoirité ») afin de substituer à la domination clientéliste une logique de mobilisation faisant appel au sentiment d'appartenance ethnique[210]. La Côte d'Ivoire n'est d'ailleurs pas un cas isolé de « mystification des rapports

---

[205]*Cf.* section 101. Par « État parlementaire », nous entendons un État où la légitimité de l'exercice du pouvoir est associée à la représentation institutionnelle de groupes sociaux via des mécanismes électifs, soit une définition plus large et plus dynamique que celle de « régime parlementaire » mise en avant par la science politique académique.

[206]HAGGARD (S.), KAUFMAN (R.), eds, *The Politics of Adjustment. International Constraints, Distributive Conflicts and the State,* Princeton University Press, 1992.

[207]Le néo-libéralisme diffère du libéralisme classique dans la mesure où ses défenseurs militent en faveur d'une intervention de l'État afin de garantir les conditions d'efficiences de l'économie de marché. Voir DENORD (F.), *Néo-libéralisme version française. Histoire d'une utopie,* Paris, Démopolis, 2007 ; LAVAL (Ch.), *L'homme économique. Essai sur les racines du néolibéralisme*, Paris, Gallimard, 2007.

[208]CAMPBELL (B.), dir., *Qu'allons-nous faire des pauvres ? Réformes institutionnelles et espaces politiques ou les pièges de la gouvernance pour les pauvres,* Paris, L'Harmattan, 2005.

[209]ZARTMAN (W. I.), DELGADO (C.), eds, *The Political Economy of Ivory Coast,* New York, Praeger Publishers, 1984.

[210] HOFNUNG (T.), *La crise en Côte d'Ivoire. Dix clés pour comprendre,* Paris, Éditions La Découverte, 2005 ; VIDAL (C.), *Sociologie des passions (Côte d'Ivoire, Rwanda),* Paris, Éditions Karthala, 1991.

sociaux »[211] par la promotion de l'ethnicité ou de l'identité nationale. Largement construite par les bureaucraties coloniales et les missions chrétiennes, comme instrument de gestion des territoires et des populations [212], les divisions ethniques participent aujourd'hui d'un double processus en Afrique [213] : la construction d'un sentiment d'appartenance au sein de groupes qui prennent forme à travers les multiples réseaux d'obligations dans lesquels leurs membres se trouvent inscrits (que les africanistes anglophones nomment « moral ethnicity ») et les luttes entre groupes définis sur une base ethnique pour la conquête de positions de pouvoir (que les africanistes anglophones nomment « political tribalism »).

De cette impossibilité à mettre en place des mécanismes de légitimation reposant sur la représentation de groupes sociaux distincts, phénomène que nous avons déjà mentionné, découle la faible attention de ces gouvernants aux mécanismes internes de dévolution du pouvoir (les élections) et, à l'inverse, leur fébrilité dès que sont en jeu les relations privilégiées qu'ils entretiennent avec des firmes, des partis politiques ou des responsables des pays du Nord. La dépendance entre pays du Sud et pays du Nord s'établit à travers un processus continu d'« échange de faveurs » entre, d'un côté, des États-clients et, de l'autre, des États-patrons. Le mimétisme constitutionnel, c'est-à-dire l'adoption par ces pays de constitutions copies plus ou moins conformes de constitutions européennes, et singulièrement françaises, est un des aspects de cette dépendance structurelle[214]. Il ne concerne pas d'ailleurs que les pays du Sud, mais également les pays d'Europe centrale et orientale issus de l'éclatement de l'U.R.S.S. et de la Yougoslavie[215]. La « démocratie en kit » mise en place au Kosovo depuis 2000 par l'Organisation pour la Sécurité et la Coopération en Europe (O.S.C.E.) en est un parfait exemple[216].

Un spectateur candide des réunions de l'Assemblée générale de l'O.N.U. à New-York pourrait se laisser abuser par le spectacle qui lui est offert, celui d'une égalité parfaite entre les représentants de tous les États, y compris ceux

---

[211] BAZIN (L.) et GIBB (R.), « Nationalisation et étatisation des identités dans le monde contemporain », *Journal des anthropologues,* hors-série 2007, p. 22.

[212] HOBSBAWM (E.) et RANGER (T.), *L'Invention de la tradition,* Paris, Éditions Amsterdam, 2006 (1ère ed. 1983).

[213] BERMAN (B.), EYOH (D.), KYMLICKA (W.), eds, *Ethnicity ans Democracy in Africa,* Oxford, James Currey, 2004.

[214] Ce type d'échange est favorisé par l'existence, au sein des universités françaises, d'une offre de conseil et d'expertise en matière institutionnelle qui trouve un terrain privilégié d'exercice, souvent fort bien rémunéré, dans nos anciennes « colonies ».

[215] BADIE (B.), *La fin des territoires,* Paris, Fayard, 2005 ; SPRUYT (H.), *Ending Empires. Contested Sovereignty and Territorial Partition,* Ithaca, Cornell University Press, 2005, ch. 7.

[216] PERROT (O.), *Les équivoques de la démocratisation sous contrôle international. Le cas du Kosovo (1999-2007),* Paris, L.G.D.J., 2007.

dont l'étendue du territoire et la taille de la population n'atteignent pas celles d'un campus universitaire... Cette représentation idéalisée de l'ordre international est assez éloignée des réalités sociales et de la répartition des ressources et des chances de puissance ! Pour éviter de se laisser plus longtemps abuser par la définition juridique de l'État, on s'attachera à comprendre comment la plupart de ces unités de domination ne sont en fait que des quasi-États[217]. Les quasi-États sont des États ayant durablement échoué à monopoliser les ressources fiscales et militaires nécessaires à leur constitution en tant que véritable unité autonome de domination, et qui se trouvent de ce fait placés en situation de dépendance structurelle vis-à-vis d'autres États ou d'institutions internationales (ex: Haïti, Libéria). Au sein de ces quasi-États, les stratégies d'accès aux positions de pouvoir ne font que renforcer ces liens de dépendance. Au Congo (ex-Zaïre), le président Joseph-Désiré Kabila, contraint d'organiser des élections au suffrage universel par ses « protecteurs » occidentaux, a dû négocier en position de faiblesse des contrats de concession très favorables aux compagnies minières afin de disposer des ressources financières nécessaires à sa campagne électorale[218]. Selon le chiffre avancé en mars 2008 par le ministre en charge du secteur minier, 33,8% du territoire congolais est désormais concédé à des sociétés étrangères. Compte tenu du code minier très « libéral » adopté en 2003 sous l'égide de la Banque mondiale, ces sociétés bénéficient de conditions fiscales très favorables. Le manque à gagner pour l'État est considérable : en 2007, le secteur minier a généré 27 millions de dollars de recettes au lieu des 200 prévus par la Banque mondiale en fonction de la hausse attendue des cours des matières premières...[219] Le président congolais a ainsi privé durablement son pays des ressources fiscales nécessaires à la mise en place d'une administration d'État, ce faisant il ne faisait qu'inscrire une stratégie personnelle dans la logique d'un processus de captation des ressources dont son prédécesseur, le maréchal Mobutu, avait donné une tragique illustration[220]. Ce type de stratégie est présent, de manière différentielle il est vrai, dans beaucoup

---

[217] JACKSON (R. H.), *Quasi-States, Sovereignty, International Relations and the Third World,* Cambridge University Press, 1990. Cette approche est plus heuristique que la typologie des « États naturels » proposée par les économistes de l'A.F.D. qui, paradoxalement, négligent les relations entre les différents États. Voir NORTH (D. C.), WALLIS (J. J.) et WEINGAST (B. R.), *Violence et ordres sociaux. Un cadre conceptuel pour interpréter l'histoire de l'humanité,* Paris, Gallimard, 2010, pp. 75-85.

[218] COLLIER (P.), *Wars, Guns and Votes. Democracy in Dangerous Places,* New York, Harper, 2009, ch. 3. Voir aussi DE VILLERS (G.), *République démocratique du Congo, de la guerre aux élections. L'ascension de Joseph Kabila et la naissance de la troisième république,* Bruxelles, Musée royal de l'Afrique centrale/L'Harmattan, 2009.

[219] BRAECKMAN (C.), « Manoeuvres spéculatives dans un Katanga en reconstruction », *Le Monde diplomatique,* juillet 2008.

[220] MCGAFFEY (J.), ed, *The Real Economy of Zaire. An Anthropological Study,* Londres, James Currey, 1991.

de pays d'Afrique. Leur mise en œuvre répétée débouche sur ce que Jean-François Bayart, reprenant une expression vernaculaire, qualifie de « politique du ventre »[221]. La formule désigne ainsi la manière dont l'État est avant tout le produit de comportements liés à une compétition parfois tragique pour l'accès aux ressources de la part des clans en lutte pour l'accès aux positions de pouvoir. L'obligation sociale de redistribuer les ressources (notamment les postes de fonctionnaire) à ses fidèles fait de la majorité des leaders africains une incarnation durable du pouvoir patrimonial.

[73] Au vu de la faiblesse structurelle de ces quasi-États, il convient de s'interroger sur les raisons pour lesquelles ils subsistent malgré tout. Selon la « loi du monopole »[222] proposée par Norbert Elias, ces quasi-États auraient dû, au moins pour la plupart d'entre eux, disparaître et être démantelés ou absorbés par des unités de domination plus puissantes. « Là où la guerre a lieu, note Achille Mbembe à propos du continent africain, elle ne conduit pas nécessairement, comme en Europe, au développement de l'appareil d'État ou à la monopolisation par celui-ci de l'emploi de la force à l'intérieur de ses frontières »[223]. Force en effet est de constater que la situation internationale aujourd'hui n'est pas tout à fait comparable à l'Europe médiévale. La faiblesse structurelle de certains États est compensée par l'action d'acteurs internationaux (organisations internationales et O.N.G.) sous la forme de l'aide au développement, c'est-à-dire de transferts de ressources qui viennent compenser la faiblesse des monopoles internes. Cette « souveraineté négative », pour reprendre une expression de Robert H. Jackson, est l'expression de chaînes d'interdépendance longues entre ces quasi-États et d'autres acteurs de la scène internationale. Ces quasi-États sont en effet des enjeux pour les États occidentaux, et de plus en plus pour les pays dit « émergents ». Favoriser leur survie, même si cela représente un coût financier ou militaire, est un moyen de contrecarrer les formes de résistance à l'ordre international, par exemple le fondamentalisme islamique. Ce à quoi nous assistons aujourd'hui relève moins des effets d'un processus de « mondialisation » - terme en apparence neutre et qui dissimule les stratégies d'acteurs intéressés à la promotion d'un ordre international basé sur les relations de marché[224] - qu'à l'affaiblissement durable de sociétés anciennes (ex : Somalie, Afghanistan) considérées aujourd'hui

---

[221] BAYART (J.-F.), *L'État en Afrique. La politique du ventre,* Paris, Fayard, 1989.
[222] *Cf.* section 41.
[223] MBEMBE (A.), *De la post-colonie. Essai sur l'imagination politique dans l'Afrique contemporaine,* Paris, Éditions Karthala, 2000, p. 131.
[224] FLIGSTEIN (N.), « Rhétorique et réalités de la "mondialisation" », *Actes de la recherche en sciences sociales,* 119, 1997, pp. 36-47 ; LEBARON (F.), *Le savant, le politique et la mondialisation,* Bellecombe-en-Bauges, Éditions du Croquant, 2003.

comme des menaces par les États occidentaux[225]. Cette menace est étayée par l'augmentation des flux transnationaux, dont certains sont monopolisés par la criminalité organisée, et d'autres, comme les flux migratoires, ne sont que la conséquence même du développement inégal des territoires. Pour autant, nul parmi les grandes puissances n'a aujourd'hui intérêt à la disparition totale de ces unités de domination ni au renforcement de puissance régionales qui deviendraient des puissances rivales[226]. Pour contrôler ces flux[227], les États occidentaux doivent ainsi maintenir des avant-postes dans les régions qu'ils ne souhaitent pas contrôler directement[228] et dans lesquels ils vont promouvoir des « démocraties de basse-intensité »[229]. Et ce d'autant plus que les territoires et les institutions sous tension de ces quasi-États peuvent s'avérer extrêmement utiles pour effectuer des opérations contraintes par le droit et la morale des pays occidentaux : on peut ici évoquer les « paradis fiscaux »[230] mais aussi la sous-traitance de la répression[231], l'exportation des déchets toxiques que l'on entrepose à moindre coût dans les pays du Sud, la confiscation des ressources énergétiques[232] et, *last but not least*, les « paradis sexuels »[233].

---

[225] « La mondialisation des Occidentaux ne peut par définition intégrer le point de vue des sociétés auxquelles elle s'impose ; sa dimension négatrice est nécessaire à son développement ». POSTEL-VINAY (K.), *L'Occident et sa bonne parole. Nos représentations du monde, de l'Europe coloniale à l'Amérique hégémonique,* Paris, Flammarion, 2005, p. 45.

[226] EISENMAN (J.), HEGINBOTHAM (E.), MITCHELL (D.), eds, *China and the Developing World: Beijing's Strategy for the Twenty-First Century,* New York, M. E. Sharpe, 2007 ; KURLANTZICK (J.), *Charm Offensive. How China's Soft Power is Ttransforming the World,* New Haven, Yale University Press, 2007.

[227] ANDREAS (P.), *Border Games. Policing the US-Mexico Divide,* Ithaca, Cornell University Press, 2009 ; CUTTITTA (P.), « Le monde-frontière. Le contrôle de l'immigration dans l'espace globalisé », *Culture & Conflits,* 68, 2007, pp. 61-84 ; MUNOZ (J.), *États-Unis/Mexique. Géopolitique de la frontière,* Paris, L'Harmattan, 2009.

[228] Le protectorat américain en Irak depuis 2003 est un contre-exemple à cette proposition. Mais il n'est pas certain, en l'occurrence, que l'occupation militaire de ce pays ne soit pas aussi la conséquence d'enjeux politiques internes (l'élection contestée de G. W. Bush en 2000).

[229] ROBINSON (W. I.), *Promoting Polyarchy. Globalization, US intervention and Hegemony,* Cambridge University Press, 1996.

[230] CHAVAGNEUX (C.) et PALAN (R.), *Les paradis fiscaux,* Paris, Éditions La Découverte, 2006 ; GODEFROY (T.) et LASCOUMES (P.), *Le capitalisme clandestin, l'illusoire régulation des places off-shore,* Paris, Éditions La Découverte, 2004.

[231] CHIESA (G.), « L'archipel des prisons secrètes de la CIA », *Le Monde diplomatique,* août 2006.

[232] NOUSCHI (A.), « Essai sur les réseaux d'influence constitués par le groupe pétrolier ELF en Afrique », in BONIN (H.), HODEIR (C.) et KLEIN (J.-F.), dir., *L'esprit économique impérial, 1830-1970. Groupes de pression et réseaux du patronat colonial en France et dans l'Empire,* Paris, Publications de la SFHOM, 2008, pp. 547-559.

[233] BRENNAN (D.), *What's Love Got to Do with It ? Transnational Desires and Sex Tourism in the Dominican Republic,* Duke University Press, 2004.

[74] La forme de l'État, c'est-à-dire, pour suivre encore une fois la logique de Max Weber, le type de domination qui s'exerce sur les populations, est aujourd'hui un enjeu majeur de politique internationale. Plus que jamais, les agencements institutionnels – y compris les plus sophistiqués comme l'Union Européenne – sont le produit de rapports de force, eux-mêmes déterminés par la répartition inégale des chances de puissance[234]. Ce sont donc ces rapports de force concrétisés qui définissent, à un moment donné, ce que nous pouvons comprendre comme étant l'ordre international.

---

[234] Cette répartition est loin d'être figée : une hausse durable des cours des matières premières, par exemple, est ainsi susceptible de provoquer des transferts non négligeables de ressources au profit des pays producteurs.

2/ L'analyse sociologique des institutions politiques

[81] Sur le terrain de l'étude des institutions politiques, la sociologie politique est dans une position paradoxale, voire même inconfortable. Elle cohabite, de manière plus ou moins sereine, avec le droit public avec qui elle partage, en apparence, les mêmes objets d'étude. La science politique « académique »[235] peut se prévaloir en la matière d'une longue tradition intellectuelle : les réflexions sur le « bon gouvernement » qui d'Aristote à Raymond Aron, en passant par Montesquieu et Tocqueville, ont rempli nos bibliothèques de savants volumes. De cette proximité avec la philosophie et le droit public est née une catégorie hybride : les régimes politiques dont nous verrons, dans un premier temps, les multiples usages, avant d'esquisser, dans un second temps, la rupture opérée par la sociologie à partir de l'étude de la genèse et des usages des institutions. En effet, en mettant à distance les catégories juridiques et philosophiques, on peut analyser des processus d'institutionnalisation de relations de pouvoir, notamment au sein des États ; institutionnalisation qui repose sur une division du travail de domination.

a) Un catégorie hybride : les régimes politiques

[82] L'étude des régimes politiques a un fondement normatif assez difficile à nier... À travers les classements et les typologies proposées par de multiples penseurs depuis l'Antiquité grecque et romaine, c'est toujours et encore la question du « bon gouvernement » qui est posée. La recherche des meilleures institutions a aiguisé sans peine la réflexion des meilleurs esprits, au prix parfois de curieuses abstractions ou de constructions théoriques hasardeuses. Pour autant, les analyses en termes de régimes politiques ne sont jamais de pures spéculations philosophiques qui n'auraient rien à voir avec les contextes historiques dans lesquelles elles sont produites[236]. Elles sont le plus souvent la traduction, dans l'univers académique – où dans ce qui en tien lieu – d'enjeux politiques et gouvernementaux circonstanciés. L'objectif avoué des typologies est de pouvoir distinguer entre les « bons » et les « mauvais » gouvernements,

---

[235] C'est à dire les savoirs issus des travaux de l'*Académie des sciences morales et politiques*. Voir DELMAS (C.), *Instituer des savoirs d'État. L'Académie des sciences morales et politiques au XIXe siècle,* Paris, L'Harmattan, 2006.

[236] Voir la présentation remarquable que fait Bernard Pudal de la « matrice ecclésiale » de l'histoire des idées politiques. PUDAL (B.), « De l'histoire des idées politique à l'histoire sociale des idées politiques », in COHEN (A.), LACROIX (B.) et RIUTORT (Ph.), dir., *Les formes de l'activité politique. Éléments d'analyse sociologique, XVIIIe-XXe siècles,* Paris, Presses Universitaires de France, 2006, pp. 185-192.

entre les régimes « sains » et les régimes « corrompus »... En agrégeant des critères formels comme le nombre de gouvernants, qui seront ultérieurement repris par l'analyse juridique, et des critères substantiels comme le respect du « bien commun », les typologies des régimes politiques s'inscrivent dans une perspective qui ne peut être que normative. Il n'est d'ailleurs pas certain que la science politique contemporaine, même lorsqu'elle croit déléguer la question du bon gouvernement à la philosophie politique[237], soit toujours à même de s'écarter de cette pesante tradition.

(8) Que cent-mille typologies fleurissent…

[83] Il n'est pas ici question de présenter l'ensemble des typologies disponibles des régimes politiques, mais de montrer, à partir de deux exemples volontairement éloignés chronologiquement, comment ce type de raisonnement a pu s'épanouir, et peut encore tenir lieu aujourd'hui de science des phénomènes politiques. La première typologie est celle de Platon, la seconde celle du politologue américain Edward Shils.

Platon définit dans *La République* ce qu'il pense être la meilleure forme de gouvernement et les formes décadentes qui peuvent en dériver[238]. C'est dans un autre de ces dialogues mettant en scène Socrate, *Les lois*[239], qu'il nous présente une typologie de l'ensemble des régimes politiques à partir d'un critère formel (le nombre de gouvernants) et d'un critère substantiel (la soumission aux lois).

Critère formel	*Régime politique*	*Critère substantiel*	*Régime politique*
unicité	monarchique	la sagesse	sophocratie
unicité	monarchique	le pouvoir brutal	tyrannie
pluralité	oligarchique	la quête des honneurs, l'ambition	timocratie
pluralité	oligarchique	la richesse	oligarchie
pluralité	oligarchique	le respect des lois	république
totalité	démocratique		démocratie

Rappelons que Platon « appartenait à une famille aristocratique qui joua un rôle considérable dans la vie politique athénienne. Il couva le rêve durant sa jeunesse

---

[237]LECA (J.), *Pour(quoi) la philosophie politique. Petit traité de science politique,* Paris, Presses de Sciences-Po, 2001.
[238]PLATON, *La République. Du régime politique,* Paris, Gallimard, « folio », 1993.
[239]PLATON, *Les lois,* Paris, Gallimard, « folio », 1997.

de devenir un des dirigeants de l'État »[240]. Aussi rien d'étonnant à ce qu'il n'ait que bien peu d'estime pour la « démocratie » (en grec ancien, *demos* veut dire peuple) qu'il considérait comme un gouvernement de la multitude qui ne pouvait reposer sur la sagesse mais sur la tyrannie que la majorité des citoyens exercerait immanquablement sur les minorités allant ainsi à l'encontre de l'idéal d'unité qu'il associait au gouvernement des cités[241]. Le type de régime qui a clairement ses faveurs est la « République », c'est-à-dire une forme aristocratique de gouvernement (en grec ancien, *aristoi* désigne les meilleurs) reposant sur le respect des lois et sur la sagesse que seul pouvait procurer l'enseignement des philosophes.

Cette dimension à la fois normative et biographique est également présente chez Edward Shils dont la typologie est néanmoins complexe car elle repose sur une pluralité de critères formels (les « composantes ») et de critères substantiels (les « pré-conditions »)[242].

Régime politique		critères
démocratie	pluraliste	gouvernement civil et limité, institutions représentatives, libertés civiles
démocratie	tutélaire	pouvoir exécutif puissant
oligarchie	modernisante	bureaucratie puissante
oligarchie	totalitaire	parti unique
oligarchie	traditionnelle	dynastie ou pouvoir religieux

Son analyse s'inscrit dans la perspective développementaliste dominante dans la science politique américaine de l'après seconde guerre mondiale dont une des préoccupations principales, dans le contexte si particulier de la guerre froide, était le devenir des pays du Sud accédant à l'indépendance[243]. Cet « instrument intellectuel utile pour les États-Unis »[244] permet de comprendre et d'anticiper les conditions nécessaires et suffisantes pour que ces anciennes colonies se transforment en « démocraties pluralistes » et ne soient pas tentées par le

---

[240]CASSIRER (E.), *Le mythe de l'État,* Paris, Gallimard, 1993 (1ère ed. 1946), p. 91.
[241]SAXONHOUSE (A. W), *Fear of Diversity. The Birth of Political Science in Ancient Greek Thought,* The University of Chicago Press, 1992, ch. 4.
[242]SHILS (E.), *Political Development in the New States,* La Haye, Mouton éditeur, 1966.
[243]BADIE (B.), *Le développement politique,* Paris, Éditions Économica, 1988 ; CAMMACK (P.), *Capitalism and Democracy in the Third World. The Doctrine for Political Development,* Londres, Leicester University Press, 1997.
[244]WALLERSTEIN (I.), *Comprendre... op. cit.*, p. 24.

modèle socialiste de type soviétique ou chinois[245]. Cette contrainte du moment explique pourquoi des types de régime encore éloignés du modèle nord-américain comme les « démocraties tutélaires » ou les régimes « modernisateurs » sont à tout prendre préférables pour les politologues développementalistes... La nécessaire progression par étapes, qui constitue le cœur de cette analyse repose entièrement sur un préjugé normatif : la supériorité du stade terminal de développement des États. Cette typologie, sous ses apparences scientifiques, n'est guère éloignée de la doctrine de la politique étrangère des États-Unis de l'époque (dite « doctrine Kennedy »[246]) et peut justifier, de la même manière que Platon revendiquait une place spécifique pour les philosophes dans la cité d'Athènes, le soutien des États-Unis à des régimes « autoritaires » comme celui du Sud Viêt-Nam pour prendre un exemple contemporain de la parution du livre.

[84] Des deux exemples qui précèdent, et que l'on pourrait sans peine multiplier à l'infini, il ressort que les typologies des régimes politiques n'ont d'intérêt que rapportées à leur contexte de production. Elles nous en disent plus sur les logiques politiques et sociales dans lesquelles s'inscrivent leurs auteurs que sur les agencements institutionnels eux-mêmes... La science politique a-t-elle définitivement abandonné cette perspective normative, contrairement à la philosophie politique et au droit public ? Pas nécessairement. Beaucoup de travaux sont encore marqués par une vision topologique du monde articulée autour de trois catégories centrales de régimes politiques : démocratiques, autoritaires, totalitaires. Cette typologie est souvent implicite, c'est-à-dire rarement explicitée comme instrument de cadrage, et c'est pourquoi je la qualifierais volontiers de « triptyque DAT »[247]. Persister à qualifier les régimes politiques est au fond un subterfuge bien commode qui permet aux politologues de ne pas reprendre à leur compte, et à leur corps défendant, la seule qualification démocratique que toutes les élites politiques et administratives, même les plus éloignées en pratique de tels idéaux, ont appris à revendiquer à la face du monde ! Doit-on d'ailleurs, au nom d'une conception rigide de la neutralité axiologique, que l'on attribue un peu vite à Max Weber[248], nier ou

---

[245] Le sous-titre de l'ouvrage de l'économiste Walter Rostow que l'on peut rattacher à cette école se passe de commentaires... ROSTOW (W. W.), *The Stages of Economic Growth. A Non-Communist Manifesto,* Cambridge University Press, 1960.

[246] LATHAM (M. E.), « Ideology, Social Science and Destiny : Modernization and the Kennedy-Era Alliance for Progress », *Diplomatic History,* XXII, 2, 1998, pp. 199-229.

[247] Un triptyque est un ensemble décoratif composé de trois panneaux dont les deux panneaux extérieurs se replient sur le panneau central ne laissant alors voir qu'une partie du travail de l'artiste. Ce jeu sur et avec le support rend possible, c'est d'ailleurs ce qui fait son charme, des niveaux multiples de vision ou de lecture.

[248] Ce concept, que l'on doit à Max Weber a fait l'objet d'usages militants inavoués de la part des

dissimuler toute préférence individuelle pour des institutions démocratiques, ne serait-ce que pour préserver la liberté de la science et des scientifiques ? Vraisemblablement non. Pour toutes ces raisons, et également par souci de la clarté de l'exposé, il est acceptable de maintenir cette logique de présentation. Une précaution s'impose néanmoins : considérer ces catégories comme des types-idéaux, dans une perspective comparative ; non comme des réalités donc, mais comme des instruments *ad hoc* avec lesquels nous espérons progresser dans notre connaissance des phénomènes politiques et institutionnels. Cette démarche est précisément celle de la politique comparée et nous guidera dans les développements qui suivent[249].

(9) Le triptyque DAT et ses limites

[91] Comment est née la notion de totalitarisme ? Non pour répondre aux insuffisances théoriques des concepts plus anciens de démocratie ou de dictature, mais dans une logique de combat politique. Il s'agissait, et il s'agit toujours, de disqualifier ou de délégitimer un adversaire politique en le qualifiant de totalitaire. Prenons un exemple récent. Le 18 décembre 2006, le président roumain condamne solennellement, devant les deux chambres réunies, le régime « communiste », qui a pris fin, rappelons-le, en 1989, en s'appuyant sur les conclusions d'un rapport d'expert : « J'ai trouvé dans ce rapport, affirme-t-il aux parlementaires, les raisons pour lesquelles je peux condamner, au nom d'un État démocratique, le régime communiste en Roumanie (...) C'était un régime totalitaire »[250]. L'essentiel est dit en quelque sorte dans ce discours. Le totalitarisme, c'est à la fois l'ennemi et le contraire de la démocratie... Cette pensée d'État, largement confortée aujourd'hui par l'historiographie, a pourtant une histoire singulière qu'il convient de retracer ici[251].

L'idée de totalitarisme trouve son origine dans le premier conflit mondial et dans la manière dont il a été perçu et mené, par les contemporains, comme une

---

premiers traducteurs français du sociologue allemand. « Le succès de cette formule fut à la mesure de son enjeu : faire de Weber l'autorité (scientifique et allemande) cautionnant (en France) le principe du non-engagement du savant ». KALINOWSKI (I.), *Leçons wébériennes sur la science et la propagande,* Marseille, Agone, 2005, p. 191.

[249] BADIE (B.) et HERMET (G.), *Politique comparée,* Paris, Presses Universitaires de France, 1990 ; THIRIOT (C.), MARTY (M.) ET NADAL (E.), dir., *Penser la politique comparée. Un état des savoirs théoriques et méthodologiques,* Paris, Éditions Karthala, 2004.

[250] *Le Monde* du 21 décembre 2006.

[251] Les développements qui suivent doivent beaucoup à l'indispensable recueil commenté de textes d'Enzo Traverso. TRAVERSO (E.), ed, *Le totalitarisme. Le XXe siècle en débat,* Paris, Éditions du Seuil, 2001. Voir aussi GLEASON (A.), *Totalitarianism : The Inner History of the Cold War,* New York, 1995 ; GUILHOT (N.), *The Democracy Makers. Human Rights and the Politics of Global Order,* New York, Columbia University Press, 2005, ch. 1.

« guerre totale ». Cette guerre a en effet été marquée par ce que l'historien George Lachmann Mosse étudie comme un processus de « brutalisation des sociétés européennes »[252] et qui a, par la suite, engendré de nombreuses guerres civiles meurtrières en Russie, en Chine, en Espagne, etc. C'est par référence à des expériences historiques spécifiques qui apparaissent comme radicalement nouvelles à beaucoup de ceux qui en sont les témoins ou les acteurs, comme le fascisme italien ou le soviétisme russe, que l'on parle de totalitarisme, mais c'est avant tout par antithèse aux régimes « libéraux » de l'époque. Dès le départ en effet, le totalitarisme est une notion négative, qui sert à désigner un autre monde, un monde que l'on redoute, que l'on souhaite combattre parfois, au nom de la démocratie ou de la défense des libertés ! C'est cette dimension négative qui permet si facilement de ranger dans la catégorie des régimes totalitaires des épisodes nationaux hétérogènes. Quelle en serait une définition plus précise ? Il faut partir de celle proposée par le philosophe « officiel » du régime fasciste italien, Giovanni Gentile[253], dans l'article « fascisme » de l'*Enciclopedia Italiana*. Le fascisme, nous dit-il en substance, est « totalitaire », car « l'État fasciste, synthèse et unité de toute valeur, interprète, développe et donne puissance à la vie toute entière du peuple »[254]. Reprise par les opposants au régime fasciste, pour en dénoncer les turpitudes et les excès, l'adjectif « totalitaire » va ensuite être transposé et utilisé dans le combat contre le national-socialisme allemand principalement par les universitaires et les intellectuels exilés en Europe, et surtout aux États-Unis, après 1933[255]. Ainsi, dans un article paru en 1934 dans la revue *Zeitschrift für Sozialforschung*, le philosophe marxiste Herbert Marcuse présente le concept d'État totalitaire qu'il définit comme le produit d'un stade avancé du développement du capitalisme[256]. Mais la notion de totalitarisme est aussi utilisée en France par des communistes opposants à Staline exilés, comme Victor Serge[257], ou par des militants d'extrême-gauche comme Daniel Guérin[258]. Ainsi, lorsque commence la

---

[252] MOSSE (G. L.), *De la grande guerre au totalitarisme. La brutalisation des sociétés européennes,* Paris, Librairie Hachette, 1999.

[253] ALLEGRI SIDI-MAAMAR (N.), *Entre philosophie et politique, Giovanni Gentile : un philosophe engagé sous le fascisme*, Paris, L'Harmattan, 2001.

[254] *Enciclopedia Italiana di scienze, lettere ed arti ,* vol. XIV, p. 851.

[255] KROHN (C.-D.), « L'exil politique allemand aux États-Unis après 1933 », *Matériaux pour l'histoire de notre temps,* 60, 2000, pp. 9-15 ; SALVATI (M.), *Da Berlino a New York. Crisi della classe media e futuro della democrazia nelle scienze sociali degli anni trenta,* Turin, Bruno Mondadori, 2000 ; SRUBAR (I.), *Exil, Wissenschaft, Identität. Die Emigration deutscher Sozialwissenschaftler, 1933-1945,* Francfort, Suhrkamp, 1988.

[256] MARCUSE (H.), « La lutte contre le libéralisme dans la conception totalitaire de l'État », in *Culture et société,* Paris, Éditions de Minuit, 1970.

[257] SERGE (V.), *Mémoires d'un révolutionnaire et autres écrits politiques, 1908-1947,* Paris, Éditions Robert Laffont, 2001.

[258] GUERIN (D.), *Fascisme et grand capital,* Paris, Gallimard, 1936.

seconde guerre mondiale, la notion d'État totalitaire est entrée dans le langage courant des débats politiques et idéologiques. Le pacte de non-agression germano-soviétique du 23 août 1939 apparaît aux yeux des tenants de cette analyse comme la confirmation en acte de la proximité des régimes qu'ils qualifient respectivement de totalitaires[259].

C'est le contexte de la guerre froide, à partir de 1947, qui va conférer aux théories du totalitarisme une légitimité, à la fois politique et scientifique, inégalée au prix, toutefois, d'un glissement sensible dans la perspective. Désormais, il n'y a plus qu'un seul État totalitaire qui menace les démocraties occidentales : l'Union Soviétique et, pour justifier ce renversement d'alliance, la théorie du totalitarisme va rendre « d'admirables services idéologiques »[260]. Aux yeux de ses contempteurs, le totalitarisme représente en effet l'antithèse de la démocratie libérale ; il symbolise, selon une expression de la philosophe Hannah Arendt, « la négation la plus absolue de la liberté »[261]. Devenu un élément central de la philosophie politique conservatrice, sous le patronage de Leo Strauss, le totalitarisme accède au rang de concept académique en même temps qu'il revêt « les habits de l'anticommunisme »[262]. En science politique, c'est à Carl J. Friedrich et à Zbigniew Brzezinski que l'on doit la première formulation d'ensemble d'une théorie du totalitarisme[263]. La thèse centrale de leur ouvrage paru en 1956 est, d'une part, que les régimes totalitaires ne sont pas une nouvelle variante de régimes dictatoriaux mais qu'il s'agit bien d'une nouveauté *sui generis* du XXe siècle, et de l'autre, que malgré leurs différences idéologiques affichées, tous les régimes totalitaires sont fondamentalement identiques quant à leur nature. Un régime totalitaire est identifiable en fonction de six caractéristiques précises et liées entre elles : une idéologie officielle, un parti unique dirigé par un seul homme, une police terroriste, un monopole d'État sur les communications, un monopole d'État sur les armes et une économie centralisée. Les deux auteurs insistent tout particulièrement sur le rôle des technologies alors modernes (la radio, la télévision, etc.) qui favorisent un « contrôle politique ». Ils voient par ailleurs dans le monopole d'État sur les armes la négation même d'une liberté essentielle, affirmée symboliquement dans le 2ème amendement de la constitution des États-Unis d'Amérique : le droit pour tout citoyen de porter une arme pour se défendre. Quant à l'idéologie

---

[259] ROBERTS (G.), *Stalin's pact with Hitler*, Londres, Tauris, 1989.
[260] NOVICK (P.), *L'Holocauste dans la vie américaine,* Paris, Gallimard, 2001 (1ère ed. 1999), p. 119. Selon Peter Novick, cette focalisation sur le totalitarisme a contribué à la marginalisation de l'Holocauste et à l'indulgence vis-à-vis des allemands dans les années cinquante.
[261] ARENDT (H.), *La nature du totalitarisme,* Paris, Payot, 1990 (1ère ed. 1954), p. 67.
[262] TRAVERSO (E.), ed, *Le totalitarisme... op. cit.*, p. 51.
[263] FRIEDRICH (C. J.), BRZEZINSKI (Z.), *Totalitarian Dictatorship and Authocracy,* Cambridge, Harvard University Press, 1956.

totalitaire, elle est analysée comme « une doctrine officielle qui rejette de façon radicale la société telle qu'elle existe et qui propose de façon millénariste une nouvelle société »[264], mêlant à la fois dimensions utopiques et religieuses.

Cette analyse américaine du totalitarisme a ouvert la voie en France à Raymond Aron qui, dans son cours de sociologie à la Sorbonne de l'année universitaire 1957-58, s'intéressa également au « phénomène totalitaire ». Il en propose une définition articulée autour de cinq caractéristiques, très proches de celles mises en avant par ses prédécesseurs américains : un parti unique disposant du monopole de l'activité politique, une idéologie officielle transformée en vérité d'État, un monopole des moyens de force et de communication, un monopole des activités économiques et professionnelles et l'existence d'une terreur policière et idéologique. Pour R. Aron, cette dynamique totalitaire est liée à l'intentionnalité révolutionnaire des partis qui en forment l'armature. « Les traits communs aux partis révolutionnaires qui ont abouti au totalitarisme sont l'ampleur des ambitions, le radicalisme des attitudes et l'extrémisme des moyens »[265]. Ces analyses n'ont pas connu en France, contrairement aux États-Unis où le substrat anticommuniste était beaucoup plus puissant, de succès immédiat. C'est à la faveur de la révolution néo-conservatrice des années soixante-dix que cette thématique se trouve popularisée via la « nouvelle philosophie » et par les intellectuels non communistes inquiets d'une victoire électorale de l'*Union de la Gauche* aux élections législatives de 1978[266]. Lors du bicentenaire de la révolution française en 1989, les historiens « révisionnistes »[267], emmenés par François Furet[268] – rendu célèbre par un essai intitulé *Penser la Révolution française* publié par les

---

[264]*Ibid.*

[265]ARON (R.), *Démocratie et totalitarisme*, Paris, Gallimard, 1965, p. 290.

[266]CHRISTOFFERSON (Ch.), *Les intellectuels contre la gauche. L'idéologie antitotalitaire en France (1968-1981)*, Marseille, Agone, 2009 (1ère ed. 2004), ch. 3 & 5 ; BOURG (J.), *From Revolution to Ethics. May 1968 and Cotemporary French Thought*, Montreal, McGill-Queen's University Press, 2007, 4ème partie. Contrairement à une idée reçue et paresseusement répétée, la traduction en français de *L'Archipel du Goulag* d'Alexandre Soljenitsyne en 1974 n'est ni le point de départ ni la cause de ce mouvement. C'est bien plutôt l'offensive du P.C.F. contre les soutiens français de l'écrivain russe qui sert de détonateur. Cf. DAIX (P.), *Ce que je sais de Soljenitsyne,* Paris, Éditions du Seuil, 1973.

[267] Le révisionnisme consiste à remettre en cause des acquis historiographiques, en l'espèce l'historiographie d'inspiration marxiste de la Révolution française. Il ne faut pas confondre cette attitude, parfaitement légitime d'un point de vue scientifique, avec le négationnisme qui est la négation de l'Holocauste par des militants d'extrême-droite qui se font passer pour des érudits... Voir IGOUNET (V.), *Histoire du négationnisme en France*, Paris, Éditions du Seuil, 2000 ; VIDAL-NAQUET (P.), *Les assassins de la mémoire*, Paris, Éditions La Découverte, 1997.

[268] DELMOTTE (F.), « Anticommunisme et antimarxisme. Retour sur Arendt, Aron, Furet et Malia », *Transitions*, XLI, 1, 2000, pp. 153-182 ; PINTO (L.), *La café du commerce des penseurs. À propos de la doxa intellectuelle,* Bellecombe-en-Bauges, Éditions du Croquant, 2009, p. 36 et s.

éditions Gallimard en 1978[269]– associent les excès de la terreur révolutionnaire au phénomène totalitaire, au prix il est vrai de beaucoup d'approximations historiques, bien mises en évidence depuis par l'historien américain Arno J. Mayer : « non contente de représenter un péché inexpiable, la Révolution française était, affirmaient-ils, la source première de toutes les géhennes[270] qu'avait subies le XXe siècle (...) Ils ont commencé par affirmer l'identité des causes ultimes et des rouages internes du crescendo de violence de la Révolution française et de la Révolution russe : l'analogie entre Robespierre, Rousseau et la Grande Terreur d'une part, et Lénine/Staline, Marx et le goulag de l'autre était presque parfaite à leurs yeux. Ils interprétaient la terreur jacobine à la lumière de la terreur bolchévique, tout en affirmant que le règne de la peur et du sang de 1793-1794 avait été la répétition générale et le sinistre présage de celui de 1917-1989. Ils ont ensuite élargi ce réseau d'analogies pour y englober le IIIe Reich. Les régimes soviétique et nazi étaient, selon eux, fondamentalement sinon intégralement identiques : ce n'étaient que deux variantes d'un même totalitarisme, dont les racines philosophiques remontaient à l'époque jacobine. Quelles que fussent les différences entre ces deux régimes il n'existait en effet pas d'équivalent soviétique du racisme et du génocide nazis, elles étaient éclipsées par les similitudes de leurs structures et de leurs méthodes de domination ainsi que par l'objectif de leurs fureurs meurtrières. À la différence de la lignée conduisant de la terreur jacobine à la terreur bolchévique, celle qui rattachait les terreurs bolchévique et nazie n'était pas seulement immédiate mais matérielle : en raison de leur antériorité chronologique, la *Tcheka*, le K.G.B. et le goulag avaient pu servir de modèles à l'État-SS et aux camps de concentration qu'Hitler avait établis pour mieux combattre le bolchévisme en Allemagne et à l'étranger. Le terrain était prêt pour une entreprise de réhabilitation et de justification de la mission anticommuniste du fascisme et du national-socialisme, sans oublier celle de la *révolution nationale* de la France de Vichy »[271]. Ce discours anti-révolutionnaire culmine en 1995 avec la parution d'un livre controversé de François Furet (lui-même ancien membre du P.C.F.) où, convoquant le tribunal de l'histoire, il condamne d'une manière qu'il espère définitive les régimes totalitaires et, au-delà, tous les mouvements révolutionnaires[272].

---

[269]Sur le contexte et la réception de cet ouvrage, voir CHRISTOFFERSON (Ch.), *Les intellectuels... op. cit.*, ch. 6.
[270]Terme d'origine biblique qui désigne les enfers.
[271]MAYER (A. J.), *Les furies. Violence, vengeance, terreur, au temps de la révolution française et de la révolution russe,* Paris, Fayard, 2002, avant-propos, pp. 10-11.
[272]FURET (F.), *Le passé d'une illusion,* Paris, Calmann-Lévy, 1995. Voir aussi BERGER (D.) et MALER (H.), *Une certaine idée du communisme, répliques à François Furet,* Paris, Éditions du Félin, 1996.

[92] Ce livre, comme bien d'autres avant lui, pose un problème crucial pour la science politique, et pour les sciences sociales en général : celui de la comparaison. Toutes les théorisations du totalitarisme sont, en effet, des analyses comparatives (ou du moins sont présentées comme telles). Or, nous venons de le voir, les usages proprement politiques, en dehors de l'univers académique, de la notion de totalitarisme ont partie liée avec la comparaison. Pour dire les choses autrement, la force symbolique du mot, et les usages qui en découlent, reposent en grande partie sur cette mise en équation d'expériences historiques idéologiquement opposées (nazisme et stalinisme par exemple[273]). Les termes de la comparaison sont d'autant plus biaisés que l'exposé des faits, qui relève de la démarche historique, cède souvent le pas à la quête idéologique de responsabilités criminelles, qui relève elle d'une démarche judiciaire[274]. Il est donc nécessaire de se référer aux travaux savants qui mettent en œuvre une véritable démarche comparative ou qui approfondissent notre connaissance d'expériences historiques singulières[275]. Contrairement à la littérature anti-totalitaire, et sans pour autant que certains de ces auteurs ne s'interdisent d'avoir recours à cette notion, il en ressort une très grande diversité des pratiques et des logiques politiques et institutionnelles. Les singularités l'emportent d'ailleurs amplement sur les ressemblances, et pas seulement au niveau des idéologies. Par exemple, si l'on peut observer dans l'Italie des années vingt et des années trente un renforcement des administrations et des entreprises d'État[276], ainsi qu'une mise à l'écart progressive des anciennes élites parlementaires[277], il ne faudrait pas en déduire la mise en application systématique d'un modèle cohérent. Comme le souligne l'historien Emilio Gentile, « le primat de l'État, dominant tout l'univers idéologique et organisationnel du système politique fasciste, se fondait exclusivement sur une vision mythique de l'État »[278], parfois bien éloignée de la réalité. Que dire alors de l'Allemagne national-socialiste ? Dans son livre consacré aux structures de l'État hitlérien, l'historien Martin Broszat fournit une description convaincante de la fragmentation en de

---

[273]NOLTE (E.), *La guerre civile européenne (1917-1945) : National-socialisme et bolchevisme*, Paris, Édition des Syrtes, 2000.

[274]Illustration de cette volonté de condamner : COURTOIS (S.), dir., *Le Livre noir du communisme. Crimes, terreur, répression,* Paris, Robert Laffont, 1997 ; à comparer avec les exigences et les précautions méthodologiques du livre collectif paru en réponse : *Le siècle des communismes*, Paris, Éditions de l'Atelier, 2000.

[275]GEYER (M.), FITZPATRICK (S.), eds, *Beyond Totalitarianism. Stalinism and Nazism Compared*, Cambridge University Press, 2009.

[276]DORMAGEN (J.-Y.), *Logiques du fascisme. L'État totalitaire en Italie*, Paris, Fayard, 2008.

[277]MUSIEDLAK (D.), *Parlementaires en chemise noire. Italie, 1922-1943,* Besançon, Presses Universitaires de Franche-Comté, 2007.

[278]GENTILE (E.), *Qu'est-ce que le fascisme ? Histoire et interprétation,* Paris, Gallimard, 2004, p. 249. Sur l'historiographie du fascisme, voir PAXTON (R. O.), *Le fascisme en action,* Paris, Éditions du Seuil, 2004.

multiples structures administratives et partisanes, souvent concurrentes entre elles[279]. Leur mode de fonctionnement anarchique, bien loin de l'image véhiculée à l'envi d'un État tout-puissant, est d'ailleurs liée à la position particulière occupée par le *Führer* dont il convient de se concilier les bonnes grâces pour obtenir gain de cause[280]... Les historiens expliquent en général l'adhésion massive de la population allemande au régime national-socialiste en raison des avantages matériels qu'elle en retira jusqu'à l'entrée en guerre[281]. Par ailleurs, l'emprise des organisations nationales-socialistes sur la société allemande n'a jamais été totale, même pendant la guerre. Des groupes de jeunes, opposés à l'embrigadement au sein des *Hitler-Jugend,* ont subsisté malgré la répression et ont développé une originale subculture de bandes, qu'il s'agisse des *Edelweisspiraten* d'origine ouvrière ou des *Swing-Jugend*, amateurs de jazz issus de la petite bourgeoisie[282].

Quant à l'Union Soviétique, si l'on veut bien faire abstraction de la rhétorique révolutionnaire de ses dirigeants et des réalisations initiales, on ne peut qu'être frappé, à la suite de Moshe Lewin, par la continuité entre l'administration tsariste et l'État bureaucratique qui se développe dans son prolongement[283]. Pour autant, la société soviétique reposait sur des principes de différenciations sociales qui justifient à aux seuls que l'on utilise le terme de révolution par rapport à la Russie d'avant 1917. La généralisation de la propriété collective, la marginalisation des anciennes classes dominantes, l'importance des instances bureaucratiques de régulation des carrières – au premier rang desquelles le parti unique – et l'importance de la violence d'État ont caractérisé les premières décennies du régime[284]. Ces transformations ne peuvent se lire, naïvement, comme la réalisation de l'utopie marxienne d'une société sans classes ou comme la concaténation de décisions aboutissant à un État tout-puissant[285]. Bien au contraire, comme le souligne Bernard Pudal dans son

---

[279]BROSZAT (M.), *L'État hitlérien. L'origine et l'évolution des structures du troisième Reich,* Paris, Fayard, 1985 (1ère ed. 1970). Sur l'historiographie du nazisme, voir KERSHAW (I.), *Qu'est-ce que le nazisme ?*, Paris, Gallimard, 1997.

[280]D'ALMEIDA (F.), *La vie mondaine sous le nazisme,* Paris, Perrin, 2006, ch. 3 « les gestionnaires hitlériens de la courtisanerie ».

[281]GELLATELY (R.), *Backing Hitler. Consent and Coercition in Nazy Germany,* Oxford University Press, 2001.

[282] KENKMANN (A.), *Wilde Jugend. Lebenswelt grosstädtischer Jugnedlicher zwischen Weltwirschaftskrise, Nationalsozialismus und Währungsreform,* Essen, Klartext, 1996, pp. 129-205 ; PEUKERT (D.), « Youth in the Third Reich », in BESSEL (R.), ed, *Life in the Third Reich,* Oxford University Press, 2001, pp. 25-40.

[283]LEWIN (M.), *Le siècle soviétique,* Paris, Fayard/Le Monde diplomatique, 2003, pp. 475-481.

[284]WERTH (N.), *La terreur et le désarroi. Staline et son système,* Paris, Perrin, 2007.

[285]« L'accès aux documents des instances intermédiaires et inférieures des diverses bureaucraties de l'État et du parti permis de mieux comprendre le fonctionnement de l'État soviétique des

analyse du « soviétisme »[286], la société soviétique a sans cesse été travaillée par des luttes sociales. Initialement le capital politique certifié par l'appartenance au parti communiste et l'identité prolétarienne ont contribué à la promotion rapide d'une nouvelle élite urbaine d'origine ouvrière. L'adhésion au stalinisme, loin d'être la seule conséquence d'une contrainte idéologique[287], s'explique aussi par les possibilités de mobilité sociale inédites ouvertes par le régime soviétique[288]. Les membres de cette *intelligentsia* n'ont ensuite eu de cesse de conserver ces positions acquises alors même que l'idéologie marxiste-léniniste qui leur servait de paravent se voyait progressivement démonétisée. Dans les interstices et dans les contradictions de ce mode de domination bureaucratique, les travaux récents d'histoire sociale ont mis en lumière des pratiques d'accommodement et de jeu complexes[289], mais aussi de résistance – lors de la phase de collectivisation des terres[290] – qui ne peuvent êtres confondues dans un processus unique de soumission des différents groupes au parti-État.

Sans pouvoir multiplier ici les exemples, on aboutit néanmoins au constat suivant : la notion de totalitarisme occulte des différences historiques considérables entre les différentes formes recensées par les spécialistes. Une des limites de ce comparatisme est son caractère spontané, les analyses proposées s'attachent plus aux apparences communes (par exemple l'embrigadement des jeunes enfants au sein d'organisations para-militaires) qu'aux structures sociales des États totalitaires ou prétendus tels. Or, pour comprendre ces régimes, et bien entendu les atrocités qui leur sont associées, il convient de restituer des processus historiques[291] et non se contenter d'approximations idéologiques[292].

---

années 1930. Les historiens ne parlent plus guère aujourd'hui "d'État" comme d'une forme simple et dépersonnalisée, imposant sa volonté. Ils l'analysent davantage, dans une approche sociale du politique, à travers l'étude de ses acteurs et de ses diverses composantes, comme un lieu de tensions, de négociations, de conflits ou de partage des tâches », WERTH (N.), « Le stalinisme au pouvoir. Mise en perspective historiographique », *Vingtième siècle. Revue d'histoire,* 69, 2001, p. 130.

[286] PUDAL (B.), « Le soviétisme », in COHEN (A.), LACROIX (B.) et RIUTORT (Ph.), dir., *Nouveau manuel... op. cit.*, pp. 86-87.

[287] KHLEVNIUK (O. V.), *Master of the House. Stalin and his Inner Circle,* New Haven, Yale University Press, 2009.

[288] ALEXOPOULOS (A.), *Stalin's Outcasts. Aliens, Citizens and the Soviet State, 1926-1936,* Ithaca, Cornell University Press, 2003 ; FITZPATRICK (S.), *Education and Social Mobility in the Soviet Union,* Cambridge University Press, 1979; THURSTON (R.W.), *Life and Terror in Stalin's Russia, 1934-1941,* New Haven, Yale University Press, 1996.

[289] BLUM (A.) et MESPOULET (M.), *L'anarchie bureaucratique : pouvoir et statistique sous Staline,* Paris, Éditions La Découverte, 2003.

[290] VIOLA (L.), *Peasant Rebels under Stalin : Collectivization and the Culture of Peasant Resistance*, Oxford University Press, 1996.

[291] On ne peut que regretter ici l'absence de traduction en français de l'ouvrage de Norbert Elias consacré à l'Allemagne. ELIAS (N.), *The Germans. Power Struggles and the Development of*

Notion polysémique, liée pour une part aux transformations des champs intellectuels nationaux, le totalitarisme a eu pour fonction première d'établir une ligne de démarcation symbolique entre les démocraties occidentales et leurs adversaires successifs. L'existence encore aujourd'hui d'analyses savantes du totalitarisme[293] ne doit pas nous faire oublier son ambiguïté constitutive.

[93] La notion de régime autoritaire est, comme toutes les catégories médianes ou intermédiaires, la plus difficile à cerner. L'autoritarisme peut servir à caractériser des pratiques politiques mais aussi des expériences historiques variées. Il n'est pas certain que l'on puisse s'en tenir, comme le suggère Alain Rouquié aux seuls systèmes politiques « ne permettant pas aux citoyens de changer de manière pacifique et institutionnalisée les titulaires du pouvoir »[294]. Dans l'introduction au chapitre qu'il consacre à l'autoritarisme, Guy Hermet concède que le plus petit commun dénominateur de ces régimes est leur « illégitimité à nos yeux »[295]. C'est pourquoi, la plupart du temps – et contrairement aux totalitarismes auxquels on confère paradoxalement des attributs positifs[296] – les expériences autoritaires sont étudiées en fonction d'écarts constatés à partir de l'idéal-type démocratique[297]. Peuvent être considérés comme « autoritaires » dans cette logique :

1° des pays où les libertés publiques sont restreintes de manière permanente ou temporaire (une <u>dictature</u> au sens classique du terme[298]). Notons au passage, que - durant la période 1955-1962 - la France correspond *ipso facto* à cette dernière catégorie au vu des mesures exceptionnelles de restriction des libertés de circuler, de la presse, etc. prises par les gouvernements de l'époque[299]. Comme le rappelle Mathieu Rigouste, « la fin de la IVe République a été marquée par l'expérimentation de dispositifs juridiques permettant de libérer la pratique militaire de ses entraves constitutionnelles et de réorganiser le

---

Habitus in the Nineteenth and Twentieth Centuries, Cambridge, Polity Press, 1996.

[292]JORAVSKY (D.), « Communism in historical perspective », *The American Historical Review,* IC, 3, 1994, pp. 837-857.

[293]LINZ (J. J.), *Régimes totalitaires et autoritaires,* Paris, Armand Colin, 2006 (1ère ed. 2000).

[294]ROUQUIE (A.), *À l'ombre des dictatures. La démocratie en Amérique latine,* Paris, Albin Michel, 2010, p. 118.

[295]HERMET (G.), « L'autoritarisme », in GRAWITZ (M) et LECA (J.), dir., *Traité de science politique,* Paris, Presses Universitaires de France, 1985, vol.2, p. 270.

[296]*Cf.* section 91.

[297]*Cf.* section 95.

[298]NICOLET (Cl.), « La dictature à Rome », in DUVERGER (M.), *Dictatures et légitimité,* Paris, Presses Universitaires de France, 1982, pp. 69-84.

[299]THENAUT (S.), *Une drôle de justice. Les magistrats dans la guerre d'Algérie,* Paris, Éditions La Découverte, 2001.

contrôle intérieur dans une perspective contre-subversive »[300]. Ces dispositifs militaires et policiers qui ont contribué à la chute du régime parlementaire vont de fait perdurer jusqu'à la fin du conflit algérien[301].

2° des pays où les élections ne sont ni libres ni concurrentielles[302], ces restrictions pouvant concerner à la fois la liberté de candidature et la liberté de vote. Doivent être également prises en compte dans ce cas de figure, les diverses modalités d'interventions administratives dans le processus électoral qui vont des candidatures recommandées[303] aux fraudes en passant par la manipulation des entreprises de presse. Entre dans cette catégorie les pays que Alain Rouquié qualifie de « régimes semi-compétitifs » en considérant que les consultations électorales y servent surtout à légitimer les élites civiles ou militaires et, le cas échéant, à renégocier les termes du « pactes de domination » entre les différentes factions au pouvoir[304].

3° des pays où les comportements des dominants, civils militaires ou religieux, échappent à toute régulation, et donc à toute sanction, juridique ou normative (une tyrannie au sens où ce terme est utilisé depuis Hérodote pour associer injustice et pouvoir absolu[305]).

Même si l'on dispose ainsi d'une « définition préalable » commode à l'usage, ces caractérisations négatives ne nous disent pas grand-chose, quoi qu'il en soit, de la diversité des « situations autoritaires » pour reprendre une formule de Guy Hermet. Voyons maintenant comment la science politique a appréhendé cette question.

[94] Pour les auteurs que l'on peut rattacher à l'école développementaliste[306], les régimes autoritaires sont considérés comme transitoires, comme des étapes

---

[300] RIGOUSTE (M.), *L'ennemi intérieur. La généalogie coloniale et militaire de l'ordre sécuritaire dans la France contemporaine*, Paris, Éditions La Découverte, 2009, p. 82.

[301] Pour un aperçu des pratiques autoritaires de l'époque : DEWERPE (A.), *Charonne, 8 février 1962. Anthropologie historique d'un massacre d'État*, Paris, Gallimard, 2006 ; HOUSE (J.) et MACMASTER (N.), *Les Algériens, la terreur d'État et la mémoire*, Paris, Taillandier, 2008 ; ROBIN (M.-M.), *Escadrons de la mort : l'école française*, Paris, Éditions La Découverte, 2004.

[302] VOILLIOT (C.), « L'opération électorale », in COHEN (A.), LACROIX (B.) et RIUTORT (Ph.), dir., *Nouveau manuel... op. cit.*, pp. 395-405.

[303] VOILLIOT (C.), *La candidature officielle. Une pratique d'État de la Restauration à la Troisième République*, Presses Universitaires de Rennes, 2005.

[304] ROUQUIE (A.), « L'hypothèse bonapartiste et l'émergence des systèmes politiques semi-compétitifs », *Revue française de science politique*, XXV, 6, 1975, pp. 1077-1111.

[305] WEIL (R.), « De la tyrannie dans la pensée politique grecque de l'époque classique », in DUVERGER (M.), *Dictatures... op. cit.*, pp. 29-47. Voir aussi MOSSE (Cl.), *La tyrannie dans la Grèce antique*, Paris, Presses Universitaires de France, 1969.

[306] *Cf.* section 83. Voir aussi BADIE (B.), *Le développement... op. cit.*

vers la démocratie pluraliste (c'est-à-dire le modèle occidental pour ces auteurs), rendues nécessaires par le retard historique des pays du Sud, lui-même lié à leur expérience coloniale. Pour les auteurs que l'on peut rattacher à l'école socio-historique[307] ou à l'école culturaliste[308], il est indispensable de prendre en compte plusieurs facteurs et de ne pas limiter l'analyse aux seuls pays du Sud. Prenons à titre d'exemple, la « cartographie conceptuelle »[309] de la formation des clivages politiques en Europe proposée par Stein Rokkan[310]. Pour cet auteur la question de l'autoritarisme est inséparable de la question de la naissance de l'État moderne que nous avons précédemment abordée. La formation des États en Europe s'effectue à la Renaissance en suivant deux axes géographiques : un axe nord-sud où apparaît la distance entre Rome, siège du pouvoir de l'Église catholique, et les différentes unités administratives ; et un axe est-ouest où apparaît la distance entre les cités marchandes autonomes qui forment une dorsale allant des Provinces-Unies à la Lombardie en passant par la vallée du Rhin. Les régimes autoritaires se caractérisent ainsi par leur proximité avec le pouvoir romain (la France) ou par leur volonté d'éviter le développement d'une bourgeoisie marchande et de cités autonomes (la Prusse).

Les analyses plus récentes insistent plus particulièrement sur la transition des régimes autoritaires vers la démocratie. Nous retrouvons là une préoccupation constante de la science politique nord-américaine, et plus largement des élites politiques et administratives de ce pays : résoudre le problème posé par l'instabilité des États qui constituent de ce fait une menace pour l'ordre international[311], et promouvoir un modèle institutionnel « démocratique ». C'est au Japon, au sortir du second conflit mondial, que s'est déroulé pour la première fois cet exercice de « science politique appliquée » que l'on nomme aujourd'hui *state-building* ou *peace-building*. Afin d'empêcher le retour à un pouvoir militaire hostile aux États-Unis et face à la menace soviétique, l'administration Truman va imposer « par le haut » toute une série de réformes institutionnelles. Mais c'est l'évolution des régimes militaires nés ou redevenus légitimes dans le contexte de la guerre froide qui, dans les années soixante-dix, va donner naissance à une « nouvelle orthodoxie »[312] au sein de la science politique et des fondations américaines qui ont financés ces travaux. D'abord concentrée sur l'Europe du sud (Espagne, Grèce, Portugal), l'attention des spécialistes de politique comparée s'est ensuite déplacée vers l'Amérique latine dans les années

---

[307] *Cf.* sections 31 à 35.
[308] BADIE (B.), *Culture et politique*, Paris, Économica, 1983.
[309] ROKKAN (S.), « Dimensions of State Formation and Nation-building », in TILLY (Ch.), ed, *The Formation of National States in Western Europe*, Princeton University Press, 1975.
[310] *Cf.* section 194.
[311] *Cf.* sections 71 à 74.
[312] GUILHOT (N.), *The Democracy Makers... op. cit.*, ch. 5.

quatre-vingt et enfin l'Europe centrale et orientale depuis les années quatre-vingt-dix. Dans ce qui constitue aujourd'hui le paradigme central dans l'analyse des régimes autoritaires, les transitions *vers* la démocratie sont censées s'effectuer en deux phases distinctes[313] :

1° une phase de transition où une fraction d'élite restreinte (les *soft-liners*) issue du régime autoritaire, met en place de manière stratégique – pour se maintenir au pouvoir – de nouvelles règles institutionnelles, par exemple une loi électorale permettant d'organiser des élections « libres » ;

2° une phase de consolidation où une élite élargie à de nouveaux acteurs (syndicats, partis politiques, associations, etc.) consolide les institutions démocratiques à partir de règles définies lors de la phase de transition.

Michel Dobry, passant en revue cette vaste littérature scientifique, a mis l'accent sur quatre problèmes non résolus par ce type d'analyse[314]. En premier lieu, ces approches se focalisent de manière quasi-exclusive sur les séquences historiques aboutissant effectivement à des démocraties consolidées ; de fait, la séquence espagnole de 1975 à 1981 apparaît souvent dans ces travaux comme une sorte de modèle réussi et par conséquent reproductible de transition vers la démocratie. En second lieu, ces approches font du passé une variable déterminante à travers la notion de « path dependence »[315] ce qui minore l'activité tactique des acteurs engagés dans ces processus institutionnels. De plus, ces travaux appréhendent ces conjonctures critiques comme des périodes de « crise », c'est-à-dire des évènements exceptionnels et qui doivent être analysés comme tels[316]. Enfin, faire de la notion d'incertitude la caractéristique première des phases de consolidation, et par la suite des démocraties consolidées, tend à introduire une distinction trop importante entre les deux phases de transition et de consolidation. À cette critique, qui a vraisemblablement contribué à détourner les chercheurs français de cette perspective théorique, on peut ajouter deux remarques incidentes :

---

[313] DI PALMA (G.), *To Craft Democracies,* Berkeley, University of California Press, 1990 ; O'DONNEL (G.), SCHMITTER (Ph. C.), WHITEHEAD (L.), eds, *Transitions from the Authoritarian Rule. Comparative Perspectives,* Baltimore, John Hopkins University Press, 1986, 4 vols. Sur la trajectoire de Guillermo O'Donnel, voir GUILHOT (N.), *The Democracy Makers... op. cit.*, pp. 123-128.

[314] DOBRY (M.), « Les voies incertaines de la transitologie. Choix stratégiques, séquences historiques, bifurcations et processus de *path dependence* », *Revue française de science politique,* L, 4-5, 2000, pp. 585-614.

[315] Que l'on peut traduire par sentier de la dépendance.

[316] Sur les problèmes posés par cette posture de recherche, voir DOBRY (M.), *Sociologie des crises politiques. La dynamique des mobilisations multisectorielles,* Paris, Presses de la FNSP, 1986, ch. 2.

1° l'importance accordée aux élites tend à faire des autres groupes sociaux des acteurs passifs des processus de transition ; seuls sont véritablement pris en compte les acteurs susceptibles d'exercer un *leadership* et d'entrer dans des logiques de négociation et de compromis ;

2° les conclusions auxquelles ont finalement abouti ce programme de recherche sont parfois d'une extrême indigence intellectuelle : était-il nécessaire de mobiliser des ressources matérielles et humaines aussi conséquentes pour en déduire, entre autres propositions, que « l'émergence de la démocratie dans un pays est le résultat d'une combinaison de facteurs » ou que « la combinaison des facteurs favorables à la transition et à la consolidation démocratique varient d'un pays à l'autre »[317]...

Le biais libéral, au sens anglophone du terme, des études sur les transitions doit également être pris en compte. Tout ce passe comme si les dynamiques institutionnelles dignes d'intérêt étaient celles conduisant à l'adoption du modèle démocratique occidental. Le chercheur avisé trouvera sans peine des exemples alternatifs, à commencer par la République populaire de Chine[318]. De la même manière, la focalisation sur les transitions n'est pas sans expliquer un relatif désintérêt pour les pays où ces processus échouent et où persistent des pratiques ou des institutions autoritaires. À partir de l'exemple tunisien, Béatrice Hibou montre combien la connaissance des mécanismes de la répression est indispensable si l'on veut tenter de résoudre l'énigme du consentement à la domination[319]. Attribuer le qualificatif d'autoritaire au régime tunisien ne suffit pas à comprendre, nous dit-elle, pourquoi la population accepte volontairement cette servitude[320], alors même que les atteintes répétées aux droits de l'homme et la manipulation des élections justifieraient amplement son emploi. Plusieurs éléments ressortent de l'analyse de ces pratiques autoritaires. Tout d'abord l'émission de créances bancaires douteuses qui servent au financement de l'économie tunisienne et participent de l'exercice du pouvoir. En effet, des mécanismes bancaires permettent à des hommes d'affaires proches du pouvoir politique d'obtenir des financements sans autres garanties, notamment dans le prospère secteur touristique et hôtelier. Plus généralement, selon Béatrice

---

[317] SHIN (D. C.), « On the Thid Wave of Democratization : A Synthesis and Evaluation of Recent Theory and Research », *World Politics,* XLVII, 1, 1994, p. 151.

[318] BALME (S.), « La Chine depuis Mao : le refus de la démocratie par (et pour) le droit », in SANTISO (J.), dir., *À la recherche de la démocratie. Mélanges offerts à Guy Hermet,* Paris, Éditions Karthala, 2002, p. 218 et s. ; MANDELBAUM (M.), *Democracy's Good Name. The Rise and Risks of the World's Most Popular Form of Government,* New York, Public Affairs, 2007, pp. 205-218.

[319] HIBOU (B.), *La force de l'obéissance. Économie politique de la répression en Tunisie,* Paris, Éditions La Découverte, 2006.

[320] On doit l'expression de « servitude volontaire » à Étienne de La Boétie.

Hibou, tous les acteurs de l'économie participent collectivement à un « monde fictif »[321], c'est-à-dire un système de croyances entretenu par l'État et la banque centrale, mais aussi par les bailleurs de fonds étrangers. Cette instrumentalisation du secteur bancaire et l'endettement généralisé qui en est la conséquence ont favorisé l'émergence d'une classe moyenne qui soutient un régime qui lui permet d'accéder à un mode de vie « occidental ». Autre élément qui explique le consentement à la domination, l'ampleur du quadrillage de la société par l'appareil policier et le parti unique et, au-delà, par l'ensemble des services administratifs susceptibles d'être utilisés à des fins répressives. Présent dans les quartiers et les entreprises via ses nombreuses cellules, le R.C.D.[322] est d'ailleurs moins un parti politique qu'une extension de l'appareil d'État. L'adhésion et les dons à cette organisation sont en effet indispensables pour obtenir les multiples autorisations qui rythment la vie économique et sociale tunisienne[323]. Mais les cellules du R.C.D. ont aussi un rôle d'encadrement, car d'une part, elles sont le seul lieu où la population peut *mezzo voce* exprimer ses doléances, transformant ainsi le parti unique en instance de médiation, et d'autre part, elles offrent des réelles possibilités de carrières et de promotion sociale. Véritable structure de domination bureaucratique, au sens de Max Weber, l'économie de la répression associe de manière inédite deux bureaucraties : la bureaucratie partisane (à laquelle il faudrait ajouter pour être complet l'*Union Générale des Travailleurs Tunisiens*), moins nombreuse et moins qualifiée, s'attribuant les initiatives et les succès de la bureaucratie d'État.

[95] Il est sans doute assez vain de tenter de recenser toutes les approches théoriques des institutions démocratiques. Comme nous l'avons vu précédemment avec la notion de totalitarisme, les conceptions véhiculées par ces définitions ne sont pas neutres[324]. Qualifier un pays ou des institutions de « démocratique » relève le plus souvent du jugement de valeur, plus ou moins implicite, ou constitue un énoncé performatif[325]. Comment résoudre ce problème ? Il est possible de restituer les usages successifs de cette notion, sur un mode archéologique. On s'attardera ainsi sur le gouvernement du peuple

---

[321] HIBOU (B.), *La force... op. cit.*, p. 63.
[322] *Rassemblement Constitutionnel Démocratique.* Voir son site officiel : http://www.rcd.tn/
[323] L'État tunisien a hérité de l'ancienne administration coloniale française le respect tatillon des formes juridiques et de procédures complexes. Cette ressource symbolique permet d'asseoir une législation en apparence « libérale » à des pratiques administratives beaucoup plus restrictives.
[324] VOILLIOT (Ch.), « Démocratie », in CHARLE (Ch.) et ROCHE (D.), dir., *Dictionnaire historique de la civilisation européenne,* Paris, Fayard, 2011.
[325] Énoncé qui vise à faire advenir la réalité qu'il contribue à mettre en forme.

(*demos*) qui s'établit dans la cité d'Athènes au Ve siècle avant J.-C[326]. Cette forme de démocratie peut être qualifiée de « directe »[327] si l'on s'en tient au mode de désignation des magistrats (le tirage au sort[328]) et à la rotation permanente dans l'exercice des magistratures. Ce sont ces mécanismes qui visent à empêcher tout exercice personnel du pouvoir et toute professionnalisation des magistratures qui caractérisent la démocratie antique et non l'existence d'une assemblée populaire. Ce faisant, on retiendra l'objection célèbre de Benjamin Constant : la démocratie antique ne peut se confondre avec la démocratie moderne. En proclamant que « notre liberté à nous, doit se composer de la jouissance paisible de l'indépendance privée »[329], ce dernier souligne que la démocratie ne saurait se réduire à un agencement institutionnel, mais suppose que soient préservées, au bénéfice des citoyens, les libertés nécessaires. Les définitions contemporaines de la démocratie ont ainsi en commun deux propositions congruentes[330] :

1° La référence au principe de l'élection libre et concurrentielle des représentants, soit la forme historiquement déterminée prise par les mécanismes de nomination élective[331]. Ainsi Maurice Duverger, dans son ouvrage sur les partis politiques, parle de « régime dans lequel les gouvernants sont choisis par les gouvernés, au moyen d'élections sincères et libres »[332]. Georges Lavau considère lui qu'il s'agit d'un régime où « par des votes librement exprimés et non entachés de fraude, la majorité des votants, directement ou par ses représentants élus, est la source de toutes les décisions publiques liant l'ensemble de la communauté »[333].

2° La référence aux libertés publiques, dont celle de voter ou de se porter candidat aux élections, si possible garanties par un texte constitutionnel,

---

[326] FINLEY (M.), *Démocratie antique et démocratie moderne*, Paris, Payot, 2003 ; HANSEN (M. H.), *La démocratie athénienne à l'époque de Démosthène*, Paris, Les Belles lettres, 1993.
[327] MANIN (B.), *Principes du gouvernement représentatif*, Paris, Flammarion, 1996.
[328] Une minorité de magistrats, dont les généraux (*stratēgoi*), étaient désignés par élection. Voir BUCHSTEIN (H.), *Demokratie und Lotterie. Das Los als politisches Entscheidungsinstrument von der Antike bis zur EU*, Francfort, Campus Verlag, 2009.
[329] CONSTANT (B.), *De la liberté des anciens comparée à celle des modernes*, discours prononcé à l'Athénée royal de Paris, 1819.
[330] Les évènements de la dernière décennie ne permettent plus guère, comme le faisait traditionnellement la science politique américaine, de caractériser également les démocraties comme des régimes intrinsèquement pacifiques. RUSSET (B.), *The Democratic Governance of National Security*, Cambridge, Harvard University Press, 1990 ; WEART (S.), *Never at War : Why Democracies Will Never Fight One Another*, New Haven, Yale University Press, 1998.
[331] Sur cette notion, voir VOILLIOT (C.), « Histoire des élections », *Universalia*, 2008, pp. 118-127.
[332] DUVERGER (M.), *Les partis politiques*, Paris, Éditions du Seuil, 1981 (1ère ed. 1951), p. 466.
[333] LAVAU (G.), « La démocratie », in GRAWITZ (M) et LECA (J.), sd, *Traité de science politique*, Paris, Presses Universitaires de France, 1985, vol. 2, p. 29.

soit ce que Raymond Aron nomme « régime constitutionnel-libéral »[334]. Plus précis, Robert Alan Dahl mentionne la liberté d'expression, le droit de rechercher des sources d'information diversifiées, la liberté d'association et un large accès à la citoyenneté comme « les institutions politiques qu'exige une démocratie à grande échelle »[335].

Dans la pratique, les circonvolutions des détenteurs de positions de pouvoir sont assez éloignées des canons de la philosophie libérale... Les démocraties modernes ont rapidement donné naissance à des élites politiques constituées de professionnels de la représentation en lien avec des entreprises spécialisées dans la sollicitation des suffrages[336]. C'est pourquoi certains auteurs ont tenté – à la suite de Gaetano Mosca à qui l'on doit la notion de « classe dirigeante »[337] – de redéfinir les caractéristiques des régimes démocratiques en adoptant un point de vue plus réaliste sur les mécanismes d'exercice du pouvoir.

[96] Joseph Schumpeter, le célèbre historien de l'économie, considère ainsi que la théorie « classique » de la démocratie est une fiction qui fonctionne, en pratique, comme une croyance. Pour lui, l'idée que la volonté du peuple est à l'origine, via ses représentants, des décisions politiques ne correspond en aucun cas à la réalité des institutions modernes. Ce qui différencie néanmoins la démocratie des autres régimes, c'est une « méthode démocratique » qu'il définit comme « le système institutionnel aboutissant à des décisions politiques, dans lequel des individus acquièrent le pouvoir de statuer sur ces décisions à l'issue d'une lutte concurrentielle portant sur les votes du peuple »[338]. Cette lutte oppose entre eux des professionnels de la politique et des entreprises partisanes. Elle n'a pas pour finalité un quelconque « bien commun »[339], mais est avant tout

---

[334]ARON (R.), *Démocratie... op. cit.*
[335]DAHL (R. A.), *De la Démocratie,* Paris, Nouveaux Horizons, 2001 (1ère ed. 1998), p. 83.
[336]*Cf.* sections 201 à 203.
[337]Dans la première édition de son traité, la notion de « classe politique » est encore synonyme de gouvernement ; dans l'édition de 1923, G. Mosca affirme que « dans toutes les sociétés humaines qui ont atteint un certain degré de développement et de culture, la direction politique dans le sens le plus large de l'expression (…) est constamment exercée par une classe spéciale, c'est-à-dire par une minorité organisée ». MOSCA (G.), *Elementi di scienza politica,* Turin, Fratelli Bocca, 1923 (1ère ed. 1896), vol. 2, p. 335. Sur cette évolution, se référer à ALBERTONI (E. A.), dir., *Études sur la pensée politique de Gaetano Mosca. Classe politique et gouvernement,* Milan, Giuffrè editore, 1984 ; ALBERTONI (E. A.), *Doctrine de la classe politique et théorie des élites,* Paris, Méridiens Klincksieck, 1987 (1ère ed. 1985) ; MASTROPAOLO (A.), « La double théorie de la classe politique de Gaetano Mosca », *Revue internationale de politique comparée,* XI, 4, 2004, pp. 611-630.
[338]SCHUMPETER (J.), *Capitalisme, socialisme et démocratie,* Paris, Payot, 1954 (1ère ed. 1942), p. 423.
[339]*Cf.* section 83.

une lutte pour obtenir des « emplois ». Dès lors, les différents programmes politiques ne sont que des éléments pour une compétition, et non des idéaux à réaliser en pratique. Joseph Schumpeter, fidèle en cela à l'enseignement de Max Weber, affirme que c'est à la bureaucratie d'État qu'advient la réalisation de ces programmes et que les fonctionnaires vont agir en fonction d'une rationalité qui leur est propre, non dans l'idée de réaliser une quelconque volonté populaire issu des opérations électorales : « Non seulement les votants ne décident aucun problème, mais ils ne choisissent pas non plus en pleine connaissance de cause, parmi la population éligible, les membres du Parlement. Dans tous les cas normaux, l'initiative part de celui qui pose sa propre candidature à la charge de député, et au *leadership* local qui peut obtenir cette charge. Les électeurs se bornent à accepter cette candidature en la préférant à d'autres, ou à refuser de l'accepter »[340]. Cette vision désenchantée de la démocratie parlementaire doit beaucoup aux expériences personnelles de Schumpeter qui a assisté, dans les années trente, au naufrage de la République de Weimar. Il prend acte d'un phénomène qui a beaucoup marqué ses contemporains : le rôle des « partis de masse »[341] dans l'encadrement des foules et leur capacité à solliciter de manière efficace les suffrages des électeurs. Les libéraux du XIXe siècle se méfiaient des partis politiques, l'histoire antique leur fournissait d'ailleurs mains exemples de luttes dévastatrices entre clans ou factions rivaux. Au lendemain du premier conflit mondial, les partis politiques sont néanmoins devenus une réalité sociale qui a contribué à modifier cette vision libérale des institutions représentatives. Joseph Schumpeter n'hésite pas à comparer les partis politiques à des grandes firmes qui tentent de dominer les marchés à travers la construction de monopoles ou de cartels. Cette analogie sera une source d'inspiration durable pour deux courants d'analyse de la vie politique : l'analyse économique qui tente d'appliquer directement les méthodes et les outils de la science économique à l'analyse des compétitions électorales et l'analyse sociologique qui, considérant non sans raison Schumpeter comme un continuateur de Max Weber, va mobiliser l'analogie du marché pour comprendre les luttes politiques[342].

[97] L'analyse polyarchique trouve son origine dans une étude monographique sur les élites et le pouvoir local menée à New Haven - ville de l'État du Connecticut où est située l'université de Yale - par le politologue américain Robert Alan Dahl et dans laquelle il montre que des élites distinctes sont en compétition pour imposer des décisions publiques les plus conformes à

---

[340]SCHUMPETER (J.), *Capitalisme... op. cit.,* p. 269.
[341]*Cf.* sections 192 à 193.
[342]Voir, à titre d'exemple, ACEMOGLU (D.), ROBINSON (J. A.), *Economic Origins of Dictatorship and Democracy,* Cambridge University Press, 2006.

leurs intérêts[343]. Selon lui l'importance des négociations entre groupes d'intérêts organisés, ce qu'il nomme « log-rolling », est une des caractéristiques majeures de la vie politique américaine[344], ce qui constitue un écart significatif vis-à-vis de la théorie démocratique « classique ». Considérer les institutions américaines comme une polyarchie, c'est-à-dire une forme de gouvernement par le grand nombre, permet d'intégrer dans l'analyse des institutions démocratiques :

1° le rôle décisif des groupes organisés dans la prise de décision, antérieurement mis en évidence par Arthur Fisher Bentley pour qui « la vie sociale peut être intégralement appréhendée, dans chacune de ses manifestations, du point de vue de l'activité des groupes »[345];

2° la faiblesse de l'implication des électeurs dans les luttes électorales révélée par les travaux des sociologues de l'école de Columbia[346].

Contre les théories élitistes, inspirées de Mosca ou de Pareto, qui voient se perpétuer *ad libitum* la domination d'une élite restreinte maîtrisant les compétitions électorales, Robert Alan Dahl considère qu'il y a une pluralité des élites aux États-Unis et que la compétition entre ces différentes fractions est arbitrée par des « verdicts électoraux » suffisamment flous pour que les marges de manœuvre et de décision de ces groupes soient préservés. La polyarchie est donc un type de gouvernement à la fois oligarchique et pluraliste. En son sein, il n'y a pas une majorité arithmétique en faveur de tel ou tel programme ; chaque décision est le fruit d'un compromis entre tous les groupes qui tentent de se faire entendre. De ce fait, les grands clivages sociaux, par exemple entre travailleurs et détenteurs des moyens de production, ne reçoivent jamais, ou exceptionnellement, de traduction directe dans les processus décisionnels. L'action publique demeure une gestion ponctuelle reposant sur des ajustements constants qui donnent à l'observateur des arènes centrales de la vie politique l'impression d'un pluralisme bien tempéré...[347]. Dans un ouvrage ultérieur, sobrement intitulé *On Democracy*, Robert Alan Dahl a complété son analyse des institutions politiques en affirmant que « la démocratie polyarchique a survécu uniquement dans des pays dotés d'une économie largement capitaliste et

---

[343]DAHL (R. A.), *Qui gouverne ?*, Paris, Armand Colin, 1971 (1ère ed. 1961). *Cf.* sections 274 à 275.
[344]DAHL (R. A.), *Polyarchy. Participation and Opposition,* New Haven Yale University Press, 1971. *Cf.* sections 151 à 154.
[345]BENTLEY (A. F.), *The Process of Government. A Study of Social Pressures,* New York, Transaction Publishers, 1995 (1ère ed. 1908).
[346]LAZARSFELD (P. F.), BERELSON (B.), GAUDET (H.), *The People's Choice,* New York, Duell, Sloan & Pearce, 1944.
[347]En ce sens, l'analyse polyarchique reste conforme à la théorie libérale qui appréhende le gouvernement comme un mal nécessaire.

concurrentielle »³⁴⁸. Ce modèle de la démocratie de marché, où l'économie de marché est jugée indispensable à l'apparition et à la survie d'institutions démocratiques ne suscite pas l'adhésion complète du politologue d'origine norvégienne³⁴⁹. Tout en admettant que « le capitalisme est hautement favorable au développement de la démocratie jusqu'au niveau de la polyarchie »³⁵⁰, il concède que cette dernière coïncide le plus souvent, et de ce fait, avec le développement de fortes inégalités économiques et sociales.

[98] Les développements qui précèdent nous conduisent à deux conclusions provisoires : premièrement, la notion de régime n'est pas opératoire, ce n'est au mieux qu'une variable d'un processus de construction de l'autorité étatique ; deuxièmement, l'opposition démocratie-autoritarisme-totalitarisme n'a de sens que du point de vue d'une philosophie politique normative ou d'une théorie politique qui en serait la déclinaison³⁵¹. L'analyse sociologique se doit, au contraire, d'appréhender de manière comparative un vaste ensemble d'expériences historiques sans distinguer *a priori* ce qui, dans ces séquences, relève ou nom de la *praxis* démocratique³⁵². Pour le dire autrement, si des outils théoriques s'avèrent heuristiques pour comprendre le processus de construction de l'État, il n'y a aucune raison d'en limiter l'usage à telle ou telle catégorie de régimes, ou à une aire géographique précise. L'analyse sociologique des institutions doit avoir pour ambition un cadre général d'intelligibilité des rapports de pouvoir et non une typologie nécessairement objectiviste des formes institutionnelles

b) Une division du travail institutionnalisée

[101] Comment caractériser les institutions qui, à travers les relations qu'elles entretiennent les unes avec les autres, contribuent à définir et à

---

³⁴⁸DAHL (R. A.), *De la Démocratie... op. cit.*, p. 159.
³⁴⁹Contrastant ainsi avec l'assurance de de son collègue Francis Fukuyama, le prophète de la « fin de l'histoire », pour qui « l'histoire humaine [est] dans une logique évolutive qui conduit les nations les plus avancées vers la démocratie libérale et l'économie de marché ». FUKUYAMA (F.), « La fin de l'Histoire dix ans après », *Le Monde* du 17 juin 1999.
³⁵⁰DAHL (R. A.), *De la Démocratie... op. cit.*, p. 171.
³⁵¹LECA (J.), « La théorie politique », in GRAWITZ (M) et LECA (J.), dir., *Traité de science politique*, Paris, Presses Universitaires de France, 1985, vol.1, pp. 47-174.
³⁵² Dans cette logique, on n'accordera que peu d'intérêt à la comptabilité des régimes démocratiques qu'une science politique « empirique » s'évertue à tenir à jour. VANHANEN (T.), *The Emergence of Democracy. A comparative Study of 119 States, 1850-1979*, Helsinki, Societas Scientarum Fennica, 1984.

reproduire l'ordre politique ? Ces institutions ont toutes une histoire singulière qui se confond – mais jamais totalement – avec celle de l'État. Il faut en effet ne jamais oublier que le périmètre institutionnel constitué par ce groupement particulier qu'est l'État n'est pas défini *a priori* par une constitution, et les organes qu'elle énumère, mais par l'ensemble des institutions qui contribuent de manière effective à l'exercice de la domination rationnelle-légale. En ce sens, il faut suivre Max Weber lorsqu'il nous invite à prendre en compte non pas les régimes démocratiques, mais bien le processus d'institutionnalisation d'une domination démocratique. Dans le chapitre qu'il consacre aux « types de domination », le sociologue allemand part du constat que ce qu'il appelle « autorité charismatique » repose sur la reconnaissance de l'autorité par les dominés. Il note ensuite que « dans une rationalisation croissante des relations du groupement [*ie* l'État], cette reconnaissance tend à être considérée comme le fondement de la *légitimité démocratique* au lieu d'en être la conséquence ». Cette reconnaissance peut prendre la forme de l'élection : « le souverain est alors le chef librement élu » et il devient tel « par la grâce de ceux qu'il domine et qui (formellement) le choisissent librement selon leur gré, l'installent mais aussi éventuellement le déposent »[353]. Cette domination démocratique peut prendre deux formes différentes :

1° la démocratie plébiscitaire dont le modèle serait le premier Empire, mais qui peut aussi prendre la forme de ce que Max Weber nomme un « directorat de parti »[354]. Weber se montre réticent à employer dans ses écrits savants la notion de césarisme qu'il considère comme trop imbriquée dans les luttes politiques d'alors[355].

2° la démocratie sans chef qui repose sur des fonctionnaires élus, comme aux États-Unis, et qui se traduit par une « tendance à minimiser la domination de l'homme sur l'homme »[356]. Dans le cadre d'une domination démocratique sans chef, la relation centrale qui s'établit entre dominants et dominés prend la forme de la « représentation authentiquement parlementaire » ou, nous dit encore Weber, de la « représentation rationnelle par des représentants d'intérêts ».

Ceci nous conduit donc à nous intéresser au principe de représentation, dont nous verrons ensuite qu'il structure le champ politique et qu'il repose, mais pas entièrement, sur la maîtrise de règles de droit.

---

[353] WEBER (M.), *Économie et société,* Paris, Presses-pocket, 1995 (1ère ed. 1971), p. 350.
[354] *Ibid.*, p. 351.
[355] BAEHR (P.), « Max Weber and the Avatars of Caesarism », in BAEHR (P.), RICHTER (M.), eds, *Dictatorship in History and Theory. Bonapartism, Caesarism and Totalitarianism,* Cambridge University Press, 2004, pp. 155-174.
[356] WEBER (M.), *Économie... op. cit.*, p. 353.

(10) Domination et représentation

[102] La domination démocratique, au sens où l'entendait M. Weber, a pour substrat et pour support, un mécanisme social sophistiqué : la représentation. Comme le souligne Pierre Bourdieu, « le champ politique est un des lieux privilégiés de l'exercice du pouvoir de représentation ou de manifestation qui contribue à faire exister pleinement, c'est-à-dire à l'état objectivé, directement visible de tous (...) ce qui existait à l'état pratique, tacite ou implicite »[357]. À travers le mécanisme de représentation se donne ainsi à voir tous un ensemble de relations sociales qui n'existait auparavant qu'à l'état latent. Prenons par exemple les États-généraux réunis en 1789 pour sauver la monarchie française d'une crise financière sans précédent. Par un coup de force symbolique, les députés du Tiers-état se proclamèrent « représentants de la Nation » au sein d'une assemblée qui prend alors le nom d' « Assemblée nationale »[358]. Ces députés représentent désormais un groupe numériquement défini, en rupture totale avec les logiques de représentation de la société d'Ancien régime qui était une société divisée en ordres et basée sur le rang. C'est en quelque sorte l'institution elle-même, dans le cas présent l'Assemblée nationale, qui fait exister à l'état réduit le groupe social qu'elle prétend représenter : le peuple. Ce mécanisme général de représentation contribue à la production de visions du monde différenciées, concurrentes et qui, de nos jours, sont élaborées par des professionnels de la politique et des entreprises partisanes. Ce sont eux qui font exister symboliquement des groupes qui n'existaient auparavant qu'à l'état latent (les « travailleurs », les « français de souche », etc.), précisément parce qu'ils ambitionnent de les représenter et parce qu'ils tentent de la faire. Citons encore une fois Pierre Bourdieu : « afin d'assurer [une] mobilisation durable, les partis [politiques] doivent d'une part élaborer et imposer une représentation du monde social capable d'obtenir l'adhésion du plus grand nombre possible de citoyens et d'autre part conquérir des postes dont la "possession" permet de tenir ceux qui les tiennent »[359]. Cette relation entre représentants et représentés n'est pas créée par des règles de droit. Elle possède en effet une efficacité symbolique qui lui est propre, et qui repose sur l'ajustement permanent – autre manière de dire ce qu'est le travail politique – entre les divisions du monde social et celles inscrites

---

[357] BOURDIEU (P.), « La représentation politique », in *Langage et pouvoir symbolique,* Paris, Éditions du Seuil, 2001, p. 224.
[358] LE DIGOL (Ch.), *La nation en Assemblée. Essai sur les conditions sociales de formation de l'Assemblée nationale (1789-1791),* Thèse de doctorat en science politique, Université Paris-Ouest Nanterre, 2003 ; TACKETT (T.), *Par la volonté du peuple. Comment les députés de 1789 sont devenus révolutionnaires,* Paris, Albin Michel, 1997 (1ère ed. 1996).
[359] BOURDIEU (P.), « La représentation ... », *art. cit.,* p. 226.

dans le champ politique, par exemple la division gauche-droite[360]. Ce travail de représentation est parfaitement légitime dans nos sociétés, car conforme aux réquisits de la théorie démocratique[361]. Il consiste à faire advenir des visions, et les principes de di-vision qui vont avec, soit tout ce qui peut contribuer à donner un peu de consistance sociale, un peu de chair à l'équation représentant-représenté. De cette manière, si vous souhaitez imposer une vision léniniste du monde comme espace social entièrement déterminé par la lutte entre classe ouvrière et classe bourgeoise, il vous faudra tenter de représenter – et donc de faire exister notamment en en précisant les contours – cette « classe ouvrière ». On reconnaîtra ici, de manière simplifiée, la logique d'action d'un parti comme le P.C.F depuis l'époque où fut adoptée la tactique « classe contre classe » (1928) jusqu'aux années quatre-vingt. Faire exister un groupe pour le représenter suppose un incessant travail de mobilisation qui peut prendre des formes très variées (syndicats, journaux, associations, etc.)[362]. C'est le résultat pratique de ce travail qui va déterminer, en grande partie, les rapports de force interne au champ politique et non un quelconque principe de vérité ou de justice.

« En politique, nous dit Pierre Bourdieu, "dire c'est faire", c'est, plus exactement se donner les moyens de faire en faisant croire que l'on peut faire ce que l'on dit, en faisant connaître et reconnaître des principes de vision et de division du monde social qui, comme les mots d'ordre, produisent leur propre vérification en produisant des groupes, et par là, un groupe social »[363]. La parole politique, celle plus exactement des professionnels de la politique[364], s'inscrit aisément dans le registre de la promesse, par exemple lorsqu'aucun support administratif ne vient l'appuyer. C'est bien parce qu'elle repose avant tout sur une forme de crédit symbolique qui est le produit du travail de représentation. Celui qui s'engage en faveur d'un groupe peut ensuite engager *le* groupe et tenter de faire advenir, au nom de la force numérique de ceux qu'il représente, des décisions qui vont à la fois satisfaire les intérêts de certains membres du groupe et consolider le groupe en tant que tel. Autrement dit, les « promesses » des professionnels de la politique y compris les plus utopiques ou les plus délicates à mettre en œuvre, ne sont pas une forme d'hypocrisie ou de tromperie marchande... En effet, la mobilisation qui peut accompagner ces promesses peut

---

[360] LE BOHEC (J.) et LE DIGOL (Ch.), dir, *Gauche et droite. Usages et enjeux d'un clivage canonique,* à paraître.
[361] *Cf.* section 95.
[362] Voir l'exemple du groupe des « cadres », spécifique à la société française. BOLTANSKI (L.), *Les cadres. La formation d'un groupe social,* Paris, Éditions de Minuit, 1982.
[363] BOURDIEU (P.), « La représentation ... », *art. cit.,* p. 239.
[364] Il existe aussi des paroles prophétiques émises par des acteurs marginaux du champ politique ou par des profanes.

également donner les moyens à celui qui en a fait son fonds de commerce électoral de les tenir. Dès lors, la promesse se transforme en « idée-force » et peut être inscrite au crédit du représentant.

[103] Parce qu'il repose sur une logique de délégation, le mécanisme de la représentation s'inscrit aussi dans des rapports sociaux qui sont des rapports de domination. Contrairement au mandat civil, qui lie entre elles deux personnes, le mandat électif concentre dans la personne du représentant les « pouvoirs » d'un nombre élevé d'individus. Or, dans la logique de la représentation démocratique, le nombre est censé faire loi. Ce faisant, et du fait de l'inscription dans la loi des mécanismes de la représentation juridique, le nombre des représentés, la foule des électeurs pour reprendre une image assez convenue, nous dissimule cette dimension de la démocratie représentative : la représentation élective est avant tout un rapport de délégation. Les dominés sont en effet contraints de s'en remettre à d'autres, c'est-à-dire le plus souvent à des membres des fractions de la classe dominante, pour défendre leurs intérêts et surtout pour exister en tant que groupe représenté. À l'inverse, ce qui caractérise les individus où les groupes dominants, c'est leur capacité à agir en leur nom propre, sans intermédiaire, sur le cours du monde... Pierre Bourdieu, retrouvant les accents du jeune Marx, celui des *Manuscrits de 1844*, précise même que « c'est le travail de délégation qui, étant oublié et ignoré, devient le principe de l'aliénation politique »[365]. Le représentant, celui auquel le groupe aura donné mandat d'agir en son nom, va s'inscrire dans un « rapport de métonymie » avec le groupe, il va peu à peu incarner et prétendre incarner la totalité du groupe, non plus pour agir en son nom mais pour lui-même ou pour son organisation. Ce détournement de la logique de la représentation n'est pas le fruit d'une pathologie ou de faiblesses individuelles : il est le produit de l'attitude des représentés qui vont s'en remettre à l'institution qui les représente (le député, le délégué, etc.) au nom d'une *fides implicita*, et ce d'autant plus facilement que ces représentés sont économiquement et culturellement dominés.

On comprend mieux dès lors ce qui a pu faire la force électorale d'un parti comme le P.C.F. : sa capacité à représenter un groupe dominé composé d'individus prêts à s'en remettre, parfois jusqu'à la nausée, aux consignes de leurs représentants, faisant ainsi de la discipline de parti une vertu cardinale de leur engagement politique[366]. Bien sûr, on peut voir dans cette remise de soi qui

---

[365] BOURDIEU (P.), « La délégation et le fétichisme politique », in *Langage et pouvoir symbolique*, Paris, Éditions du Seuil, 2001, p. 261.
[366] Y compris chez les intellectuels, voir MATONTI (F.), *Intellectuels communistes, essai sur l'obéissance politique. La Nouvelle Critique (1967-1980),* Paris, Éditions La Découverte, 2005.

favorise l'autonomie des représentants une forme d'usurpation[367]. Mais, comme l'indique Pierre Bourdieu, il s'agit toujours et nécessairement d'une usurpation « modeste » sans quoi la nue réalité de la domination politique apparaîtrait insupportable aux dominés... Le pouvoir symbolique de représenter, et la violence symbolique qui caractérise cette relation inégale, supposent, pour pouvoir s'exercer dans sa plénitude, une relative méconnaissance de l'ensemble des mécanismes sociaux qui sont à son fondement, tout particulièrement celui de la représentation. Cette méconnaissance est entretenue par l'usage de fétiches (la nation, la révolution prolétarienne, la liberté, etc.) que les représentants vont utiliser, de manière plus ou moins consciente, pour justifier en pratique leur manière d'agir. À la manière d'un ministre du culte qui ne doit jamais oublier de se proclamer serviteur de Dieu, et qui prend bien soin, dans la vie quotidienne, de se comporter comme tel, le représentant doit donner des gages à ses représentés. Ces gages de représentativité sont nécessaires pour pouvoir parler au nom du groupe[368], c'est-à-dire le plus souvent faire parler le groupe ! Lorsqu'il se proclame – c'est le titre de son autobiographie parue en 1937 – « Fils du peuple », le dirigeant communiste Maurice Thorez n'agit pas autrement[369]. Moyennant la répétition de ces gages de représentativité, le *je* du représentant peut se substituer au *nous* du groupe des représentés et consolider le monopole de la représentation. Cet « effet d'imposition symbolique »[370] sera le plus souvent accepté par ceux-là même qu'il dépossède du pouvoir de s'exprimer. Il ne faut pas cependant en déduire que dans tout représentant sommeille un manipulateur cynique et conscient ![371] Pour que l'enchantement produit par le rapport de délégation ne soit pas brisé, le représentant doit se prendre lui-même au jeu de la représentation et se penser comme un délégué au service du groupe qu'il représente. La délégation est aussi affaire de croyances. Ces croyances partagées, par les représentants et les représentés - dans la félicité démocratique, ce « mouvement de consentement qui n'a pas besoin de preuves »[372] de la valeur intrinsèque des institutions représentatives, etc. -

---

[367] VOILLIOT (C.), « "Élections piège à cons ?" Petite histoire de la délégation électorale », in *Voter et se taire ? Monopoles politiques, influences médiatiques*, Paris, Éditions Syllepse, 2008, pp. 13-24.

[368] Voir l'exemple des responsables syndicaux dans le monde agricole. MARESCA (S.), *Les dirigeants paysans,* Paris, Éditions de Minuit, 1983.

[369] PUDAL (B.), *Prendre Parti. Pour une sociologie historique du PCF,* Paris, Presses de la FNSP, 1989, ch. 4.

[370] BOURDIEU (P.), « La délégation ... », *art. cit.,* p. 270.

[371] Conformément à la thèse classique du « viol des foules » popularisée dans l'entre-deux-guerres. TCHAKHOTINE (S.), *Le viol des foules par la propagande politique,* Paris, Gallimard, 1992 (1ère ed. 1939) ; voir aussi BERNAYS (E.), *Propaganda. Comment manipuler l'opinion en démocratie,* Paris, Zones, 2007 (1ère ed. 1928).

[372] CLAVERIE (E.), « La Vierge, le désordre, la critique. Les apparitions de la Vierge à l'âge de la science », *Terrains,* 14, 1990, p. 66.

garantissent une certaine vigilance des uns et des autres sur le désintéressement des représentants tout en maintenant dans les faits le monopole collectif de la représentation. Ce point est indispensable si l'on veut comprendre les pratiques qui servent de règles de fonctionnement au sein du champ politique.

(11) Qu'est-ce qu'un champ politique ?

[111] Dans une conférence donnée devant des étudiants lyonnais, Pierre Bourdieu a justifié son recours à la notion de champ politique en mettant en avant trois arguments[373] :

1° Elle permet de construire de manière rigoureuse la « politique » comme activité spécifique ;

2° Elle permet la comparaison avec d'autres activités sociales et avec d'autres champs ;

3° Elle permet d'écarter toute une série de faux problèmes.

L'analyse en termes de champs est avant tout une analyse relationnelle des positions et des pratiques sociales. Pierre Bourdieu définit le champ politique comme un champ de force doté d'une structure et comme un champ de luttes pour conserver ou transformer cette structure. C'est dire que le champ politique est inséparablement un ensemble de positions (dont certaines sont juridiquement définies comme la Présidence de la République) et de prises de positions. Au sein de ce champ, on observe une concurrence pour l'obtention de postes, mais aussi pour la définition de ces postes. Ces luttes supposent l'accumulation de ressources spécifiques que l'on désignera par le terme générique de capital politique. Conformément aux mécanismes exposés précédemment, le capital politique est en premier lieu un capital de représentation, qui peut se définir comme l'accumulation de droits à représenter. C'est l'importance accordée aux procédures électives qui explique pourquoi le champ politique est un champ qui n'est que partiellement autonome. En effet, via les élections, la participation institutionnalisée des profanes[374] est inscrite dans les mécanismes de fonctionnement du champ politique. C'est dire que le vote des électeurs est à la fois l'abolition symbolique, mais temporaire, de la coupure entre profanes et professionnels de la politique, ce que la théorie démocratique normative désigne comme le moment du « choix », et, dans le même temps, la réaffirmation tout aussi symbolique du rapport de délégation qui écarte les profanes des luttes internes au champ politique.

Qu'y-a-t-il de si spécial au sein de ce champ politique pour que l'on prenne autant de soin d'en écarter les profanes ? Rappelons que, comme tous les autres

---

[373]BOURDIEU (P.), *Propos sur le champ politique,* Presses Universitaires de Lyon, 2000.
[374]Par analogie avec le champ religieux, et par opposition aux professionnels de la politique, on désignera comme profanes les agents sociaux extérieurs au champ politique.

champs sociaux, le champ politique est un espace relationnel dans lequel s'affrontent, de manière concurrentielle, des principes de vision et de division du monde et ceux qui les portent. Les luttes politiques sont à la fois des luttes politiques pour l'obtention de postes[375], c'est la dimension matérielle de la vie politique, et des luttes pour imposer une vision du monde, c'est la dimension symbolique de la vie politique. Dans les deux cas, le succès repose sur l'accumulation de ressources ajustées aux propriétés du champ politique[376]. Courir le 100 mètres en moins de 10 secondes est une ressource pertinente dans le champ du sport (ou plus exactement dans certaines disciplines sportives), ce n'est pas une ressource pertinente dans le champ politique[377]. Cet ajustement des ressources n'est jamais un mécanisme figé car leur obtention s'effectue dans un univers très compétitif où les agents sociaux peuvent avoir intérêt à dévaluer les ressources accumulées par leurs adversaires[378]. En tout état de cause, le capital politique, comme toutes les espèces de capitaux, obéit à une logique de l'accumulation qui va au-delà des règles de droit qui s'appliquent aux compétitions électorales. Si 500 signatures d'élus sont nécessaires pour être candidat à la présidence de la République, les candidats des principaux partis politiques se doivent ainsi d'exhiber le maximum de parrainages possibles, bien au-delà du minimum requis par la loi organique du 18 juin 1976[379]. Ce qui est intéressant à observer, dans cette procédure, c'est qu'elle fonctionne effectivement comme un filtre destiné à écarter les profanes d'une compétition politique où ils ne peuvent prétendre jouer tous les rôles[380]. Pour pouvoir obtenir les signatures d'élus, il est nécessaire de disposer auparavant d'un capital minimal de réputation, par exemple en étant déjà titulaire d'un mandat local. La

---

[375] *Cf.* section 96.

[376] GAÏTI (B.), « Des ressources politiques à valeur relative : le difficile retour de Valéry Giscard d'Estaing », *Revue française de science politique,* XL, 6, 1990, pp. 902-917.

[377] Ce qui ne veut pas dire que les succès sportifs ne puissent pas être reconvertis en capital politique, mais que leur valeur n'est pas immédiatement reconnue.

[378] Les succès féminins du président du conseil italien Silvio Berlusconi constituent un bon exemple de ressource en apparence efficace sur le terrain électoral, mais dont la légitimité au sein du champ politique est mal assurée et offre prise à la critique, par exemple de la part de la hiérarchie catholique. Pour plus de détails sur cette « affaire », voir GOMEZ (P.), LILLO (M.) et TRAVAGLIO (M.), *Papi, uno scandalo politico,* Milan, Chiarelettere editore, 2009.

[379] C'est aussi un moyen d'écarter des adversaires potentiels.

[380] Ce filtre défavorise aussi ceux qui sont en position dominée au sein du champ politique comme le dénonce Alain Krivine, dirigeant de la L.C.R. : « Je suis radicalement hostile à cette histoire des signatures des élus nécessaires pour se présenter (...) On condamne actuellement les petits partis à une double peine : ils sont déjà petits et, en plus, il leur faut cavaler dans tous les villages, envoyer des centaines de personnes, c'est une perte de temps terrible, un parcours du combattant absolument honteux, cela coûte en plus une fortune en frais d'essence. Perte de temps, usure des militants, lassitude des maires qui reçoivent des visites tous les jours... ce système est insupportable » ; cité in DUHAMEL (O.) et JEANNENEY (J.-N.), *Présidentielles, les surprises de l'histoire. 1965-1995,* Paris, Éditions du Seuil, 2002, p. 276.

(si possible bonne) réputation est le deuxième versant du capital politique, celui qui permet les reconversions d'agents initialement inscrits dans d'autres champs sociaux. Contrairement au capital de représentation que l'on peut mesurer, à travers le nombre d'électeurs, le capital de réputation est plus volatile[381]; il est le produit de transactions avec des acteurs du champ journalistique difficiles à maîtriser[382]. Idéalement, il est nécessaire d'accumuler les deux dans une proportion adéquate. Les professionnels de la politique qui ambitionnent d'occuper des positions de pouvoir élevées ne peuvent ainsi ni contourner les épreuves électorales, ni endosser durablement l'impopularité ou faire fi de la méconnaissance des profanes, d'où l'importance qu'ils accordent à leurs stratégies de communication[383].

[112] L'accumulation du capital politique par l'ensemble des acteurs présents ou désireux d'intégrer le champ politique conduit à un phénomène paradoxal : alors même que la logique de la représentation devrait préserver l'ouverture du champ politique sur l'extérieur, on assiste depuis quelques décennies à une progressive clôture du champ politique[384]. Ce processus est favorisé par la mise en avant, dans les luttes politiques, d'enjeux internes au champ politique, comme la parité, la révision générale des politiques publiques ou le mode d'élection des délégués intercommunaux [385], etc. qui sont moins compréhensibles par les profanes. Inversement, tout une série de problèmes économiques ou sociaux peuvent rester à l'état latent, c'est-à-dire ne pas être transformés en enjeux politiques, ne pas donner lieu à des prises de position et à des propositions contradictoires et identifiables comme telles. Confrontés à des réalités non traduites, ou traduites tardivement en termes politiques, comme la crise du logement, certains groupes sociaux peuvent ainsi adhérer à la vision journalistique d'une « crise de la représentation »[386] sur le mode du « Ils ne s'intéressent pas à nos problèmes »[387] ! Or, loin d'être un dysfonctionnement

---

[381] Même si la mesure des « cotes de popularité » par certaines entreprises de presse a, entre autres, pour effet de stabiliser ce capital de réputation.

[382] LEROUX (P.) et TEILLET (Ph.), « Second marché médiatique et carrière politique. L'exemple de Roselyne Bachelot », in COHEN (A.), LACROIX (B.) et RIUTORT (Ph.), dir., *Les formes... op. cit.*, pp. 439-456.

[383] RIUTORT (Ph.), *Sociologie de la communication politique,* Paris, La Découverte, 2007, ch. 1. *Cf.* section 213.

[384] CHAMPAGNE (P.), *Faire l'opinion. Le nouveau jeu politique,* Paris, Éditions de Minuit, 1990.

[385] DESAGE (F.) et GUERANGER (D.), « La démocratisation de l'intercommunalité n'aura pas lieu », *savoir/agir,* 11, 2010, pp. 19-27.

[386] LACROIX (B.), « La "crise de la démocratie représentative en France". Éléments pour une discussion sociologique du problème », *Scalpel. Cahiers de sociologie politique de Nanterre,* 1, 1994, pp. 6-29.

[387] Certains acteurs du champ politique ou du champ intellectuel peuvent bien entendu avoir un intérêt à accréditer ce désintérêt. Ainsi, Pierre Rosanvallon, dans un commentaire des

apparent ou passager, cette tendance à la fermeture sur lui-même est inscrite dans la structure même du champ politique. En effet, le bon fonctionnement du mécanisme général de la représentation suppose qu'il existe *a minima* une homologie structurale entre les positions et les divisions inscrites dans le monde social (par exemple entre classes populaires et classes dominantes) et celles inscrites dans le champ politique (par exemple entre gauche et droite)[388]. Cette homologie permet aux agents sociaux de « se sentir » représenté, d'être entendu par le biais de représentants, c'est-à-dire de professionnels de la politique qui se font écho, tout en les retranscrivant dans la langue dominante, de leurs préoccupations quotidiennes. Depuis l'alternance électorale de 1981, pour ce qui concerne la France, cette logique de correspondance entre des univers sociaux différents tend à s'affaiblir. Les partis « de gauche » hésitent et ont de plus en plus de réticence, voire d'incapacité, à se faire les porte-parole des classes populaires lorsqu'ils occupent des positions centrales de pouvoir[389]. En lisant entre les lignes de l'écriture très retenue de Lionel Jospin, Premier ministre de 1997 à 2002 et chef de la coalition de la « gauche plurielle », on peut même discerner un aveu de cette incapacité : « Il n'est pas toujours aisé d'interpréter les voix de milieux hétérogènes. Entre les employés, les ouvriers au SMIC, les ouvriers qualifiés, les petits artisans et commerçants, les agriculteurs pauvres, les chômeurs ou tous ceux qui n'ont pour vivre que des minima sociaux, les attentes diffèrent. Il n'est pas facile de mener une politique économique et sociale favorable à toutes ces catégories à la fois »[390]. La monopolisation progressive par un groupe restreint, et très homogène socialement[391], des positions centrales de pouvoir explique cette difficulté des élites politiques et administratives à se faire les défenseurs des groupes dominés et/ou invisibles dans l'espace social[392]. Les liens de plus en plus étroits tissés entre ces élites et les milieux d'affaire[393], qui se sont renforcés avec les privatisations d'entreprises

---

Considérations sur le gouvernement représentatif de John Stuart Mill, affirme d'emblée que « le sentiment que les régimes contemporains sont marqués par une profonde "crise de la représentation" s'impose avec la force de l'évidence ». *Libération* du 19 novembre 2009.

[388] Sur la notion d'homologie, voire BOURDIEU (P.), *La distinction. Critique sociale du jugement*, Paris, Éditions de Minuit, 1979, pp. 547-548.

[389] MASCLET (O.), *La gauche et les cités. Enquête sur un rendez-vous manqué*, Paris, La Dispute, 2003.

[390] JOSPIN (L.), *Le monde comme je le vois*, Paris, Gallimard, 2005 ; cité in HALIMI (S.), « Quand la gauche de gouvernement raconte son histoire », *Le Monde diplomatique*, avril 2007.

[391] *Cf.* sections 232 à 241.

[392] BEAUD (S.), CONFAVREUX (J.) et LINDGAARD (J.), sd, *La France invisible*, Paris, Éditions La Découverte, 2006.

[393] DUDOUET (F.-X.), GREMONT (E.), « Les grands patrons et l'État en France, 1981-2007 », *Sociétés contemporaines*, 68, 2007, pp. 105-131 ; MACLEAN (M.), « New Rules-Old Games ? Social Capital and Privatisation in France, 1986-1998 », *Business History*, 50, 2008, pp. 795-810.

et d'établissements publics depuis 1986, constituent un frein supplémentaire à cette représentation des classes populaires au sein du champ politique. Observateur attentif de cette évolution, François Hollande, premier secrétaire du P.S. entre 1997 et 2008, note ainsi « [qu'] une génération – celle issue des cabinets ministériels des années 1980, de gauche comme de droite – s'est retrouvée aux commandes d'entreprises parce que le capitalisme lui-même n'avait plus de dirigeants, faute de familles suffisamment nombreuses, faute de compétences assez solides. C'est l'appareil d'État qui a fourni au capitalisme ses nouveaux bataillons, ses nouveaux cadres, ses nouveaux dirigeants. Ainsi est apparue cette situation inédite où des hommes, des femmes (...) issus de l'État, de la haute fonction publique, sont devenus non seulement des responsables d'entreprises (...) mais aussi des détenteurs – en quelques années – de fortunes considérables. Venus d'une culture du service public, ils ont accédé au statut de nouveaux riches, parlant en maîtres aux politiques qui les avaient nommés »[394]. Ce sont d'ailleurs ces « nouveaux riches » qui vont ensuite enjoindre leurs anciens camarades de l'E.N.A de réformer et de moderniser l'État, restreignant ainsi les chances de promotion sociale qui accompagnaient les recrutements dans les catégories intermédiaires de la fonction publique.

[113] Le champ politique, nous venons de le voir, n'est pas une structure invariante. Il est donc nécessaire de comprendre comment il s'est structuré pour en apprécier les logiques de fonctionnement. Christian de Montlibert distingue trois conditions nécessaires au développement d'un champ politique autonome[395] :

1° Le passage de formes traditionnelles de domination, au sens de Max Weber, à la domination politique exercée par des représentants[396]. Cette domination politique n'est constituée en espace social autonome qu'à partir du moment où elle prend la forme d'une domination rationnelle-légale, c'est-à-dire une forme complexe qui repose sur une croyance à la fois dans la légalité et dans la rationalité des règles de droit. La structuration d'un champ politique autonome est en effet liée à l'émergence de règles qui vont définir les conditions d'exercice d'un monopole de la représentation, via des postes électifs, mais surtout à l'acceptation de ces règles par le plus grand nombre.

2° Le passage de formes d'autorité coercitive à des formes d'autorité persuasive, soit ce que Norbert Elias décrit et analyse comme un processus de « civilisation des mœurs »[397] qui intervient en lien avec la monopolisation des

---

[394] HOLLANDE (F.), *Devoirs de vérité,* Paris, Stock, 2006, pp. 159-160.
[395] DE MONTLIBERT (Ch.), *La domination politique,* Presses Universitaires de Strasbourg, 1997, pp. 37-45.
[396] *Cf.* section 101.
[397] *Cf.* section 41.

charges étatiques par une élite politico-administrative. C'est ce processus de civilisation qui rend possible la construction d'un monopole de l'exercice de la violence légitime ; et c'est le développement de mécanismes d'auto-contrainte, par refoulement des pulsions, qui rendent inutiles puis désuètes les formes les plus coercitives d'exercice de l'autorité politique.

3° Le passage à une économie de marché. Là encore, nous avons affaire à un processus qui remet en cause les formes traditionnelles de domination par la baisse des profits liée à la possession de la terre et par les nouvelles opportunités offertes dans le secteur industriel et commercial. L'économie de marché donne naissance à de nouveaux groupes sociaux, sous forme de classes ou de professions, mobilisables dans le cadre d'affrontements politiques et électoraux, à la différence de la paysannerie[398].

Ces conditions nécessaires ne sont pas des conditions suffisantes : il faut aussi prendre en compte les épisodes contingents liées aux difficultés et aux échecs du processus de construction des États parlementaires. Pour ce qui concerne la France, les travaux les plus récents s'accordent pour faire de la séquence 1877-1893 le moment de structuration et d'autonomisation d'un champ politique[399]. Deux éléments doivent être ici pris en compte :

1° Les transformations par lesquelles les opérations électorales deviennent des élections « libres et concurrentielles »[400];

2° La stabilisation institutionnelle opérée par le vote des lois de 1875 et le compromis réalisé entre les fractions « républicaines » rivales connu sous le nom de « constitution Grévy »[401].

Ces facteurs contingents sont liés aux rapports de force entre des groupes inégalement intéressés à l'autonomisation et à la professionnalisation de la représentation politique. C'est pourquoi un tel processus a pu s'effectuer selon des chronologies variables d'un État à l'autre. Ainsi, en Grande-Bretagne, le processus est plus graduel qu'en France comme en témoigne le lent cheminement vers le suffrage universel et surtout la plus grande homogénéité des élites politiques et sociales[402]. Ce dernier point met en exergue un élément

---

[398] « Les paysans parcellaires constituent une masse énorme dont les membres vivent tous dans la même situation, mais sans être unis les uns aux autres par des rapports variés. Leur mode de production les isole les uns des autres, au lieu de les amener à des relations réciproques (...) Ainsi, la grande masse de la nation française est constituée par une simple addition de grandeurs de même nom, à peu près de la même façon qu'un sac rempli de pommes de terre forme un sac de pommes de terre ». MARX (K.), *Le dix-huit Brumaire de Louis Bonaparte*, Paris, Messidor/Éditions sociales, 1984, pp. 188-189.

[399] GARRIGOU (A.), *Histoire sociale du suffrage universel en France. 1848-2000*, Paris, Éditions du Seuil, 2000 ; VOILLIOT (C.), *La candidature... op. cit.*

[400] VOILLIOT (C.), « Histoire... », *art. cit.*

[401] RUDELLE (O.), *La République absolue. 1870-1889*, Paris, Publications de la Sorbonne, 1986.

[402] BENSIMON (F.), ea, *Histoire des îles britanniques*, Paris, Presses Universitaires de France, 2007.

important de l'analyse des institutions politiques : le rôle des règles de droit. Il est donc nécessaire, à ce stade de la démonstration, de faire toute la lumière sur une illusion commune aux professionnels du droit qui conduit à déduire des règles prescrites l'effectivité des comportements des agents sociaux.

(12) La « politique saisie par le droit » ?

[121] La formule n'est pas mienne, hormis le point d'interrogation : il s'agit du titre d'un livre du constitutionnaliste Louis Favoreu soucieux de décrypter les évolutions de la vie politique française[403]. Elle suggère une force du droit qu'il convient d'analyser d'un point de vue sociologique. En effet, la force du droit – en tant que système organisé et hiérarchisé de normes – ne tient pas tant aux institutions qui sont là pour l'élaborer et le faire respecter qu'aux croyances qui lui sont associées[404]. Comme le note Pierre Bourdieu : « La fiction juridique n'a rien de fictif ; et l'illusion, comme dit Hegel, n'est pas illusoire. Le droit n'est pas ce qu'il dit être, ce qu'il croit être, c'est-à-dire quelque chose de pur, de parfaitement autonome, etc. Mais le fait qu'il se croie tel, et qu'il arrive à le faire croire, contribue à produire des effets sociaux tout à fait réels, et d'abord sur ceux qui exercent le droit »[405]. Il y a, dans la force de la règle de droit, une dimension magique, au sens de Marcel Mauss[406], qui n'est compréhensible que si l'on envisage l'univers du droit comme un univers de croyances et non uniquement comme un univers régi par ses propres règles. Or, ces croyances propres à l'univers du droit se trouvent investies à des niveaux différents dans la *praxis* politique, en particulier dans la définition des contours de celle-ci. C'est pourquoi l'activité politique est toujours décrite et étudiée par les juristes à l'aide de catégories à prétention universelle comme la « séparation des pouvoirs » ou l'« appareil régalien ». Pour autant, ces catégories ne nous disent rien par elle-même des pratiques effectives des agents sociaux ni de la manière dont ces derniers font usage des règles de droit.

---

[403] FAVOREU (L.), *La politique saisie par le droit. Alternances, cohabitation et Conseil constitutionnel*, Paris, Éditions Économica, 1988.

[404] Croyances dont attestent, par exemple, les copies de l'épreuve de culture générale du concours d'entrée à l'École Nationale de la Magistrature où l'on peut lire que « le droit est un outil de vérité » ou qu'il « demeure le seul rocher dans la tempête, à quoi se raccrocher ». La question posée en 2002, « Le droit a-t-il réponse à tout ? », anticipait, sans grand risque il est vrai, cet exercice collectif de célébration. MIAILLE (M.), « Les prédispositions à l'esprit de corps : les candidats au concours de la magistrature », in GUGLIELMI (G. J.) et HAROCHE (Cl.), dir., *Esprit de corps, démocratie et espace public*, Paris, Presses Universitaires de France, 2005, p. 255.

[405] BOURDIEU (P.), « Les juristes, gardiens de l'hypocrisie collective », in CHAZEL (F.) et COMMAILLE (J.), dir., *Normes juridiques et régulation sociale*, Paris, L.G.D.J, 1991, p. 99.

[406] HUBERT (H.) et MAUSS (M.), « Esquisse d'une théorie générale de la magie », in MAUSS (M.), *Sociologie et Anthropologie*, Paris, Presses Universitaires de France, 1950, pp. 3-141.

[122] Pour sortir de l'univers normatif du droit constitutionnel, il est donc nécessaire de mettre en évidence ce que Bernard Lacroix nomme les fonctions symboliques des constitutions [407], fonctions qui renvoient à l'univers inséparablement pratique et symbolique dans lequel s'inscrivent les textes constitutionnels et qui, en lien avec les conjonctures politiques, déterminent les usages possibles de ces textes. Une constitution est à la fois :

1° La « traduction symbolique d'un rapport de force », celui qui apparaît à travers les circonstances particulières et les conditions de son élaboration qui oppose, au sein des élites concurrentes, et au sein de ces élites, le petit groupe de « légistes » qui s'emparent, où à qui on confie la rédaction proprement dit du texte constitutionnel[408];

2° Un « produit culturel » qui traduit un état des rapports entre groupes sociaux à travers une mécanique juridique qui permet à des représentants d'incarner une autorité légitime[409];

3° Un « système de ressources idéologiques » mobilisables de manière particulière selon les conjonctures politiques.

De ce fait, une bonne partie du travail des constitutionnalistes consiste à gérer ces ressources en interprétant le texte et en assurant, par le biais de l'enseignement du droit constitutionnel, les interprétations de ces textes les plus légitimes dans l'univers du droit. Au final, cette transposition de rapports de force ponctuels en règles communes à vocation universelle est bel et bien un coup de force symbolique qui s'inscrit dans le passage de modes traditionnels de domination à la domination rationnelle-légale qui s'opère en Europe occidentale depuis le XVIIIe siècle[410]. Elle est « l'instrument d'une domination rationalisée et légalisée par la magie de son institution collective »[411]. Dès lors, le texte constitutionnel et ses interprètes définissent l'univers du pensable, le registre des actions politiques légitimes, consacrant ainsi la division du travail qui est au principe de la structuration du champ politique[412]. La règle constitutionnelle, parce qu'elle acquiert avec le temps une dimension sacrée, naturalise un état des rapports entre groupes sociaux, rendant ainsi plus délicate la tâche de ceux qui se font un devoir ou qui tentent de relever le défi de transformer l'ordre social qui lui a donné naissance. Reste néanmoins un point à éclaircir : celui du

---

[407] LACROIX (B.), « Les fonctions symboliques des constitutions », in SEURIN (J.-L.), dir., *Le constitutionnalisme aujourd'hui,* Paris, Éditions Économica, 1984, pp. 186-199.
[408] FRANÇOIS (B.), *Naissance d'une constitution. La Cinquième République, 1958-1962,* Paris, Presses de Sciences-Po, 1996.
[409] *Cf.* sections 102 à 103.
[410] *Cf.* sections 61 à 62.
[411] LACROIX (B.), « Les fonctions... », *art. cit.*, p. 199.
[412] *Cf.* section 113.

rapport si particulier qu'entretiennent collectivement les professionnels de la politique avec la règle de droit.

[123] Le respect de la règle de droit n'est qu'une des attitudes possibles pour des individus engagés dans des activités, qu'elles soient politiques, commerciales, amoureuses, etc. Pour les professionnels de la politique, il importe avant tout de savoir jouer avec les règles de manière à s'en prévaloir le cas échéant à des fins de légitimation[413]. Comme le signale Luc Boltanski, « il est d'ailleurs probable que l'apprentissage d'un tel rapport "relativiste" aux règles est aujourd'hui facilitée par l'expérience des membres de la classe dominante, dont la formation et l'activité professionnelle ont eu pour effet, en raison de leur caractère international, de les amener à poursuivre leurs objectifs en tirant parti de systèmes diversifiés de règles souvent contradictoires »[414]. Si ce rapport aux règles est sans doute plus instrumental que relativiste, il signifie néanmoins que ce n'est pas dans l'univers clos du droit qu'il faut rechercher l'explication de ce qui apparaît à beaucoup d'observateurs comme une tendance à la juridicisation de la vie politique. En effet, ce phénomène n'est pas la conséquence mécanique, inéluctable, des progrès de l'« État de droit »[415], mais résulte de transformations propres au champ politique[416], au champ juridique[417] et au champ journalistique[418] ayant abouti à faire émerger dans le débat public des thématiques juridiques progressivement transformées en enjeux politiques. Il est possible, s'agissant de la Ve République, de retracer les étapes d'un processus ayant métamorphosé le droit constitutionnel, au dire d'un de ses meilleurs spécialistes français, en un « droit des droits communs »[419]:

---

[413]GAXIE (D.), « Les partis politiques et les modes de scrutin en France (1985-1986) : croyances et intérêts », in NOIRET (S.), ed, *Political Strategies and Electoral Reforms : Origins of Voting Systems in Europe in the 19th and 20th Centuries*, Baden Baden, Nomos Verlagsgesellschaft, 1990, pp. 423-450.

[414]BOLTANSKI (L.), *De la critique. Précis de sociologie de l'émancipation*, Paris, Gallimard, 2009, p. 217.

[415]LOISELLE (M.), *Le concept d'État de droit dans la doctrine juridique française*, Thèse pour le doctorat en droit public, Université Paris-II, 2000.

[416]AGRIKOLIANSKY (E.), « La gauche et la protection des libertés publiques dans les années 1970 : hypothèses sur la résurgence de la notion d'État de droit », in ISRAËL (L.), ea, *Sur la portée sociale du droit*, Paris, Presses Universitaires de France, 2005, pp. 325-340.

[417]Dans les années quatre-vingt-dix, note Violaine Roussel, « le champ d'action des magistrats s'est bien étendu à la poursuite de comportements politiques qui en étaient préalablement exclus » et qui, désormais, font scandale. ROUSSEL (V.), *Affaires de juges. Les magistrats dans les scandales politiques en France,* Paris, Éditions La Découverte, 2002, p. 5.

[418]LENOIR (R.), « La parole est aux juges. Crise de la magistrature et champ journalistique », *Actes de la recherche en sciences sociales,* 101-102, 1994, pp. 77-84.

[419]ROUSSEAU (D.), « Les transformations du droit constitutionnel sous la Ve République », *Revue du droit public,* 5-6, 1988, p. 1788.

1° De 1958 à 1971, le Conseil constitutionnel créé par la constitution du 4 octobre 1958 n'a pas bonne presse, chez les opposants de gauche au pouvoir gaulliste - pour qui il s'agit d'un instrument de défense du pouvoir exécutif - mais aussi chez les publicistes : « Une bonne partie de la doctrine considère, souvent pour le regretter, que le Conseil constitutionnel est une institution politique à la botte de l'exécutif ou, pour dire les choses autrement, l'instrument de soumission des assemblées au Président de la République et au Gouvernement – comme cela avait été le cas des sénats des Premier et Second Empire – dans le cadre d'un parlementarisme rationalisé »[420].

2° L'extension des pouvoirs reconnus au juge constitutionnel par la décision « Liberté d'association » du 16 juillet 1971 a conduit à un rééquilibrage du rapport entre les spécialistes du droit administratif et les spécialistes du droit constitutionnel [421]. Désormais pourvu de tous les attributs d'un domaine juridique légitime (une cour souveraine, une jurisprudence à commenter, etc.), les constitutionnalistes peuvent élaborer et faire prévaloir leur expertise propre dans le rôle du « conseiller du prince ». Ce faisant, ils tendent à imposer le droit constitutionnel comme la langue légitime pour parler des institutions[422], et par extension, des pratiques politiques.

3° L'alternance politique résultant des élections présidentielles et législatives de 1981 qui a conduit les parlementaires de l'opposition à faire usage du droit de saisine du Conseil constitutionnel pour faire obstacle aux principales réformes du gouvernement Mauroy[423].

4° La séquence dite de « cohabitation », de 1986 à 1988, où les querelles d'interprétation constitutionnelle ont mobilisé publiquement les spécialistes, par exemple sur la question de la ratification des ordonnances par le Président de la République[424], et renforcé la demande d'expertise de la part de journalistes confrontés à des situations institutionnelles inédites.

Ces différents épisodes ont tous eu pour effet une promotion collective de la règle de droit qui s'accomplit ainsi comme une « parole d'ordre »[425] pour limiter les conséquences délétères des luttes politiques et pour fixer des limites à

---

[420] SAINT-BONNET (F.), « Le Conseil d'État juge constitutionnel », in BIGOT (G.) et BOUVET (M.), dir., *Regards sur l'histoire de la justice administrative*, Paris, LexisNexis, 2006, p. 292.

[421] http://www.conseil-constitutionnel.fr/conseil-constitutionnel/francais/les-decisions-depuis-1958/decisions-par-date/1971/71-44-dc/decision-n-71-44-dc-du-16-juillet-1971.7217.html.

[422] DRAGO (G.), dir., *La légitimité de la jurisprudence du Conseil constitutionnel*, Paris, Éditions Économica, 1999.

[423] FAVIER (P.) et MARTIN-ROLLAND (M.), *La décennie Mitterrand*, Paris, Éditions du Seuil, 1999.

[424] Voir les éléments du dossier présenté par Bernard Lacroix : « Le politiste et l'analyse des institutions. Comment parler de la présidence de la République ? », in LACROIX (B.) et LAGROYE (J.), dir., *Le président de la République. Usages et genèses d'une institution*, Paris, Presses de la FNSP, 1992, p. 19 et s.

[425] *Ibid.*, p. 33.

l'action des professionnels de la politique[426]. Ces jeux sur la règle contribuent d'ailleurs fortement au processus de clôture du champ politique que nous avons signalé plus haut[427]. En effet, à partir du moment où la règle de droit va pouvoir servir de filtre de la légitimité des revendications des profanes, elle peu – dans certaines conjonctures – servir d'instrument pour maintenir les privilèges des groupes les plus intéressés au maintien de l'ordre social[428].

[124] À quoi conduit l'analyse sociologique des institutions ? En premier lieu, à ne plus les considérer uniquement comme un ensemble de règles qui s'imposeraient peu ou prou aux acteurs du champ politique, mais comme une construction sociale jamais achevée et complètement stabilisée, qui est le produit des luttes entre les différents acteurs intéressés à promouvoir une définition et un cadre légitime des activités politiques. En second lieu, à considérer les spécialistes des institutions, au premier rang desquels on compte aujourd'hui les constitutionnalistes, comme des agents sociaux en lutte avec d'autres spécialistes (économistes, hauts fonctionnaires, éditorialistes, etc.) pour conquérir des « positions de magistrature prophétique »[429] aux frontières du champ du pouvoir. Nous pouvons donc estimer, avec Bernard Lacroix, que « l'institution n'est rien d'autre que le produit des transactions implicites et explicites entre tous ceux que les ressources et les enjeux placent en position de prendre part à l'un quelconque des jeux (...) contribuant à sa définition » et ce « bien qu'aucun d'entre ces jeux ne soit explicitement organisé à cette fin »[430].

---

[426] Tentation déjà présente chez les publicistes de la IIIe République ; voir REDOR (M.-J.), *De l'État légal à l'État de droit. L'évolution des conceptions de la doctrine publiciste française, 1879-1914*, Paris, Économica/Presses de l'Université d'Aix-Marseille, 1992.
[427] *Cf.* section 112.
[428] Pour être complet, il faudrait aussi prendre en compte le jeu avec le droit communautaire qui permet de légitimer des modifications dans l'ordre juridique interne.
[429] LACROIX (B.), « Le politiste... », *art. cit.*, p. 45.
[430] *Ibid.*, p. 48.

Chapitre 2 : La participation politique

> C'est un métier fort dangereux
> Que d'entreprendre de vous plaire.
> Les opposants sont malheureux.
> Rien ne saurait les satisfaire.
>
> *Jean de La Fontaine*

[131] Une des caractéristiques principales du champ politique est la séparation entre profanes et professionnels de la politique[431]. Cette séparation a pour conséquence une participation limitée des profanes aux luttes internes à cet espace social particulier, à la définition de ses enjeux, etc. En quoi consiste cette participation limitée ? Premièrement, en une participation institutionnalisée et codifiée via les opérations électorales (sous-chapitre 1). Deuxièmement, en un ensemble plus vaste, et aux contours plus flous, de « pratiques de participation »[432], c'est-à-dire toutes les formes de mobilisation, plus ou moins légitimes et acceptées, plus ou moins organisées et coordonnées, que l'on regroupe usuellement sous le terme d'action collective (sous-chapitre 2). Toutes les formes d'action collective ont-elles une dimension politique ? Il est indispensable de considérer *a priori* qu'aucune action, qu'elle soit collective ou individuelle, n'est par essence ou par nécessité politique. Ce sont les conditions mêmes de l'action qui vont déterminer le sens qui lui sera attribué – par exemple par des journalistes – et non l'interaction à elle seule. Pour la sociologie politique, la question de l'action collective et celle de la construction des enjeux politiques sont donc une seule et même question. C'est dire que l'étude de la participation politique, de ses formes et de ses enjeux, est avant tout l'étude des acteurs et des groupes mobilisés, que cette mobilisation soit organisée (par des syndicats ou des partis politiques) ou liée à une effervescence ponctuelle (les émeutes dans les cités de banlieue), que cette mobilisation soit publique (les manifestations de rue) ou plus discrète (l'action des groupes d'intérêt), que cette mobilisation soit prévue et encadrée par des règles de droit (un référendum) ou plus spontanée (les villages de tentes des S.D.F.). Dernière question qui retiendra notre attention dans ce deuxième chapitre : dans quelle mesure cette participation favorise la reproduction de l'ordre politique étudié au

---

[431] *Cf.* section 111.
[432] Cette formule figure dans le titre du 4ème chapitre du manuel de Jacques Lagroye. LAGROYE (J.) ea, *Sociologie politique,* Paris, Presses de Sciences-Po/Dalloz, 2006.

chapitre précédent ou, au contraire, en modifie les lignes de force. Cette distinction est d'ailleurs assez fragile, les deux logiques peuvent aller de pair comme le soulignait avec délectation le Marquis Tomaso di Lampedusa affirmant qu'« il faut que tout change pour que rien ne change »[433]...

---

[433] TOMASI DI LAMPEDUSA (G.), *Le Guépard,* Paris, Éditions du Seuil, 2007 (1ère ed. 1958).

1/ L'action collective

[132] De prime abord, on pourrait être tenté d'opposer l'acte individuel à l'action collective. Cette opposition est en fait un peu factice. Une action, certes collective, mais inscrite dans le cours de la vie quotidienne (deux étudiants prenant leur petit déjeuner par exemple) n'aurait guère d'intérêt du point de vue d'une sociologie des mobilisations[434]. Faut-il dès lors, pour écarter de notre champ d'étude les agapes matutinales, définir l'action collective par sa ou ses finalités explicites ? Le remède serait sans doute pire que le mal, car comment être toujours certain que l'ensemble des acteurs, d'une manifestation par exemple, partagent les motivations explicitement idéologiques des leaders ou des organisateurs ? On peut plus facilement imaginer que, parmi ces manifestants, certains sont mobilisés par une organisation à laquelle ils appartiennent et dont ils partagent les buts, que d'autres se sentent concernés par la cause mise en avant par les slogans, mais aussi que d'autres encore veulent tirer parti de l'occasion pour affronter les forces de l'ordre. La liste n'est évidemment pas limitative. Cet exercice divinatoire, hors de tout dispositif d'enquête, est d'ailleurs assez vain. Il est donc nécessaire de s'en remettre à une problématique ouverte, la plus large possible, centrée sur la question des formes contemporaines de l'action de l'action collective. Au préalable, nous effectuerons quelques rappels sur les outils d'analyse de l'action collective proposés par les sciences sociales.

a) Les théories de l'action collective

La diversité, et parfois la surenchère, théorique font de l'action collective un domaine de recherche où l'abondance de biens peut aujourd'hui nuire à l'ambition pédagogique. C'est donc à une présentation succincte de cette littérature à laquelle je me livrerai[435], en abordant successivement deux questions : le paradoxe de l'action collective et les conditions de la mobilisation.

---

[434] Gageons que, à l'opposé, les ethnométhodologues s'en délecteraient ! Sur ce courant d'analyse sociologique, voir GARFINKEL (H.), *Recherches en ethnométhodologie,* Paris, Presses Universitaires de France, 2007.

[435] Je renvoie donc pour le reste à des ouvrages spécialisés : MANN (P.), *L'action collective. Mobilisation et organisation des minorités actives*, Paris, Armand Colin, 1991 ; NEVEU (E.), *Sociologie des mouvements sociaux,* Paris, Éditions La Découverte, 1996 ; TARROW (S.) et TILLY (Ch.), *Politique(s) du conflit. De la grève à la révolution,* Paris, Presses de Sciences-Po, 2008 ;

(13) Le paradoxe de l'action collective

[133] C'est à un économiste américain néo-classique, Mancur Olson, que l'on doit l'exposé de ce paradoxe qui ne cesse de hanter depuis les nuits des spécialistes de l'action collective[436]... Le paradoxe de l'action collective résulte d'une caractéristique centrale des groupes mobilisés : la production de biens collectifs indivisibles. Prenons l'exemple d'une augmentation de salaires obtenue à l'issue d'une grève des employés d'une société. Celle-ci sera accordée à l'ensemble du personnel, de manière indifférenciée, y compris à ceux qui n'ont pas pris part au mouvement de grève. Or, nous dit Olson, si la participation à une action de groupe est toujours incertaine quant à ses résultats, les coûts individuels sont eux certains et, dans une large mesure, prévisibles. Il s'agit, dans le cas d'une grève, essentiellement des retenues sur salaires. Dans la logique d'une action rationnelle, tout salarié a donc intérêt à minimiser ses coûts individuels (et donc à ne pas faire grève) afin de bénéficier du bien collectif à moindre frais, action que Mancur Olson désigne comme celle du « passager clandestin ». Mais, si tous les salariés raisonnent ainsi, souhaitent obtenir un « ticket gratuit », il n'y aura jamais de grève : la rationalité individuelle fondée sur un calcul coût/avantage fait donc obstacle à l'action collective. Comment alors expliquer que, dans nos sociétés, l'action collective soit un phénomène si présent[437] ? Olson propose plusieurs cas où le paradoxe de l'action collective peut ne pas s'appliquer :

1° lorsque nous avons affaire à des groupes à même d'exercer une action coercitive sur leurs membres, la discipline de groupe dissuadant par avance les éventuels *free riders* ;

2° dans le cas de petits groupes dont les membres sont à même d'estimer à l'avance les effets négatifs de leur retrait de l'action et où les coûts d'organisation sont plus faibles, ce qui augmente par conséquent le bénéfice individuel attendu ;

3° lorsque le groupe est en mesure d'offrir à ses membres des « incitations sélectives » qui sont des biens divisibles. Ces biens sont d'autant plus incitatifs qu'ils sont proposés exclusivement par le groupe. Olson cite, à titre d'exemple, les contrats d'assurance proposés par le syndicat américain des médecins à ses adhérents.

Les limites de cette démonstration, très convaincante en apparence, sont pourtant de taille. Premièrement, elle s'inscrit dans le paradigme du choix rationnel commun aux économistes néo-classiques, c'est-à-dire que l'auteur

---

[436] OLSON (M.), *Logique de l'action collective,* Paris, Presses Universitaires de France, 1978 (1ère ed. 1965).
[437] BEROUD (S.) ea, *La lutte continue ? Les conflits du travail dans la France contemporaine,* Bellecombe-en-Bauges, Éditions du Croquant, 2008.

suppose que tous les acteurs sont à même d'anticiper et d'évaluer à la fois les coûts et les bénéfices de l'action de groupe. Cette posture théorique est démentie plus qu'à son tour par les travaux empiriques et fait l'objet de critiques épistémologiques continues[438]. Elle bénéficie néanmoins de l'emprise croissante de l'économie académique sur les sciences sociales[439]. Deuxièmement, Olson considère le militantisme comme un fait univoque qu'il limite d'ailleurs souvent à l'adhésion à une organisation. Les raisons qui poussent un individu à se joindre à un groupe ne peuvent se limiter au potentiel d'action affiché par le groupe, même si cela peut entrer en ligne de compte. En fait, envisagée au niveau individuel, les raisons de l'engagement sont souvent multiples et indistinctes - liens de camaraderie, recherche d'un entre-soi militant, réassurance au contact du groupe, fidélité familiale, etc. - et cette diversité est mal appréhendée par l'économisme un peu sec des adeptes du *rational choice* auquel on préférera la « connaissance par corps »[440] à laquelle nous incitent les sciences sociales.

[134] Si les dimensions de l'action de groupe sont multiples, il en va de même de leurs éventuelles rétributions. C'est ce que montre Daniel Gaxie à propos du militantisme partisan[441]. Les partis politiques ne concourent pas uniquement à la fourniture de biens collectifs qui seraient des visions du monde et de l'avenir collectif[442]. Ils fournissent également des biens privatifs comme des emplois de permanents, des emplois dans les collectivités locales, des accès privilégiés aux logements sociaux, etc., sans compter l'ensemble des ressources symboliques ajustées aux positions et aux trajectoires sociales des militants qui vont de la fierté ressentie à fréquenter des professionnels de la politique (en les tutoyant, voire en les rudoyant, au sein d'une réunion comme c'est la coutume dans les partis de gauche) à la prise de risque physique qu'impliquait il y quelques années encore le collage nocturne des affiches lors des campagnes électorales[443]. Daniel Gaxie attire notre attention sur la hiérarchie interne des postes au sein des partis politiques. En définissant les jalons des carrières

---

[438] MEADWELL (H.), « La théorie du choix rationnel et ses critiques », *Sociologie et sociétés,* XXXIV, 1, 2002, pp. 117-124 ; MOESSINGER (P.), « La théorie du choix rationnel : critique d'une explication », *Information sur les sciences sociales,* XXXI, 1, 1992, pp. 87-111.
[439] DELORI (M.), DESCHAUX-BEAUME (D.) et SAURUGGER (S.), dir., *Le choix rationnel en science politique. Débats critiques,* Presses universitaires de Rennes, 2009
[440] BOURDIEU (P.), *Méditations pascaliennes,* Paris, Éditions du Seuil, 1997, ch. 4. Cette connaissance fait appel à la notion d'*habitus* qui ne dissocie pas le sujet du corps biologique.
[441] GAXIE (D.), « Économie des partis et rétributions du militantisme », *Revue française de science politique,* XXVII, 1, 1977, pp. 123-154.
[442] *Cf.* sections 201 à 203.
[443] Quelques éléments sur un épisode tristement célèbre : http://www.ps-puteaux.com/?Pour-Memoire,107.

militantes et en récompensant la fidélité de ceux qui s'investissent dans l'organisation, les entreprises partisanes luttent contre le *turn-over* qui, plus que dans d'autres entreprises, menace en permanence la survie du groupe militant[444]. En multipliant les courants, les organisations annexes comme les mouvements de jeunesse[445] ou liés à un secteur professionnel particulier, les partis politiques multiplient les postes de (faible) responsabilité et les possibilités d'accomplir une carrière militante[446]. Cette multiplication des postes est assimilée par Daniel Gaxie à une « manipulation monétaire » car tous les postes créés ne permettent pas un accès immédiat à un mandat électif ou à un emploi permanent[447]. Dans ces conditions, l'adhésion à un parti politique est loin d'obéir à des affinités idéologiques et participe de logiques d'organisation qui légitiment la comparaison avec d'autre formes d'entreprises collectives.

[135] Cette comparaison est présente chez Albert O. Hirshman dont le cadre d'analyse met en évidence les tensions entre les organisations et leurs affiliés. Confrontés au « déclin » de leur organisation les salariés ou les adhérents vont devoir opter entre trois types de comportements : la loyauté, la défection et la prise de parole. Les dysfonctionnements d'une organisation ne vont pas uniquement susciter des départs, ou l'absence de participation comme nous le suggère le paradoxe d'Olson, mais peuvent aussi déboucher sur des formes de contestation interne. La question posée dès lors est de savoir quelles sont les conditions qui vont favoriser telle ou telle de ces issues possibles. Pour Hirschman, la défection s'apparente le plus souvent à un refus individuel, à un retrait sur l'Aventin ou au profit d'une autre organisation. La prise de parole, elle, qu'il définit comme « toute tentative visant à modifier un état de fait jugé insatisfaisant »[448], est productrice d'action collective. En fait, il est nécessaire de

---

[444] Sur les difficultés longtemps rencontrée par les écologistes français, voir SAINTENY (G.), « La rétribution du militantisme écologiste », *Revue française de sociologie,* XXXVI, 3, 1995, pp. 473-498.

[445] BARGEL (L.), *Aux avant-postes. La socialisation au métier politique dans deux organisations de jeunesse de parti : Jeunes populaires (UMP) et Mouvement des jeunes socialistes (PS),* Thèse de doctorat en science politique, Université Paris-I, 2008.

[446] JUHEM (Ph.), « Entreprendre en politique. De l'extrême gauche au PS : La professionnalisation politique des fondateurs de *SOS-Racisme* », *Revue française de science politique,* LI, 1-2, 2001, pp. 131-153.

[447] Sur les contraintes que font peser la professionnalisation du militantisme, voir LEFEBVRE (R.) et SAWICKI (F.), *La société des socialistes,* Bellecombe-en-Bauges, Éditions du Croquant, 2006 ; PELLETIER (W.), « Positions sociales des élus et procès d'institutionnalisation des Verts », *Contretemps,* 4, mai 2002.

[448] HIRSCHMAN (A. O.), *Face au déclin des entreprises et des institutions,* Paris, Éditions ouvrières, 1972 (1ère ed. 1970), p. 36. Cet ouvrage a été réédité par les éditions Fayard sous le titre *Défection et prise de parole : théorie et application.* Voir aussi HIRSCHMAN (A. O.), *Vers une économie politique élargie,* Paris, Éditions de Minuit, 1986, pp. 57-87.

prendre en compte les règles de fonctionnement des organisations pour comprendre le jeu des acteurs. Certaines organisations très structurées encouragent la loyauté et ne laissent que peu de place à la prise de parole, c'est le cas des mouvements de type sectaire[449], mais aussi de la plupart des firmes commerciales[450]. D'autres, à l'inverse, accordent une grande place au débat interne et la prise de parole y est institutionnalisée au nom de la « démocratie interne ». Les acteurs sont donc rarement placés dans une situation où ils seraient à même de choisir de manière équivalente entre loyauté, défection et prise de parole. La prise de parole peut être également une étape qui, *in fine*, débouche sur la défection, ce que Hirschman a lui-même admis dans un article postérieur consacré à l'effondrement de la R.D.A.[451]. Qui plus est, même un comportement aussi simple en apparence que la loyauté peut prendre des formes très différentes et s'accompagner de formes partielles ou temporaires de résistance[452], d'apathie[453] ou de pragmatisme[454]. On suivra d'ailleurs sur ce point Patrick Lehingue qui estime que la loyauté est « le parent pauvre de [cette] trilogie conceptuelle »[455], comme si cette dernière n'était qu'une situation provisoire destinée à évoluer vers la défection ou la prise de parole. Au fond, le loyalisme n'a guère de valeur intrinsèque, ni d'intérêt pour l'analyse, s'il ne se transforme ultimement en prise de parole, attitude qui caractérise implicitement chez Hirschman, l'idée qu'il se fait du bon citoyen ou du bon consommateur. Le modèle proposé par Albert O. Hirshman demeure donc une approche très simplifiée du réel, encore très proche des présupposés des économistes sur les anticipations rationnelles des acteurs. Bien qu'il s'attribue lui-même « un certain penchant à l'auto-subversion »[456], Hirschman ne s'interroge pas sur la manière dont ce type de disposition est socialement produit. Ce modèle n'a donc d'intérêt que par les hypothèses d'analyse sociologique qu'il peut susciter et si l'on introduit en complément des éléments d'analyse contextuelle pour comprendre les logiques individuelles et collectives de la mobilisation.

---

[449] LUCA (N.), *Individus et pouvoirs face aux sectes,* Paris, Armand Colin, 2008.
[450] Pour un exemple de la littérature managériale sur le sujet, voir REICHHELD (F. F.), *L'effet loyauté. Réussir en fidélisant ses clients, ses salariés et ses actionnaires,* Paris, Dunod, 1999.
[451] HIRSCHMAN (A. O.), « Exit, Voice, and the Fate of the German Democratic Republic : An Essay in Conceptual History », *World Politics,* XLV, 2, 1993, pp. 173-202.
[452] BOLTANSKI (L.) et CHIAPELLO (E.), *Le nouvel esprit du capitalisme,* Paris, Gallimard, 1999, p. 775.
[453] BAJOIT (G.), « Exit, voice, loyalty and apathy. Les réactions individuelles au mécontentement », *Revue française de sociologie,* XXIX, 2, 1988, pp. 325-345.
[454] BAJOIT (G.), *Pour une sociologie relationnelle,* Paris, Presses Universitaires de France, 1992.
[455] LEHINGUE (P.) « La *loyalty*, parent pauvre de la trilogie conceptuelle d'A. O. Hirschman », in LAROCHE (J.), dir., *La loyauté dans les relations internationales,* Paris, L'Harmattan, 2001, pp. 77-100.
[456] Titre français d'un de ses livres paru en 1995 chez Fayard.

(14) La mobilisation en théories

[141] Les mouvements de protestation aux États-Unis dans les années soixante ont largement stimulé les études sur les logiques de l'action protestataire et attiré l'attention sur ce qui se passait « dans la rue »[457]. Un des premiers à proposer une synthèse sur ce sujet a été Anthony Oberschall[458]. Le modèle qu'il propose met l'accent à la fois sur la dimension conflictuelle des mouvements sociaux et sur le rôle des leaders. Il comporte deux dimensions : une dimension verticale, le degré d'intégration d'une organisation au sein de la collectivité nationale, et une dimension horizontale, le type d'organisation. En combinant ces deux dimensions, Oberschall aboutit aux propositions suivantes :
- plus une collectivité est segmentée, c'est-à-dire confrontée à des groupes sociaux ayant à leur tête des élites distinctes, plus les chances de mobilisation seront élevées ;
- plus une organisation sera structurée, soit de manière communautaire, soit de manière associative, plus les chances de mobilisation seront élevées.

Partant de ces deux propositions, on peut présenter six cas de figure distincts :

A) collectivité intégrée et organisation de type communautaire. Le type A correspond à des sociétés où les liens de solidarité sont forts et où les leaders « traditionnels » assurent la prise en charge des revendications collectives.

B) collectivité segmentée et organisation faible. Le type B correspond aux sociétés de type méditerranéen où règne l'« amoral familism », c'est-à-dire une compétition entre différentes familles pour l'obtention et la monopolisation des ressources. L'absence de conscience collective, la force des liens clientélaires permettent ainsi à des « parrains » de s'affranchir de la tutelle de l'État.

C) collectivité intégrée et organisation de type associatif. Le type C correspond à la logique « classique » de la représentation par le biais de groupes organisés disposant, via leurs porte-paroles, d'un accès aux centres de décision. La mobilisation est plus routinière et assure, fréquemment, la satisfaction des demandes de ces groupes sociaux.

D) collectivité segmentée et organisation de type communautaire. Le type D correspond à des sociétés où coexistent des communautés

---

[457] BLOOM (A.), BREINES (W.), eds, « *Takin it to the streets* ». *A Sixties Reader,* New York, Oxford University Press, 2003.
[458] OBERSCHALL (A.), *Social Conflicts and Social Movements,* Englewood Cliffs, Prentice Hall, 1973.

dont certaines ont peu accès au centre. Le modèle colonial en est l'archétype ; la mobilisation des populations autochtones y prend souvent la forme de révoltes communautaires comme au Kenya à l'époque de la domination britannique.

E) <u>collectivité segmentée et organisation faible</u>. Le type E correspond aux émeutes survenues dans les ghettos des villes américaines comme celui de Watts à Los Angeles en août 1965. L'absence de leader et la faiblesse de l'organisation des habitants sont, dans un premier temps, un obstacle à la mobilisation, malgré un contexte économique et social favorable. Lorsque la mobilisation survient, le plus souvent à la suite d'un incident avec les forces de l'ordre, elle prend une forme violente et incontrôlée.

F) <u>collectivité segmentée et organisation de type associatif</u>. Le type F correspond aux mobilisations observées lors de la Révolution française qui s'appuient sur le réseau des clubs jacobins et sur les leaders apparus lors de la préparation des États généraux au cours des années 1788-89.

En montrant ainsi que les mobilisations varient à la fois en fonction du contexte et des rapports entre les groupes sociaux mobilisables, Anthony Oberschall établit un lien entre les formes de l'action collective et les types de ressources utilisables dans le cadre de l'action. L'importance accordée à la segmentation sociale permet ainsi de comprendre pourquoi certains groupes se mobilisent plus que d'autres, mais sans pour autant tomber dans une forme d'essentialisme qui fait des « classes dangereuses » le ressort de toute protestation. Pour Oberschall, ce qui est déterminant, c'est le rapport qu'entretiennent les différents segments d'une société avec le centre et leur capacité à se faire entendre dans le cadre des formes légitimes de la représentation politique. Toutefois, il ne va pas jusqu'à étudier de manière relationnelle la manière dont les différents groupes sociaux se définissent les uns par rapport aux autres. De ce fait, le lien segmentation-mobilisation reste assez mécanique. Le passage du groupe latent au groupe mobilisé suppose certes, comme le suggère Oberschall, un leader et des ressources matérielles. Mais il néglige la mémoire protestataire commune aux groupes sociaux, c'est-à-dire des ressources proprement symboliques dont la maîtrise n'est pas forcement liée aux deux dimensions de ce modèle. En effet, ce qui caractérise aussi le leadership des mouvements sociaux, c'est leur capacité à organiser et à manipuler des ressources symboliques en vue de construire le groupe, par exemple en faisant référence à des mobilisations[459] ou à des figures du passé en

---

[459] En se qualifiant de « spartakistes », les révolutionnaires allemands inscrivaient leur mouvement dans la filiation des révoltes d'esclaves menées par Spartacus ayant menacé l'Empire romain. Voir BADIA (G.), *Les spartakistes. 1918 : l'Allemagne en révolution,* Paris, Aden , 2008.

remontant parfois jusqu'à l'Antiquité[460].

[142] L'historien américain Charles Tilly tente d'intégrer de manière plus directe les institutions politiques dans son approche des mobilisations[461]. Le modèle d'analyse qu'il propose repose sur deux sous-systèmes : d'une part, un système politique formé par le gouvernement, les groupes ayant accès aux positions de pouvoir et leurs adversaires et, d'autre part, un processus de mobilisation des groupes sociaux. La mobilisation est dépendante à la fois de la structure interne des groupes (l'intensité des réseaux, l'unité du groupe, etc.) et de son degré d'organisation, et des opportunités qui se présentent à eux. Ces opportunités d'action collective sont évaluées selon un rapport coût/avantage : par exemple, la menace d'une répression va augmenter le coût prévisionnel de l'action envisagée, mais si et seulement si elle est perçue comme telle par les membres de l'organisation. L'intérêt de ce modèle est de montrer que l'action collective ne résulte pas uniquement de la force ou de la faiblesse objective de l'État ou de ses adversaires, mais de la relation entre ces deux sous-systèmes. C'est cette relation qui va déterminer la structure des opportunités. Ainsi, la fréquence des grèves sera la conséquence, d'un côté de la législation du travail et de la manière dont elle est utilisée par les dirigeants d'entreprise, et de l'autre de la capacité de mobilisation des organisations syndicales et des rapports qu'elles entretiennent avec le gouvernement. Mais là encore, la dimension institutionnelle apparaît quelque peu figée. Comme Oberschall qui fait référence de manière imprécise à un « centre » décisionnel, Charles Tilly articule sa démonstration autour d'un « pouvoir central » supposé puissant et agissant sans véritablement s'intéresser à ce qui se passe en pratique au sein du champ du pouvoir.

[143] De manière générale, l'ensemble des cadres théoriques que l'on peut regrouper sous le label de la mobilisation des ressources[462] reposent sur une conception très (trop ?) instrumentale de la mobilisation des groupes. Comme l'a relevé Michel Dobry, chez ces auteurs, « les ressources mobilisées sont considérées comme de simples moyens utilisés par les acteurs en vue d'atteindre certaines fins »[463]. Considérées indépendamment des relations sociales qui les déterminent – de manière évidente, les relations de classe dans les conflits du travail – et qui en déterminent la valeur relative en fonction de conjonctures

---

[460] KAMAMPALIKIS (N.), *Les Grecs et le mythe d'Alexandre. Étude psychosociale d'un conflit symbolique à propos de la Macédoine,* Paris, L'Harmattan, 2007.
[461] TILLY (Ch.), *From Mobilization to Revolution*, Reading, McGraw-Hill Companies, 1978.
[462] McCARTHY (J. D.), ZALD (M. N.), « Resource Mobilization and Social Movements: A Partial Theory », *American Journal of Sociology,* LXXXII, 1977, pp. 1212-1241.
[463] DOBRY (M.), *Sociologie... op. cit.*, p. 34.

variables, ces ressources apparaissent comme un stock qui serait à la disposition des acteurs désireux de se mobiliser. Contrairement, par exemple, à Charles Tilly qui les dote de « caractéristiques intrinsèques », il convient d'insister sur la valeur relative de ces ressources. Un responsable gouvernemental ayant des problèmes de santé pourra être décrié comme affaibli, stigmatisé comme incapable d'exercer ses fonctions. À l'inverse, s'il arrive, grâce à une habile campagne de communication, à lier ses problèmes de santé à son activité sportive et au dévouement dont il fait preuve dans le cadre de ses fonctions, ce qui apparaissait précédemment comme une ressource négative peut se transformer en ressource positive. Mais les choses seraient trop simples si l'on s'en tenait à un mécanisme simple d'inversion de la valeur des ressources. Ce qui est possible dans une conjoncture ne le sera pas dans une autre et aucun acteur ne peut prétendre connaître à l'avance la valeur effective des ressources qu'il tente de mobiliser à son profit ou au profit du groupe auquel il appartient. Ce caractère relatif de la valeur des ressources peut se décliner de deux manières :

1° En considérant que les ressources efficientes dans un espace social donné ne le sont pas toujours dans d'autres ;

2° En considérant que si les dominants ont intérêt à privilégier les ressources positives dont ils disposent, les plus démunis, au contraire, peuvent faire usage de ressources négatives.

Cécile Péchu montre ainsi dans sa thèse consacrée à l'organisation *Droit au logement* que la capacité à troubler l'ordre public peut s'avérer, dans certains contextes il est vrai, pertinente du point de vue de la mobilisation des « mal-logés » et contraindre les pouvoirs publics à l'action[464]. En provoquant des perturbations (par exemple, en empêchant l'accès à un bâtiment) ou par des actions symboliques qui donnent à voir la « misère du monde » (les campements dans des espaces publics), les ressources négatives mobilisées par les militants de cette organisation peuvent se transformer en « ressources morales »[465] efficientes. L'objectif est de solliciter des soutiens externes au mouvement initial (par exemple de partis politiques ou de syndicats) qui vont, par la suite, compenser le manque initial de légitimité de l'action entreprise et procurer une aide à la fois matérielle et symbolique au groupe mobilisé.

C'est pourquoi il apparaît nécessaire de lier toute analyse de la mobilisation de ressources à la prise en compte des mécanismes sociaux qui vont en déterminer les usages potentiels. Dès lors, la référence à un cadre théorique d'analyse, et aux hypothèses qu'il permet de formuler, ne peut jamais dispenser

---

[464]PECHU (C.), *Droit au logement. Genèse et sociologie d'une mobilisation,* Paris, Dalloz, 2007.
[465]CRESS (D. M.), SNOW (D. A.), « Mobilization at the Margins : Ressources, Benefactors and the Viability of Homeless Social Movement Organizations », *American Sociological Review,* LXI, 6, 1996, pp. 1089-1109.

le chercheur en science politique d'une étude empirique des pratiques inscrites dans les espaces sociaux auxquels il s'intéresse et, par suite, des formes variées que revêt dans ces espaces l'action collective[466].

b) Les formes contemporaines de l'action collective

[151] Il est toujours tentant, selon un penchant irrésistible propre à tous les observateurs du monde social, de privilégier les formes les plus visibles de l'agir collectif, comme les grèves[467] ou les manifestations de rue[468]. Symétriquement, les adeptes de la théorie du complot ne manqueront pas d'évoquer le rôle décisif d'organisations secrètes ou d'hommes de l'ombre[469]... La seule issue possible reste pourtant le recensement, aussi large que possible, de toutes les formes existantes d'action ou de mobilisation, qu'elles soient *a priori* légitimes ou non.

(15) Les groupes d'intérêt

[152] C'est aux États-Unis que la question des groupes d'intérêt est devenue, dès le tournant du XXe siècle, un élément central de l'analyse des systèmes politiques démocratiques et de leurs contradictions. Les politologues, à la suite d'Arthur F. Bentley[470], font le constat du rôle déterminant des *pressure groups* dans le processus de prise de décision par le Congrès. Cette problématique a été prolongée dans les années cinquante par des travaux d'inspiration behavioriste et par les spécialistes des élites[471]. Selon David B. Truman ces groupes se forment sur la base d'intérêts et d'attitudes « partagées » en lien avec la complexité croissante des sociétés contemporaines[472]. Les groupes d'intérêts sont envisagés, dans cette perspective, comme des réponses positives à des questions auxquelles les gouvernements ne donnent pas assez d'importance : David B. Truman, et d'autres après lui, ont ainsi étudié la manière dont les associations de fermiers américains ont régulièrement agi en faveur de la

---

[466] FILLIEULE (O.), MATHIEU (L.) et PECHU (C.), dir., *Dictionnaire des mouvements sociaux,* Paris, Presses de Sciences-Po, 2009.
[467] GROUX (G.) et PERNOT (J.-M.), *La grève,* Paris, Presses de Sciences-Po, 2008.
[468] FILLIEULE (O.) et TARTAKOWSKI (D.), *La manifestation,* Paris, Presses de Sciences-Po, 2008.
[469] AARONOVITCH (D.), *Voodoo Histories. The rôle of the Conspiracy Theory in Shaping Modern History,* Londres, Jonathan Cape, 2009. Ce qui ne veut pas dire pour autant que ces derniers n'existent pas, mais que leur action n'a que très rarement l'ampleur que ces théoriciens leur attribuent ! Voir, pour une intéressante mise au point circonstanciée, GILMORE (J.), *La République clandestine, 1818-1848,* Paris, Aubier, 1997.
[470] BENTLEY (A. F.), *The Process... op. cit.*
[471] *Cf.* section 97.
[472] TRUMAN (D. B.), *The Governmental Process. Political Interests and Public Opinion,* University of California Press, 1993 (1ère ed. 1951).

promulgation de lois protectionnistes[473].

[153] L'étude des groupes d'intérêts pose conjointement toute une série de problèmes de définition et de méthode. Des problèmes de définition tout d'abord. L'usage du mot anglais *lobby* est assez fréquent dans le langage courant. Ce terme est apparu aux États-Unis vers 1830 et il désigne de manière métaphorique les couloirs qui jouxtent les enceintes parlementaires. D'emblée le terme *lobby* acquiert une dimension péjorative, conformément à la stigmatisation par le président James Madison des « factions » qu'il définissait, dans une perspective que n'aurait pas reniée Jean-Jacques Rousseau comme « un certain nombre de citoyens, unis et dirigés par un sentiment commun de passion ou d'intérêt, contraire aux droits des autres citoyens ou aux intérêts permanents et généraux de la communauté »[474]. Selon un phénomène classique de retournement du stigmate, les professionnels de ce secteur revendiquent aujourd'hui le terme. C'est pourquoi, et au risque d'y inclure un nombre excessif de groupements, les spécialistes de science politique, après avoir importé et traduit le terme de « groupe de pression »[475], utilisent plus volontiers aujourd'hui la notion de groupe d'intérêt. Même si, comme le précise Michel Offerlé, « le vocabulaire de la science politique est tout entier un vocabulaire hanté et tenté par les obligations et les obligeances du monde social »[476], on retiendra donc comme critère initial de délimitation de ces groupes l'objectif affiché de défense d'intérêts.

Envisagés dès le départ comme des évolutions contraires au fonctionnement « normal » de la démocratie selon l'opposition, classique en théorie politique, entre intérêt général et intérêts particuliers, les groupes d'intérêt demeurent souvent étudiés sous cet angle pathologique. C'est particulièrement le cas en France où la rhétorique de l'intérêt général fait obstacle à une véritable approche scientifique de l'action de ces groupes. Plusieurs postures peuvent coexister

---

[473] HANSEN (J. M.), *Gaining Access. Congress and the Farm Lobby, 1919-1981,* University of Chicago Press, 1991.
[474] *The Federalist Papers,* n° 10 (1787) ; cité par MANENT (P.), dir., *Les libéraux,* Paris, Librairie Hachette, 1986, p. 300.
[475] En France, la réflexion sur les groupes de pression a été introduite à la fin des années cinquante par Georges Lavau et par Jean Meynaud. Au sein d'un ensemble plus vaste de groupes sociaux, ce dernier identifie des « groupes d'intérêt politiques » qu'il définit comme « ceux dont l'activité [s'exerce] dans la sphère publique » et qui relèvent de deux domaines particuliers : le monde des affaires et les Églises. Voir LAVAU (G.), « Political pressures by interest groups in France », in EHRMANN (H. W.), ed, *Interest Groups on Four Continents,* University of Pittsburgh Press, 1958, pp. 60-95 ; MEYNAUD (J.), *Les groupes de pression,* Paris, Presses Universitaires de France, « que sais-je ? », 1960 ; MEYNAUD (J.), *Nouvelles études sur les groupes de pression en France,* Paris, Armand Colin, 1962.
[476] OFFERLÉ (M.), *Sociologie des groupes d'intérêt,* Paris, Montchrestien, 1994, p. 21.

néanmoins : une forme d'ignorance savante que l'on retrouve dans l'approche institutionnaliste qui sous-traite en quelque sorte le problème aux spécialistes du droit des associations, des dénonciations plus ou moins informées et bien souvent inspirées par la quête de profits éditoriaux[477], une accommodation politique sous la bannière de la théorie néo-corporatiste[478] ou au nom de la défense des entreprises[479]. Pour sortir de ces apories, il est nécessaire d'envisager la construction sociale des intérêts comme un élément de l'analyse plus vaste de la construction de l'État parlementaire, et ce pour trois raisons :

1° Il n'y a pas de raison de différencier a priori différentes formes de groupement, pour parler comme Max Weber, quelles que soient les étiquettes et les apparences qu'ils adoptent : partis politiques, syndicats, associations, églises, etc[480].

2° L'analyse sociologique des groupes d'intérêt doit d'abord porter sur les agents mobilisés, sur leurs trajectoires sociales, sur leurs ressources et sur les positions qu'ils vont réussir à conquérir dans différents espaces sociaux.

3° La construction sociale d'intérêts particuliers n'est pas uniquement le fruit du travail des groupes mobilisés à ces fins, mais aussi de luttes de définition et de « transactions collusives »[481] avec les agents de l'État (ou de l'Union Européenne) auxquels ils sont confrontés et qui vont ensemble définir les contours de l'action publique[482].

On retiendra donc comme définition préalable les éléments suivants : les groupes d'intérêt sont des groupements présents dans différents espaces sociaux, et dont une partie de l'activité les voit se comporter comme des groupes de pression[483], notamment lorsqu'ils sont en contact, c'est-à-dire le plus souvent en

---

[477]CONSTANTY (H.) et NOUZILLE (V.), *Députés sous influences. Le vrai pouvoir des lobbies à l'Assemblée nationale,* Paris, Fayard, 2006. La couverture du livre comporte un large bandeau sur lequel on peut lire : « Pour qui roule vraiment votre élu ? ».

[478]LEHMBRUCH (G.), SCHMITTER (P.), eds, *Patterns of Corporatist Policy-Making,* Londres, Sage, 1982 ; RUFFAT (M.), « À quoi sert le néocorporatisme ? », *Vingtième Siècle,* 13, 1987, pp. 95-104 ; WILSON (F.), « Les groupes d'intérêt sous la Ve République : test de trois modèles théoriques de l'interaction entre groupes et gouvernement », *Revue française de science politique,* XXXIII, 4, 1983, pp. 220-254.

[479]*Livre bleu du lobbying,* Rapport d'information n° 613 présenté par M. Jean-Paul Charié, Assemblée nationale, Commission des affaires économiques, janvier 2008.

[480]Pour une illustration de la plasticité de ces groupements : RICHARDSON (J.), « The Market for Political Activism Interest Groups as a Challenge to Political Parties », *West European Politics,* XVIII, 1, 1995, pp. 116-139.

[481]Que Michel Dobry définit comme des « échanges entre acteurs situés dans des secteurs ou des "champs" différenciés et autonomes de nos sociétés ». DOBRY (M.), « Valeurs, croyances et transactions collusives. Notes pour une réorientation de l'analyse de la légitimation des systèmes démocratiques », in SANTISO (J.), dir., *À la recherche de la démocratie. Mélanges offerts à Guy Hermet,* Paris, Éditions Karthala, 2002, p. 104.

[482]*Cf.* chapitre 3.

[483]Conformément à la définition classique, mais par trop restrictive, du groupe de pression

conflit objectif, avec des détenteurs de position centrales au sein du champ du pouvoir. Tout groupe d'intérêt est à la fois un groupe qui va exercer des pressions, plus ou moins licites, et un porte-parole potentiel des membres du groupe qu'il contribue à définir et à objectiver dans l'espace social. Quant aux modalités de leur action, elles varient en fonction de conjonctures gouvernementales, de rapports de force et des coalitions temporaires qui peuvent en résulter. Ces remarques doivent nous conduire à résister, une fois encore, à la tentation typologique au profit d'une analyse concrète des conditions d'action de ces groupes, c'est-à-dire des pratiques de représentation et de pression, étant entendu qu'il est parfois difficile de différencier les deux.

[154] Les associations patronales sont emblématiques de la représentation organisée d'intérêts. Au XIXe siècle, il s'agissait de regroupements sectoriels créés afin d'obtenir une meilleure protection douanière, ou à l'inverse des tarifs moins élevés, pour tel ou tel produit ou gamme de produits[484], certains ont même acquis un caractère permanent comme le célèbre *Comité des forges*. Au XXe siècle, des associations plus vastes se sont formées à l'instar de l'*Union des Industries Métallurgiques et Minières* (U.I.M.M.)[485], regroupement de syndicats patronaux créée en 1901 pour faire pièce au projet du ministre du travail d'alors, Alexandre Millerand[486], qui voulait créer par la loi des « conseils du travail » associant patrons et ouvriers pour faciliter des « accords syndicaux et les conventions générales entre intéressés » et « fournir en cas de conflits collectifs des médiateurs compétents »[487]. Grâce aux démarches effectuées auprès des sénateurs du groupe de la *Gauche républicaine* et à un recours en annulation devant le Conseil d'État, ces conseils n'ont jamais vu le jour... La création de l'U.I.M.M. témoigne bien entendu de la monte en puissance du patronat de la « seconde industrialisation » française car les cotisations des entreprises aux syndicats professionnels et la répartition des postes étaient fonction du nombre d'ouvriers[488]. L'efficacité, jamais démenti jusqu'à ces dernières années, de

---

proposée par Raymond Boudon : « coalition occasionnelle ou permanente, formée par des acteurs sociaux, pour arracher au pouvoir politique des exemptions et des privilèges ». BOUDON (R.), dir., *Traité de sociologie,* Paris, Presses Universitaires de France, 1992, p. 62.

[484]TODD (D.), *L'identité économique de la France. Libre-échange et protectionnisme, 1814-1851,* Paris, Grasset, 2008, ch. 14.

[485] Rebaptisée depuis 2001 *Union des industries et des métiers de la métallurgie.* http://www.uimm.fr/

[486] Avocat, ancien défenseur des mineurs de Carmaux en 1892, il était membre du cabinet Waldeck-Rousseau formé à la suite de l'affaire Dreyfus. Voir REBERIOUX (M.), *La République radicale ? 1898-1914,* Paris, Éditions du Seuil, « Nouvelle histoire de la France contemporaine », 1975, p. 75 et s.

[487]http://www.travail-solidarite.gouv.fr/IMG/pdf/Les_circulaires_Millerand_de_1900.pdf

[488]LEVY-LEBOYER (M.), dir., *Le patronat de la seconde industrialisation,* Paris, Les éditions

l'U.I.M.M. n'est toutefois pas seulement une affaire de moyens financiers. L'influence des patrons de la métallurgie résulte également de leur proximité avec les professionnels de la politique. Robert Pinot, qui fut son secrétaire général dans l'entre-deux-guerres, était l'ami de Joseph Caillaux, plusieurs fois ministre des finances, et de Raymond Poincaré, président de la République et plusieurs fois président du Conseil[489]. Son prédécesseur, Alfred Lambert-Ribot, avait côtoyé Léon Blum au Conseil d'État : il fut donc intégré à la délégation patronale lors des négociations dites de « Matignon » consécutives aux grèves de juin 1936 et au moment où le leader de la S.F.I.O. venait de prendre en charge le gouvernement. L'U.I.M.M. a toujours tenu sous surveillance le travail parlementaire pour éviter qu'une législation sociale ou fiscale contraignante ne visse le jour. Lorsque, malgré ses interventions, une loi ou un décret était promulgué, ses services s'empressaient de diffuser auprès de ses adhérents des notes juridiques détaillant les moyens d'en limiter ou d'en contester l'application devant les tribunaux. Par contre, l'U.I.M.M. a soutenu, en 1928, la législation sur l'apprentissage, et, en 1932, celle sur les allocations familiales, car elles contribuaient à stabiliser la main d'œuvre ouvrière au sein des entreprises. L'U.I.M.M a également mis en place un système d'assurance volontaire contre les grèves ouvrières sous la forme d'une caisse de secours dont les fonds sont redistribués aux entreprises dont l'activité se trouve entravée : entre 1920 et 1922, elle y consacre près de cinq millions et demi de francs, ce qui correspond à environ huit-cent grèves selon l'estimation de Danièle Fraboulet[490]. Cette caisse aurait existé jusqu'en 2007[491]. Après 1945 et la nationalisation d'une partie des entreprises du secteur de la métallurgie, l'U.I.M.M privilégie les contacts avec les syndicats « réformistes » - F.O. et la C.T.F.C. principalement - pour contrebalancer l'influence de la C.G.T.[492]. Les relations directes de ses dirigeants avec plusieurs leaders syndicaux tranchaient avec la réserve habituelle du monde patronal, contribuant ainsi à asseoir son influence au sein du C.N.P.F puis du MEDEF[493]. Soucieuse de son image, l'U.I.M.M. a également publié pour son centenaire, en 2001, un luxueux ouvrage commémoratif avec la

---

ouvrières, 1979.

[489] FRANÇOIS-PONCET (A.), *La vie et l'œuvre de Robert Pinot,* Paris, Armand Colin, 1927.

[490] FRABOULET (D.), *Quand les patrons s'organisent. Stratégies et pratiques de l'Union des industries métallurgiques et minières. 1901-1950,* Villeneuve-d'Ascq, Presses du Septentrion, 2007.

[491] DELACROIX (G.), *Enquête sur le patronat. Dans les coulisses du scandale MEDEF/UIMM,* Paris, Plon, 2009, p. 253 et s.

[492] En retour, ces derniers n'hésitent pas à célébrer les vertus de l'U.I.M.M ; voir ADAM (G.), *Regards croisés sur l'UIMM,* Paris, ADASE éditeur, 2000.

[493] Sur l'histoire des organisations patronales en France, voir OFFERLE (M.), *Sociologie des organisations patronales,* Paris, Éditions La Découverte, 2009.

collaboration d'universitaires réputés[494]. Sans verser dans les mythologies auxquelles l'action des groupements patronaux a parfois donné naissance[495], force est donc de reconnaître leur capacité durable d'influence[496].

Si l'activité des organisations patronales est le plus souvent unilatérale, l'action des groupes d'intérêts peut parfois prendre la forme de coalitions temporaires qui sont autant d'alliances improbables. Dans la France des années cinquante, l'opposition au *Coca-Cola* mobilisa à la fois des militants communistes, au nom de la lutte contre « l'impérialisme américain » et les organisations professionnelles dont les produits risquaient d'être concurrencés par la stratégie commerciale agressive de la firme d'Atlanta. Le 29 août 1949, une note du ministère des finances estimait que les fabricants de jus de fruit « sont vraiment émus par l'introduction en France d'une boisson (…) soutenue par une publicité massive, à l'américaine, d'un coût et d'un volume tels que nul producteur français n'a la possibilité de suivre la société américaine sur ce terrain »[497]. L'anti-américanisme[498] dissimulait aussi des enjeux commerciaux internes, la société *Pernod* – bien connue alors pour ses boissons anisées – ayant accepté de distribuer le *Coca-Cola* dans la région de Marseille. En mars 1950, l'*Union nationale des producteurs de jus de fruit* tenta de le faire interdire pour infraction à la législation sur les produits pharmaceutiques[499]. Parmi les experts mobilisés par les multiples procédures qui suivirent[500], on recensait au coude à coude un cadre de la société *Perrier* et un militant du *Mouvement de la Paix*, organisation proche du P.C.F. La multinationale américaine finit par obtenir gain de cause auprès des tribunaux, mais la conquête de l'opinion fut sans doute plus lente que prévue par les responsables du marketing : en 1953,

---

[494] La dimension apologétique est présente dès l'introduction dans laquelle Jacques Marseille souligne à la fois la modestie et l'ampleur des résultats obtenus par cette organisation, « fait capital qu'il faut souligner, tant il est contraire aux présupposés d'une historiographie largement confisquée par les adversaires du patronat et d'une actualité marquée, dans l'opinion, par une contestation des principes économiques dont le bien-fondé semble pourtant évident aux dirigeants des entreprises ». MARSEILLE (J.) dir., *L'UIMM. Cent ans de vie sociale,* Paris, ADASE éditeur, 2000, pp. 9-10.

[495] MOINE (J.-M.), « Le Comité des forges pendant l'entre-deux-guerres. Contre-mesures au mythe d'un groupe de pression croquemitaine », in GARRIGUES (J.), dir., *Les groupes de pression dans la vie politique contemporaine en France et aux États-Unis de 1820 à nos jours,* Presses Universitaires de Rennes, 2002, pp. 169-192.

[496] OFFERLE (M.), *Sociologie... op. cit.*, p. 94 et s.

[497] Note citée par WALL (I. M.), *L'influence américaine sur la politique française, 1945-1954,* Paris, Éditions Balland, 1989, p. 181.

[498] ROGER (Ph.), *L'ennemi américain. Généalogie de l'antiaméricanisme français,* Paris, Éditions du Seuil, 2002.

[499] Une loi française de 1905 fait obligation de faire figurer la composition exacte des spécialités pharmaceutiques sur les étiquettes.

[500] WALL (I. M.), *L'influence... op. cit.*, p. 186.

61 % des personnes interrogées par un institut de sondage se déclaraient défavorables au *Coca-Cola*...[501]

Dans certains cas, la formation et la structuration de groupe d'intérêts a pour origine l'État lui-même. L'exemple le plus emblématique est certainement le *Conseil Français du Culte Musulman* (C.F.C.M.) dont la création en 2003 résulta du volontarisme du ministère de l'intérieur de l'époque Nicolas Sarkozy. Une logique comparable a prévalu concernant les retraités. Si dans certains pays, la cristallisation de ce groupe s'est effectuée par le biais de syndicats ou de partis politiques, en France, le « pouvoir gris »[502] a été en grande partie canalisé par des institutions d'État : le conseil national et les comités départementaux créés par le décret du 4 août 1982. Il s'agissait, à cette époque, de faire droit à des revendications concernant la réversion et la revalorisation des pensions face à l'inflation. Cette représentation des intérêts instituée par le haut s'apparente au modèle néo-corporatiste[503]. Ces structures « sont reconnues, et, parfois, créées par l'État, qui leur accorde un monopole de représentation dans leur secteur spécifique en échange d'un certain contrôle dans les processus de sélection des dirigeants et de formulation des demandes politiques »[504]. L'objectif principal des agents des secteurs concernés de l'administration d'État est de disposer d'interlocuteurs stables, informés et surtout en mesure de légitimer les décisions prises.

À l'inverse, il existe des groupes d'intérêt dont l'action est surtout dirigée contre les agents et les administrations d'État[505]. L'action des syndicats de viticulteurs du midi a ainsi été durablement marquée par le recours à des formes d'action directe, et ce depuis la révolte emblématique de 1907[506]. Celle-ci est d'ailleurs devenue une ressource symbolique qui sert à légitimer l'opposition récurrente contre les décisions prises depuis la capitale... Plus près de nous, en juin 1953, dans un contexte de baisse des prix et de concurrence des vins rouges

---

[501]KUISEL (R.), « Coca-Cola au pays des buveurs de vin », *L'Histoire,* 94, 1986, pp. 22-28.

[502]VIRIOT-DURANDAL (J.-Ph.), *Sociologie des groupes de pression de retraités. Le pouvoir gris,* Paris, Presses Universitaires de France, 2003.

[503]SCHMITTER (Ph. C.), « Still the Century of Corporatism ? », *Review of Politics*, XXXVI, 1, 1974, pp. 85-131.

[504]GROSSMAN (E.) et SAURUGGER (S.), « Les groupes d'intérêt au secours de la démocratie ? », *Revue française de science politique,* LVI, 2, 2006, p. 313.

[505]Bien que, là encore, les fantasmes et les controverses partisanes en constituent souvent le soubassement, il est aussi possible d'étudier avec les outils de la science politique le rôle des groupes d'intérêts dans les relations entre États. MEARSHEIMER (J. J.) et WALT (S. M.), *Le lobby pro-israélien et la politique étrangère américaine,* Paris, Éditions La Découverte, 2007 ; SMITH (T.), *Foreign Attachments. The Power of Ethnic Groups in the Making of American Foreign Policy,* Cambridge, Harvard University Press, 2000.

[506]CHARLE (Ch.), *Histoire sociale de la France au XIXe siècle,* Paris, Éditions du Seuil, 1991, pp. 167-168 ; SAGNES (J.), dir., *La révolte du Midi viticole cent ans après, 1907-2007*, Presses universitaires de Perpignan, 2008.

produits en Algérie, est formé un *Comité régional de salut viticole* qui se distingue en appelant à des barrages sur les routes, mode d'action alors inédit[507]. Plusieurs centaines de ces barrages sont formés dans l'Hérault et dans l'Aude, puis, par effet de contagion, dans le Gard et dans les Pyrénées-Orientales. Bien souvent, le maire ceint de son écharpe tricolore et le curé y participent au côté des viticulteurs. Ce mouvement ne faiblira pas durant les décennies suivantes, les plus viticulteurs les plus jeunes ont souvent recours à un registre violent et ne craignent guère les affrontements avec les C.R.S. ou les gendarmes mobiles. Ils créent des *Comités d'action viticole* qui revendiquent le plasticage de voies ferrées, la destruction de caves de négociants qui importent des vins italiens, le sabotage de lignes téléphoniques, etc. En 1967, ces comités locaux se regroupent au sein d'un comité régional. À cette époque, dans chaque village du midi viticole, il existe un groupe de jeunes gens prêts à mobiliser la population pour des opérations « région morte » ou à former des « commandos » pour des actions spectaculaires[508]. Comme le souligne Olivier Dedieu, « la génération qui accède, dans les années 1960, à la direction des institutions représentatives de la viticulture, n'a pu émerger qu'en jouant le rôle d'activateurs de la crise »[509]. La convocation devant un tribunal correctionnel est le premier titre de gloire, et par conséquent un élément du capital de représentation, de ces leaders méridionaux. Ce cycle d'action violente, que la presse d'alors nomme « guerre du vin » va déboucher sur un épisode tragique : la fusillade de Montredon en mars 1976 qui fait deux morts et plusieurs dizaines de blessés. Une telle radicalisation, qui fait suite à l'épisode de la cave d'Aléria en Corse l'année précédente[510], est un exemple caractéristique de la « fuite en avant » de groupes d'intérêts qui ne trouvent pas d'interlocuteurs. Dans une logique de dramatisation, la question viticole devient à nouveau un enjeu politique. Les syndicats ouvriers et les partis de gauche dénoncent l'attitude du ministre de l'intérieur. Devant la persistance de la mobilisation locale – le 29 avril, 300 000 personnes défilent à Montpellier – le gouvernement renonce d'ailleurs à poursuivre les responsables présumés de la fusillade. En fait, à partir de là, les deux parties en présence vont modifier leur répertoire d'action et tenter d'établir des modalités apaisées de négociation et de représentation des intérêts. Une partie des viticulteurs rejoint

---

[507] Les informations qui suivent proviennent des travaux de Jean-Philippe Martin. Martin (J.-Ph.), *Les Syndicats de viticulteurs en Languedoc [Aude et Hérault] de 1945 à la fin des années 1980,* Thèse de doctorat en histoire, Université de Montpellier, 1994.

[508] Beaucoup de ces jeunes viticulteurs avaient effectué leur service militaire en Algérie, d'où leur familiarité avec ces formes d'action.

[509] Dedieu (O.), « Les élus locaux face à la crise du vignoble languedocien durant la IVe République », in Nicolas (F.), sd, *La Grappe au Poing. Les socialistes languedociens et la question viticole,* Nîmes, Champ Social Éditions, 2007, p. 80.

[510] http://www.ina.fr/video/RAC99000920/l-arc-occupe-une-cave-viticole-a-aleria.fr.html

la *Fédération Nationale des Syndicats d'Exploitants Agricoles* (F.N.S.E.A.)[511], interlocuteur unique des pouvoirs publics concernant les questions agricoles[512] et qui dispose d'une antenne auprès de la C.E.E. à Bruxelles. Même si les formes d'action collective violentes n'ont pas disparu dans le midi viticole[513], elles se situent désormais à l'écart des groupes qui tentent de défendre les intérêts spécifiques d'une profession ou d'une région. Cet exemple montre bien comment la représentation de ces intérêts et la reconnaissance, par des administrations d'État, de groupes structurés participent de la forclusion de la violence « privée » et de l'exercice du monopole de la violence légitime par l'État. Il montre aussi, soit dit en passant[514], combien il est illusoire de séparer en pratique l'étude de l'action collective de celle des groupes d'intérêt.

[155] Les groupes d'intérêts sont particulièrement bien représentés au sein des institutions qui composent l'Union Européenne. Le registre ouvert par la Commission européenne recensait 1657 « représentants d'intérêts » en juillet 2009[515], mais des estimations antérieures faisaient état d'environ 3000 groupes d'intérêts dont 200 étaient des entreprises et 500 des cabinets-conseils[516]. Les actions de *lobbying* sont d'ailleurs envisagées de manière très positive par les responsables de l'U.E. qui les considèrent comme une sorte de substitut de l'introuvable opinion publique européenne... Selon le *Livre vert sur la transparence* du 3 mai 2006 : « Le lobbying est une activité légitime dans le cadre d'un système démocratique, qu'elle soit menée par des citoyens ou des entreprises, des organisations de la société civile et d'autres groupes d'intérêts ou par des entreprises travaillant pour le compte de tiers (spécialistes des

---

[511] LUNEAU (G.), *La forteresse agricole. Une histoire de la FNSEA,* Paris, Fayard, 2004 ; MAYANCE (P.), « Défendre "l'agriculture" ou les "employeurs agricoles" ? La FNSEA ou l'ambiguïté d'un syndicat "d'exploitants" », *Savoir/Agir,* 10, 2009, pp. 23-32.

[512] KEELER (J. T. S.), *The Politics of Neocorporatism in France. Farmers, the State and Agricultural Policy-Making in the Fifth Republic,* Oxford University Press, 1987.

[513] http://www.midilibre.com/articles/2009/05/11/20090511-Actions-du-CRAV-Plusieurs-degradations-revendiquees-par-le-comite-regional-d-action-viticole.php5 ;
À inscrire dans la perspective d'ensemble proposée par DUCLOS (N.), *Les violences paysannes sous la Cinquième République,* Paris, Éditions Economica, 1988.

[514] C'est un des effets regrettables de la division du travail au sein de la recherche en science politique que de traiter séparément les formes légitimes d'action et celles qui le sont moins... alors même que ce sont les pratiques de définition de ces critères de légitimation et de démarcation qui devraient retenir notre attention en priorité.

[515] Selon une étude réalisée par le cabinet *Anthenor Public Affairs* citée par *Le Monde* du 22 juillet 2009. À titre de comparaison, aux États-Unis, le nombre d'entreprises de *lobbying* est estimé à 15 000.

[516] MICHEL (H.), *Lobbyistes et lobbying de l'Union européenne. Trajectoires, formations et pratiques des représentants d'intérêts,* Presses Universitaires de Strasbourg ; VAYSSIERE (B.), *Groupes de pression en Europe. Europe des citoyens ou des intérêts ?,* Toulouse, Privat, 2002.

affaires publiques, groupes de réflexion et avocats) »⁵¹⁷. Au fond, l'activité des groupes d'intérêts européens a suivi, et parfois précédé, l'extension des compétences des administrations bruxelloises depuis les années cinquante. Dès 1958, un an après la signature du Traité de Rome, était créé *Eurochambres* qui représente les chambres de commerce et d'industrie des pays membres⁵¹⁸. La plupart des entreprises sont aujourd'hui représentées soit par des associations professionnelles, soit par des cabinets-conseils qui assurent une veille juridique et qui prennent en charge des interventions ponctuelles, lors de l'élaboration d'une directive par exemple. L'objectif de ces différents représentants d'intérêts est de faire valoir et prévaloir une expertise auprès de leurs interlocuteurs institutionnels ⁵¹⁹. L'inventaire des groupes concernés peut être assez savoureux... En voici un bel exemple : *Eurotoques*, créé en 1986 par un chef cuisinier belge, Pierre Romeyer, afin de combattre l'uniformisation du goût et sauvegarder les cultures gastronomiques locales⁵²⁰. Cette association s'est ainsi opposée à une directive de la Commission européenne qui n'autorise, pour des raisons sanitaires, la vente du gibier qu'une fois nettoyé de ses poils et de ses plumes ! Ce cas pittoresque ne doit pas cependant nous faire perdre de vue l'essentiel : ce sont surtout les grandes entreprises qui sont représentées à ce niveau⁵²¹.

(16) La défense des causes et le militantisme

[161] Le terme de cause a, dans la langue française, une connotation juridique indéniable. Il fait également référence à une forme ancienne de mobilisation dont l'archétype est l'affaire Calas⁵²². La manière dont Voltaire, qui n'était pas un homme de loi, a transformé une affaire pénale en combat pour la tolérance et contre l'intransigeance de l'Église catholique est l'archétype du processus de transformation d'une affaire judiciaire en cause politique. La cause est donc une forme historiquement déterminée de lutte politique qui se caractérise principalement par le refus d'un confinement à l'arène judiciaire⁵²³,

---

⁵¹⁷http://ec.europa.eu/commission_barroso/kallas/doc/com2006_0194_4_fr.pdf
⁵¹⁸http://www.eurochambres.be
⁵¹⁹SAURUGGER (S.), « L'expertise : un mode de participation des groupes d'intérêt au processus décisionnel communautaire », *Revue française de science politique,* XXXXVI, 3, 2002, pp. 375-401.
⁵²⁰http://www.eurotoques.org
⁵²¹Pour une approche des pratiques revendiquées par les représentants d'intérêts, voir les différents témoignages recueillis par DE BEAUFORT (V.), *Lobbying, portraits croisés. Pour en finir avec les idées reçues,* Paris, Éditions Autrement, 2008, pp. 20-60.
⁵²²CLAVERIE (E.), « Procès, affaire, cause. Voltaire et l'innovation critique », *Politix,* 26, 1994, pp. 76-86.
⁵²³ On retrouve cette logique d'extension dans les scandales ; voir BOLTANSKI (L.) ea,

mais aussi par la mobilisation de ressources juridiques, par exemple sur le mode de l'expertise. C'est bien entendu l'affaire Dreyfus, à la fin du XIXe siècle, qui symbolise aujourd'hui la force de cette montée en généralité qu'implique la défense d'une cause, de la lutte solitaire des premiers soutiens du capitaine Dreyfus à la crise politique qui ébranla les institutions de la IIIe République[524]. Cette montée en généralité a pour objet d'élargir les questions posées aux juges tout en faisant appel à tous les moyens disponibles pour défendre la cause, du vibrant appel de Zola dans *L'Aurore* aux expertises graphologiques des pièces de l'accusation. La défense du capitaine Dreyfus reposa certes sur des professionnels du droit, au premier rang desquels des avocats, mais aussi sur le soutien d'un groupe de savants, d'écrivains et de savants qui s'est constitué pour et par cette occasion et que l'on nomme depuis « intellectuels »[525].

[162] Comment analyser sociologiquement la défense des causes ? Il existe aux États-Unis un courant d'analyse (*cause lawyering*) qui met l'accent sur les pratiques « militantes » des professionnels du droit[526]. Le « cause lawyer » se caractérise par une adhésion forte à l'affaire qu'il défend, à l'inverse de ses confrères qui mettent en avant l'éthique professionnelle de la neutralité. Le plus souvent, il le fait au nom de la justice sociale. Des juges vont mettre en cause des dirigeants d'entreprise ou des avocats vont défendre des clients appartenant à des minorités ou des « victimes » du travail et faire appel aux médias pour donner une résonance publique à leur cause[527]. Ce phénomène n'est pas propre aux États-Unis. Par le passé, on a pu voir des avocats israéliens défendre des combattants palestiniens devant des tribunaux militaires au nom de la défense des droits de l'homme. L'usage militant de ressources juridiques n'est d'ailleurs pas une nouveauté en soi mais, contrairement à des usages et à des pratiques antérieures (comme l'entrée dans le champ politique[528]), ce nouveau répertoire d'action s'inscrit de part en part dans un espace professionnel. Deux dimensions structurent ce répertoire selon l'analyse qu'en a récemment proposé Liora Israël : « de nouvelles formes de relation professionnelles compatibles avec leur analyse des relations entre droit et société », mais surtout « de nouvelles formes

---

Affaires, scandales et grandes causes. De Socrate à Pinochet, Paris, Stock, 2007.

[524] Il existe une bibliographie considérable sur l'affaire Dreyfus. Parmi les derniers titres parus, voir DUCLERT (V.), *L'Affaire Dreyfus,* Paris, Larousse, 2009 ; HARRIS (R.), *Dreyfus. Politics, Emotion and the Scandal of the Century,* New York, Metropolitan, 2010.

[525] CHARLE (Ch.), *Naissance des intellectuels,* Paris, Éditions de Minuit, 1980.

[526] ISRAËL (L.), « Usages militants du droit dans l'arène judiciaire : le cause lawyering », *Droits & Société,* 49, 2001, pp. 793-824.

[527] CAM (P.), « Juges rouges et droit du travail », *Actes de la recherche en sciences sociales,* 19, 1978, pp. 2-19.

[528] WILLEMEZ (L.), *Des avocats en politique. Contribution à une socio-histoire de la profession politique en France,* Thèse de doctorat en science politique, Université Paris-I, 2000.

d'activité en accord avec leurs idéaux, que ce soit en fondant des organisations syndicales ou militantes, en travaillant en soutien juridique auprès de divers groupes »[529]. En travestissant la formule classique de Max Weber, on pourrait dire que ces professionnels du droit vont vivre *pour* la politique et *du* droit. L'activisme des professionnels du droit peut parfaitement se conjuguer avec des stratégies professionnelles[530].

Cette forme d'activisme n'est pas si éloignée de l'engagement humanitaire qui s'est développé dans les pays occidentaux depuis les années soixante-dix. Dans ce cas aussi, le sociologue peut faire le constat de ruptures, perceptibles mêmes dans les trajectoires sociales individuelles des agents sociaux[531], avec des formes plus anciennes de militantisme. Par ailleurs, le rôle de plus en plus important – à la fois sur le plan matériel et sur le plan symbolique – des ressources juridiques, dans les luttes politiques, y compris au sein des entreprises les plus contestataires de l'ordre politique, ne cesse de transformer les pratiques militantes. Au nom d'une vision prophétique d'un monde régi par le droit[532], souvent résumée par la formule de la « défense de l'État de droit », des militants d'extrême-gauche n'hésitent pas aujourd'hui à substituer au répertoire, sans doute jugé dépassé, de la lutte de classes, celui de la défense de causes ; ce dont témoignent les noms d'organisation tels que *Droit au logement* ou *Droits devant !* En politisant des expulsions locatives et en ayant recours aux moyens de défense que leur procurent les codes de procédure, ces militants associatifs se font aussi défenseurs de la cause du droit. C'est dire que des luttes ponctuelles, comme défendre des sans-papier menacés de reconduite à la frontière, sont aussi des luttes pour imposer une vision d'un monde régi par des règles de droit.

Ce phénomène est aussi présent dans les juridictions prud'homales étudiées par Laurent Willemez. Enquêtant sur les avocats spécialisés dans le droit du travail, il a mis en évidence « l'imbrication » au niveau individuel des engagements professionnels et politiques[533]. De plus, l'engagement dans la

---

[529] ISRAËL (L.), « Un droit de gauche ? Rénovation des pratiques professionnelles et nouvelles formes de militantisme des juristes engagés dans les années 1970 », *Sociétés contemporaines*, 73, 2009, pp. 68-69 ; voir aussi ISRAËL (L.), *L'arme du droit,* Paris, Presses de Sciences-Po, 2009, ch. 3.

[530] DEZALAY (Y.) et GARTH (B.), *La mondialisation des guerres de palais,* Paris, Éditions du Seuil, 2002.

[531] COLLOVALD (A.) ea, *L'humanitaire ou le management des dévouements. Enquête sur un militantisme de "solidarité internationale" en faveur du Tiers Monde,* Presses Universitaires de Rennes, 2002.

[532] *Cf.* sections 121 à 123.

[533] Même si, dans les entretiens qu'il a mené, des tensions sont perceptibles entre les deux. WILLEMEZ (L.), « Engagement professionnel et fidélités militantes », *Politix,* 62, 2003, pp. 145-164.

défense des salariés ne va pas à l'encontre de leurs intérêts strictement professionnels, notamment de la bonne santé financière de leurs cabinets. En effet, l'accumulation de capital symbolique lié à la défense de causes rendues publiques est une forme de « rétribution du militantisme »[534] bien adaptée à cet univers professionnel. L'avocat qui accepte de défendre des salariés pour une faible rémunération peut espérer obtenir, par la suite, la clientèle plus rémunératrice de comités d'entreprises ou d'organisations syndicales. C'est pourquoi, comme le souligne Laurent Willemez, « l'engagement politique apparaît comme une disposition "naturelle" de la part de ces avocats dont la légitimité, à la fois militante et professionnelle, est construite par leur degré d'ouverture sur le monde, contre un enfermement dans un "corporatisme" professionnel »[535]. Jouant aux marges de leur profession, et contre une vision d'un droit instrumentalisé par les firmes privées, ils jouent néanmoins à la perfection le jeu de leur profession. Cette forme de militantisme professionnel s'inscrit dans une division, non contradictoire, du travail. Il s'agit d'une forme de « double jeu » commune à tous les agents sociaux que leurs trajectoires politiques (notamment celles marquées par un militantisme précoce) engagent à la frontière entre deux champs distincts *a priori*, en l'occurrence le champ politique et le champ juridique.

[163] La défense des causes n'est pas la seule pratique que l'on identifie au militantisme. Pendant longtemps, la science politique française s'est limitée à l'étude des seuls militants des partis politiques et secondairement des organisations syndicales[536]. Le militant est, dans les années soixante-dix, une figure évidente, parfaitement légitime, mais assimilée de manière arbitraire au seul militantisme partisan c'est-à-dire à une élite de militants « professionnels »[537]. La problématique de la professionnalisation politique dissimule alors une gamme beaucoup plus variée d'investissements et de pratiques militantes que la sociologie des mouvements sociaux a conduit à réévaluer à la faveur d'une conjoncture moins propice à des engagements marqués et durables au profit d'une seule organisation. On peut, avec les limites d'un tel exercice qui n'a d'autre vocation que pédagogique, regrouper en quatre « familles » les approches théoriques disponibles pour l'étude du militantisme et de l'engagement politique :

---

[534]*Cf.* section 134.
[535]WILLEMEZ (L.), « Engagement... », *art. cit.*, p. 160.
[536]BEROUD (S.), « Le syndicalisme construit par la science politique » in CHAMBARLHAC (V.) et UBBIALI (G.), dir., *Epistémologie du syndicalisme, construction de l'objet syndical,* Paris, L'Harmattan, 2005, pp. 13-34.
[537]MOTHE (D.), *Le métier de militant,* Paris, Éditions du Seuil, 1973.

1° L'approche psycho-pathologique : dans la tradition freudienne, le psychologue américain Harold Dwight Laswell a élaboré un modèle séquentiel de développement de la personnalité politique, dont le facteur principal serait la faible estime de soi, elle-même liée à la figure répressive du père. La quête de positions de pouvoir est, dans ce cadre, « un moyen de compenser des formes de privation »[538] que l'individu va mettre en œuvre car elle lui procure un sentiment de contrôle de la réalité et favorise son intégration sociale. Ce type d'analyse, résumée ici à grands traits, a été prolongée en France par Philippe Braud pour qui « en se présentant au jugement des électeurs, en faisant campagne inlassablement, le candidat s'évade en quelque sorte de lui-même et, dans beaucoup de cas, avec délectation. Il s'exhibe aux regards des publics ont il cherche à capter l'attention : bref, il s'offre en pâture »[539]. La recherche de l'élection, et pas seulement le militantisme, serait donc une réponse adaptée aux difficultés ressenties par certaines personnalités fragiles, en quête de réassurance extérieure. Prolongeant une hypothèse commune aux penseurs conservateurs, comme Alexis de Tocqueville, Philippe Braud y voit d'ailleurs une pathologie associée au personnel politique des démocraties parlementaires.

2° L'approche par la socialisation : l'inclinaison au militantisme pourrait résulter d'un apprentissage précoce au sein de l'univers familial, surtout lorsque ce dernier est marqué par une grande cohérence idéologique. La famille permet la transmission d'attitudes et de dispositions, mais aussi de connaissances, favorables à l'engagement militant. Le militant serait donc un individu « sur-socialisé » et attaché à la défense de valeurs. Défendue par la psychologie sociale américaine[540], cette hypothèse est congruente avec les remarques de Jacques Lagroye sur l'importance du dévouement dans les pratiques militantes. « Certains milieux ou socialisations, plus que d'autres, sont susceptibles de transmettre la certitude que l'on peut "agir", "changer les choses" et avoir prise sur le cours de la vie des autres »[541]. Le dévouement, produit d'une socialisation religieuse[542] ou, plus exactement, d'une sensibilisation précoce à une vision morale du monde serait un vecteur puissant de l'engagement à l'adolescence ou à l'âge adulte. Cet engagement serait une mise en conformité avec la vision idéologique du monde transmise faisant du militant un *believer* attaché à

---

[538]LASWELL (H. D.), *Power and Personnality,* New York, Norton & Compagny, 1948, p. 39.

[539]BRAUD (Ph.), *Le jardin des délices démocratiques,* Paris, Presses de la FNSP, 1991, p. 199.

[540]MERELMAN (R.), KING (G.), « The Development of Political Activists. Towards a Model of Early Learning », *Social Science Quaterly, LXVII,* 3, 1986, pp. 473-490.

[541]LAGROYE (J.) et SIMEANT (J.), « Gouvernement des humains et légitimation des institutions », in *Être gouverné. Études en l'honneur de Jean Leca,* Paris, Presses de Sciences-Po, 2003, p. 60.

[542]Sur le concept de socialisation, voir PERCHERON (A.), « La socialisation politique : défense et illustration », in GRAWITZ (M) et LECA (J.), dir., *Traité de science politique,* Paris, Presses Universitaires de France, 1985, vol. 3, pp. 165-235.

promouvoir et à transmettre certaines valeurs[543]. Comme le note Julien Fretel à propos des adhérents de l'UDF, « c'est dans le pli de ces liens de parenté que les adhérents centristes ont appris à croire jour après jour et à se constituer une foi pratique, c'est-à-dire un ensemble de schèmes de perception tendus vers la question de la divinité et compatibles avec une logique pratique d'investissement de soi dans le monde social »[544].

3° L'approche par l'identification : c'est l'identification à un groupe de référence qui serait le ressort principal de l'engagement militant. Les groupes de référence sont des groupes construits à travers le travail de leurs porte-paroles et des organisations qui se définissent comme représentatives du groupe[545]. L'enquête menée dans les années soixante-dix par Guy Michelat et Michel Simon[546] montre que l'identification au P.C.F. (qui se présentait alors comme « le parti de la classe ouvrière ») et le vote en faveur des candidats de ce parti est facilitée par des attributs ouvriers objectifs : être ouvrier, avoir un conjoint ouvrier, être fils ou fille d'ouvrier.

Nombre d'attributs ouvriers	Extrême gauche + Gauche	Centre gauche + Centre + Centre droit	Droite + Extrême droite	SR	
0	25	51	7	17	(481)
1	37	38	8	16	(237)
2	51	27	8	14	(157)
ensemble	33	43	8	16	(875)

<u>Autoposition sur la dimension droite-gauche en fonction de l'appartenance objective à la classe ouvrière des hommes chefs de ménage</u>[547]

---

[543] RETIERE (J.-N.), « Vivre sa foi, nourrir les pauvres. Sociohistoire de l'aide alimentaire à Nantes des années trente à nos jours », *Genèses,* 48, 2002, pp. 4-29 ; ZUNINO (X.), *Volontaires chez Mère Térésa,* Paris, Belin, 2003.

[544] FRETEL (J.), « Quand les catholiques vont au parti. De la constitution d'une *illusio* paradoxale et du passage à l'acte chez les "militants" de l'UDF », *Actes de la recherche en sciences sociales,* 155, 2004, p. 80. Notons que 95 % des adhérents de l'UDF sont catholiques et 60 % sont pratiquants.

[545] *Cf.* sections 102 à 103.

[546] Sur la genèse de cette enquête, voir PUDAL (B.), *Un monde défait. Les communistes français de 1956 à nos jours,* Bellecombe-en-Bauges, Éditions du Croquant, 2009, pp. 41-46.

[547] MICHELAT (G.) et SIMON (M.), *Classe, religion et comportement politique,* Paris, Presses de la FNSP/Éditions sociales, 1977, tableau 22, p. 175.

L'identification peut être plus subjective, par exemple chez les « compagnons de route » ou chez les intellectuels membres du P.C.F.[548] ou reposer sur d'autres formes d'attributs comme l'appartenance à une nation, à une ethnie ou à une religion. Ces logiques d'identification font parfois défaut à certains partis politiques comme les Verts qui éprouvent des difficultés à recruter des militants. En effet, l'écologie se présente comme la déclinaison de multiples causes, de la défense des palmipèdes aux luttes contre la construction de centrales nucléaires. Dès lors, le militantisme écologiste tend à devenir une forme d'expertise militante assez éloignée de l'engagement partisan traditionnel et assez exclusif dans son recrutement[549].

4° L'approche par les carrières militantes : pour comprendre comment certaines personnes s'investissent durablement dans des activités militantes ou cumulent des formes d'engagement, il est possible d'avoir recours à la notion de capital militant. Distinct du capital politique[550], il repose sur des apprentissages et des compétences multiples acquises au sein de groupes ou d'organisations syndicales, politiques, associatives, etc. « Il recouvre un ensemble de savoir et de savoir-faire mobilisables lors des actions collectives, des luttes inter ou intra-partisanes, mais aussi exportables, convertibles dans d'autres univers, et ainsi susceptibles de faciliter certaines "reconversions" »[551]. Pour comprendre comment se constitue ce capital militant, il faut prendre en compte les trajectoires militantes et les autres ressources susceptibles d'être mobilisées dans le cadre d'une organisation. D'où, par exemple, l'importance du capital scolaire chez les militants de groupes enclins à d'interminables controverses doctrinales[552]. Le militantisme apparaît en effet comme « une opportunité de reconnaissance pour des individus vivant un déclassement produit du décalage entre les aspirations liées à une scolarité prolongée et la réalité de la position sociale occupée »[553]. C'est donc en restituant les pratiques militantes dans leur contexte que l'on peut en comprendre les ressorts de leur accumulation[554]. Sans tenir compte de l'intensité de la répression dont il était victime de la part des autorités américaines, comment apprécier le parcours initiatique proposés aux

---

[548] MATONTI (F.), *Intellectuels... op. cit.*
[549] OLLITRAULT (S.), « Les écologistes français, des experts en action », *Revue française de science politique,* LI, 1-2, 2001, pp. 105-130.
[550] *Cf.* section 111.
[551] POUPEAU (F.) et MATONTI (F.), « Le capital militant. Essai de définition », *Actes de la recherche en sciences sociales,* 155, 2004, p. 8.
[552] BOURSEILLER (Ch.), *Histoire de l'ultra-gauche,* Paris, Denoël, 2003 ; SOMMIER (I.), *La violence politique et son deuil. L'après 68 en France et en Italie,* Presses Universitaires de Rennes, 1998.
[553] POUPEAU (F.) et MATONTI (F.), « Le capital militant... », *art. cit.,* p. 9.
[554] OFFERLE (M.), « Illégitimité et légitimation des personnels politiques ouvriers en France avant 1914 », *Annales ESC,* XXXIX, 4, 1984, pp. 681-713.

militants du *Black Panther Party* à la fin des années soixante ? Après avoir rempli un formulaire et s'être acquitté de leur cotisation[555], ces derniers devaient suivre un programme d'éducation politique de six semaines, ponctué de lectures obligatoires (Mao Zedong, Malcolm X, Frantz Fanon, etc.), apprendre par cœur le programme, les règles et la hiérarchie du parti, réussir un test de validation, s'engager à effectuer des tâches militantes et enfin suivre un entraînement militaire en vue d'une éventuelle intégration dans la *Black Liberation Army*[556]. Cet exemple nous rappelle aussi, s'il en était besoin, que l'activité électorale n'est pas toujours au centre des carrières et des pratiques militantes...

---

[555] VAN EERSEL (T.), *Panthères noires. Histoire du Black Panther Party,* Paris, Éditions L'Échappée, 2006, p. 80. Voir aussi CLEAVER (K.), KATSIAFICAS (G.), eds, *Liberation, Imagination and the Black Panther Party. A New Look at the Panthers and their Legacy,* New York, Routledge, 2001.
[556] Branche clandestine du parti active de 1971 à 1981.

2/ La politique électorale

[171] La multiplicité des formes d'engagement dans la vie de la cité et la dynamique des groupes sociaux sont aujourd'hui au centre des recherches menées en science politique. Cette richesse s'accompagne paradoxalement dans un certain désintérêt scientifique pour la forme la plus légitime, car inscrite dans les institutions politiques, d'action collective : la politique électorale, que l'on définira comme l'ensemble des actions inscrites dans le champ politique et ayant pour finalité l'élection. L'étude des comportements électoraux et des organisations qui se consacrent, pour tout ou partie, aux luttes électorales demeure néanmoins nécessaire à la compréhension de phénomènes qui, tout en n'ayant pas nécessairement le caractère d'une radicale nouveauté[557], déterminent les rapports de force interne au champ politique.

a) Les comportements électoraux

[171] L'élection est traditionnellement identifiée, et ce de manière spontanée, à des positions d'État, c'est-à-dire à des positions de pouvoir dont les règles de dévolution sont définies par l'État : l'élection du président de la République, des députés à l'Assemblée nationale, etc. Bien souvent d'ailleurs, l'histoire des élections se résume à ces élections d'un type particulier. Or, les techniques de vote qui concernent ces élections « politiques » sont largement diffusées dans d'autres espaces sociaux. En tant que technique de prise de décision, le vote n'est d'ailleurs pas toujours synonyme d'élection : il y a des élections sans vote et des votes sans élection[558]. Mais l'élection est aussi une relation sociale, qui s'articule autour d'impératifs pratiques, faire élire et faire voter, et qui peut se décliner en tout une série de comportements électoraux. Une part importante des travaux de science politique est encore aujourd'hui consacrée à l'explication du vote[559], c'est-à-dire à la mise en évidence de régularités, de relations causales ou de phénomènes collectifs liés aux pratiques électorales. Sans pouvoir restituer ici la diversité des pratiques électorales[560],

---

[557] Les sciences sociales, et la science politique en particulier, ne sont pas imperméables aux effets de mode liés à l'actualité immédiate (le « choc » du premier tour de l'élection présidentielle de 2002) ou à des logiques commémoratives (mai 68). Ce phénomène se traduit par de nombreux travaux sur un même objet, effervescence bientôt suivie d'un abandon tout aussi rapide.
[558] IHL (O.), *Le vote,* Paris, Montchrestien, 1996.
[559] GAXIE (D.), dir., *Explication du vote,* Paris, Presses de la FNSP, 1985.
[560] Parmi une bibliographie désormais conséquente, voir : BERNARD (M.), BOURDIN (P.) et CARON (J.-C.), dir., *L'incident électoral de la Révolution française à la Ve République,* Clermont-Ferrand, Presses Universitaires Blaise-Pascal, 2002 ; DELOYE (Y.), *Les voix de*

nous nous contenterons d'en présenter les logiques d'analyse avant de rappeler que les comportements électoraux obéissent aussi à des déterminants sociaux.

(17) Le vote : de l'évidence à l'analyse

[172] Deux traditions d'analyse, aujourd'hui assez indépendantes l'une de l'autre, ont pour objet l'étude des comportements électoraux : la géographie électorale et la sociologie électorale. Toutes les deux peuvent, à des degrés divers, revendiquer à titre d'héritage le *Tableau politique de la France de l'Ouest* d'André Siegfried paru chez Armand Colin en 1913. Sans pour autant sacrifier à l'idéologie des « pères fondateurs »[561], on partira donc de cet ouvrage pour tenter de comprendre les logiques intellectuelles de l'étude du vote, en ayant à l'esprit, ce que nous devons à l'enquête d'Alain Garrigou : les premiers travaux de Siegfried doivent beaucoup à ses expériences sociales et politiques, et notamment aux échecs électoraux de sa jeunesse que sa brillante et longue carrière académique avait finît par dissimuler[562]. Sans entrer dans le détail des analyses de Siegfried, on peut résumer le schéma explicatif du vote qu'il propose. Il met en évidence des éléments structurants, qui vont dans le sens d'un déterminisme des comportements électoraux : le régime foncier et la structure social des populations, le mode de peuplement, les pratiques religieuses, l'action électorale des agents de l'État. Ces éléments sont retraduits sur un plan spatial. L'auteur va en effet tenter de mettre à jour, à l'aide de cartes, des constances dans les comportements électoraux. Il y a bien dans ce livre d'André Siegfried les linéaments à la fois :

Dieu. Pour une autre histoire du suffrage électoral : le clergé catholique français et le vote, XIXe – XXe siècle, Paris, Fayard, 2006 ; DELOYE (Y.) et IHL (O.), *L'acte de vote*, Paris, Presses de Sciences-Po, 2008 ; GARRIGOU (A.), *Le vote et la vertu. Comment les Français sont devenus électeurs*, Paris, Presses de la FNSP, 1992 ; GUIONNET (Ch.), *L'apprentissage de la politique moderne. Les élections municipales sous la monarchie de Juillet*, Paris, L'Harmattan, 2007 ; HUARD (R.), *Le suffrage universel en France. 1848-1946*, Paris, Aubier, 1991 ; OFFERLE (M.), *Un homme, une voix ? Histoire du suffrage universel*, Paris, Gallimard, 1993 ; QUERO (L.) et VOILLIOT (Ch.), « Du suffrage censitaire au suffrage universel. Évolution ou révolution des pratiques électorales ? », *Actes de la recherche en sciences sociales*, 140, 2001, pp. 34-40 ; QUERO (L.) et VOILLIOT (Ch.), « Travail électoral et pratiques administratives dans le cadre du suffrage censitaire. Enquête sur un refus », *Revue d'histoire du XIXe siècle*, 26-27, 2003, pp. 131-148 ; VERJUS (A.), *Le cens de la famille. Les femmes et le vote, 1789-1848*, Paris, Belin, 2002 ; VOILLIOT (Ch.), « Surveiller et faire élire : surveillance politique et pratiques de la "candidature officielle" sous la Restauration », *Cultures & Conflits*, 53, 2004, pp. 71-82 ; VOILLIOT (Ch.), *La candidature... op. cit.*

[561] André Siegfried est en effet considéré comme tel par les historiens de la science politique. Voir FAVRE (P.), *Naissance de la science politique en France, 1870-1914*, Paris, Fayard, 1989, p. 235 et s.

[562] GARRIGOU (A.), « L'initiation d'un initiateur. André Siegfried et le "Tableau politique de la France de l'Ouest" », *Actes de la recherche en sciences sociales*, 106-107, 1995, pp. 27-41.

1° d'une analyse sociologique du vote, c'est-à-dire d'une analyse de l'ensemble des pratiques électorales (la manière dont les candidats sollicitent les suffrages, l'action des autorités administratives, religieuses, des propriétaires fonciers, etc.) et non du vote *stricto sensu*[563];

2° d'une analyse écologique du vote, c'est-à-dire d'une analyse des interactions sociales au sein d'une unité géographique déterminée et où le vote sera la variable à expliquer[564].

[173] Le développement des techniques d'échantillonnage et des sondages a doté les sociologues d'un outil plus facile à manier que la cartographie, car elle permet d'établir des relations causales directes entre les variables explicatives et les comportements individuels – sans passer par l'analyse des comportements agrégés au niveau d'un territoire[565], comme dans le tableau suivant :

District	DHV	GDA	ZdA	total
bourgeois	34	42	24	100,00%
ouvrier	21	39	40	100,00%

Répartition spatiale des votes
lors des élections syndicales des employés d'assurance à Berlin en 1927[566]

Quelle que soit la ou les méthodes utilisées (questionnaires, entretiens semi-directifs), ces analyses ne font que mettre en évidence des corrélations. Lorsque, comme dans le tableau suivant, on procède au croisement de deux variables explicatives (l'âge et le niveau de diplômes), on établit une relation statistique *ex post*, ce qui ne permet pas d'en déduire une relation de causalité concernant l'orientation du vote[567]. Il est toujours nécessaire : premièrement, de vérifier si

---

[563] Pour une illustration récente de cette méthode, voir GOMBIN (J.) et MAYANCE (P.), « Tous conservateurs ? Analyse écologique du vote de la population agricole lors de l'élection présidentielle de 2007 », in *Les mondes agricoles en politique,* Paris, Presses de Sciences-Po, 2010, pp. 194-216.

[564] Pour une présentation des travaux de l'école française de géographie électorale, voir BUSSI (M.) et BADARIOTTI (D.), *Pour une nouvelle géographie du politique : Territoire, démocratie, élections,* Paris, Anthropos, 2004. À titre de comparaison, voir aussi JOHNSTON (R. J.), PATTIE (Ch.), *Putting Voters in their Place. Geography and Elections in Great Britain,* Oxford University Press, 2006.

[565] Une telle agrégation est à l'origine de ce que les sociologues nomment « artifice écologique » (*ecological fallacy*). ROBINSON (W. S.), « Ecological Correlations and the Behavior of Individuals », *American Sociological Review,* XV, 3, 1950, pp. 351-357.

[566] HAMILTON (R. F.), *Who voted for Hitler ?,* Princeton University Press, 1982, p. 59.

[567] Ce que font les commentateurs qui stigmatisent les électeurs du FN comme des « idiots culturels » en s'appuyant sur la variable du niveau d'études. Pour une critique de cet ethno-

une autre variable (la profession exercée par exemple) n'est pas plus discriminante, et donc à même de fournir une hypothèse plus solide, et deuxièmement, de s'interroger sur le sens de la relation mise en évidence.

En %	*Moins de 40 ans*	*Plus de 40 ans*
Pas le bac	27	15
Niveau bac ou supérieur	9	10

Vote Front National et niveau de diplôme par âge aux élections législatives de 1997[568]

Dans le commentaire qu'elle fait de ce tableau, Nona Mayer précise que « l'absence d'instruction » rend les jeunes électeurs « intellectuellement plus réceptifs » au discours électoral du F.N.[569]. Cette interprétation ne vaut qu'à titre d'hypothèse et non de conclusion. Pour pouvoir être validée comme explication, une telle proposition doit être vérifiée par d'autres dispositifs. La sociologie des comportements électoraux doit en effet prendre en compte tout un ensemble contextuel, c'est-à-dire ne pas se contenter de ce que nous disent les électeurs d'eux-mêmes ou de ce que nous pouvons en saisir de manière superficielle à travers des enquêtes standardisées[570]. Comment appréhender le contexte de l'élection ? Deux méthodes, non exclusives l'une de l'autre, sont envisageables[571] :

1° Des entretiens approfondis qui permettent de reconstituer et de comprendre de manière relationnelle les trajectoires des agents sociaux en ne se limitant aux comportements considérés comme politiques par les enquêteurs. Les entretiens non-directifs réalisés par Pierre Bourdieu et son équipe dans le cadre d'une recherche sur les conditions d'apparition de formes contemporaines de la misère sociale en sont de suggestifs exemples[572] ;

2° Une analyse historique de la manière dont certains comportements électoraux ont été construits, à travers des évènements vécus en commun. Paul Bois montre ainsi que la préférence accordée par les paysans sarthois aux

---

centrisme de classe, voir COLLOVALD (A.), *Le "populisme" du FN. Un dangereux contresens,* Bellecombe-en-Bauges, Éditions du Croquant, 2004.

[568] MAYER (N.), *Ces Français qui votent Le Pen,* Paris, Flammarion, 2002, p. 81.

[569] *Ibid.,* p. 83. Il va de soi que cette courte citation ne vaut pas appréciation générale sur un ouvrage dont on ne peut que recommander la lecture.

[570] LEHINGUE (P.), « L'objectivation statistique des électorats : que savons-nous des électeurs du Front National ? », in LAGROYE (J.), dir., *La politisation,* Paris, Belin, 2003, pp. 247-278.

[571] En pratique, les dispositifs et les protocoles d'enquête ne sont pas uniquement liés à des options méthodologiques, mais sont largement contraints par les ressources matérielles limitées dont bénéficient les chercheurs.

[572] BOURDIEU (P.), dir., *La misère du monde,* Paris, Éditions du Seuil, 1993.

candidats catholiques et conservateurs s'explique par une hostilité durable, depuis la Révolution française[573], contre la bourgeoisie urbaine ayant accaparé des terres agricoles, lors de la vente des « biens nationaux »[574]. Cet exemple montre que des orientations électorales peuvent survivre à la conjoncture politique et sociale qui leur a donné naissance et persister malgré des changements dans les structures socio-économiques.

Fascinés par les possibilités ouvertes par le traitement informatisé des données, les spécialistes de sociologie électorale n'accordent souvent que peu d'importance aux élections passées et se limitent souvent à suivre le calendrier électoral contemporain afin d'en interpréter les résultats, conformément à cette tendance à la « retraite dans le présent » dénoncée en son temps par Norbert Elias[575]. Pour autant, les historiens du politique qui, dans la lignée du schéma de tripartition des droite proposé par René Rémond[576], font fi de l'objectivation statistique en érigeant en facteur explicatif des « cultures politiques »[577] qui ne sont que le produit de conjoncture spécifiques ne méritent pas nécessairement qu'on leur accorde plus de crédit. L'étude des comportements électoraux suppose bien au contraire de recourir à des modèles d'analyse construits qui permettent d'interpréter les relations sociales qui encadrent les comportements électoraux.

(18) Les déterminants sociaux du vote

[181] Dans le livre issu de sa thèse de doctorat, Daniel Gaxie se propose d'analyser comment se stabilisent les relations entre profanes et professionnels de la politique au sein d'un champ autonome et structuré et dont les positions relatives sont identifiables. Pour ce faire, il va s'intéresser aux inégalités de compétence et d'intérêt pour la politique, ainsi qu'aux formes différentielles de participation à l'activité électorale. Selon lui, « le champ politique se présente comme un système de positions *différenciées* par les idéologies politiques et *révélées* par les options sur les enjeux, occultant du même coup les intérêts politiques et sociaux qui sont à son fondement »[578]. Les idéologies politiques sont à la fois des marqueurs de position et des repères cognitifs qui permettent

---

[573] BOIS (P.), *Paysans de l'Ouest,* Paris, Flammarion, 1971.
[574] BODINIER (B.), « La vente des biens nationaux. Essai de synthèse », *Annales historiques de la Révolution française,* 315, 1999, pp. 7-19.
[575] CHAUVIN (S.) et WEBER (F.), « Un texte de Norbert Elias (1987) : "The Retreat of Sociologists into the Present" », *Genèses,* 52, 2003, pp. 133-151.
[576] REMOND (R.), *Les droites en France,* Paris, Aubier, 1992 ; REMOND (R.), *Les droites aujourd'hui,* Paris, Éditions du Seuil, 2007.
[577] BERNSTEIN (S.), dir., *Les cultures politiques en France,* Paris, Éditions du Seuil, 1999.
[578] GAXIE (D.), *Le cens caché. Inégalités culturelles et ségrégation politique,* Paris, Éditions du Seuil, 1978, p. 84.

aux profanes de comprendre le jeu politique et de se repérer au sein des luttes dont ils sont le témoin. La politisation des profanes passe donc par l'acquisition d'une compétence politique qui repose sur la maîtrise des idéologies et des règles, au sens large, du jeu politique.

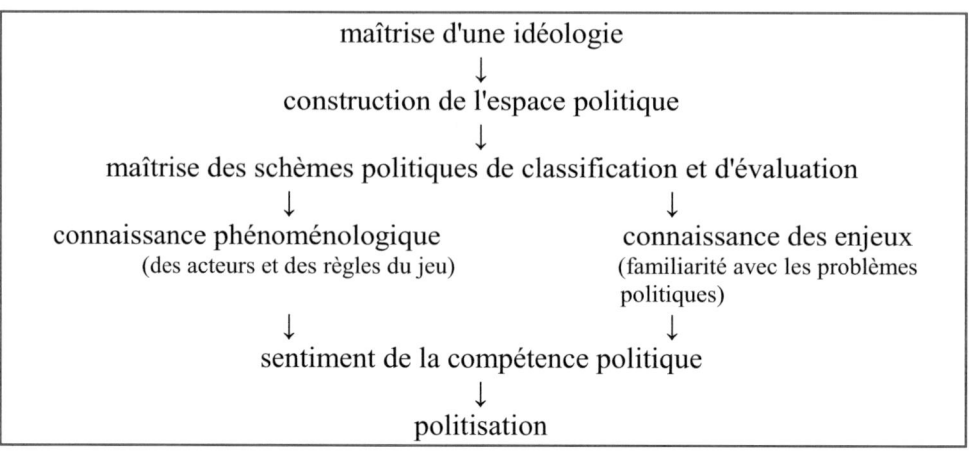

Compétence politique et politisation[579]

Dans un champ politique structuré, ce sont principalement les entreprises partisanes qui diffusent les idéologies. C'est pourquoi, dans le schéma proposé par Daniel Gaxie, la politisation va prendre la forme de l'expression d'une préférence partisane stable. Cette préférence partisane tient lieu de compétence politique *a minima* pour les agents les plus éloignés du champ politique et les moins intéressés par les enjeux politiques. Elle leur permet de reprendre à leur compte, sans trop se tromper, les discours et les prises de position des professionnels de la politique en sélectionnant ceux qui correspondent au parti ou à la famille politique auxquels ils s'identifient de manière habituelle. C'est pourquoi, Daniel Gaxie y voit « la marque d'une dépossession radicale », puisqu'elle la conséquence du « monopole de la production des symboles politiques que les professionnels de la politique se sont effectivement réservés »[580]. Ce monopole des professionnels de la politique sur la production de biens symboliques à destination des profanes n'est guère contesté que par quelques artistes lorsqu'ils tentent de produire et de mettre à disposition des biens symboliques alternatifs[581]. Le processus de monopolisation n'est en effet

---

[579] *Ibid.*, p. 85.
[580] *Ibid.*, p. 95.
[581] Voir, à titre d'exemple, les œuvres de Hans Haacke. BOURDIEU (P.) et HAACKE (H.), *Libre-échange,* Paris, Éditions du Seuil/Presses du réel, 1994. L'autonomisation des champs

qu'une conséquence de la distribution très inégale de la compétence politique dans l'espace social. C'est pourquoi, le sentiment de compétence politique est socialement déterminé.

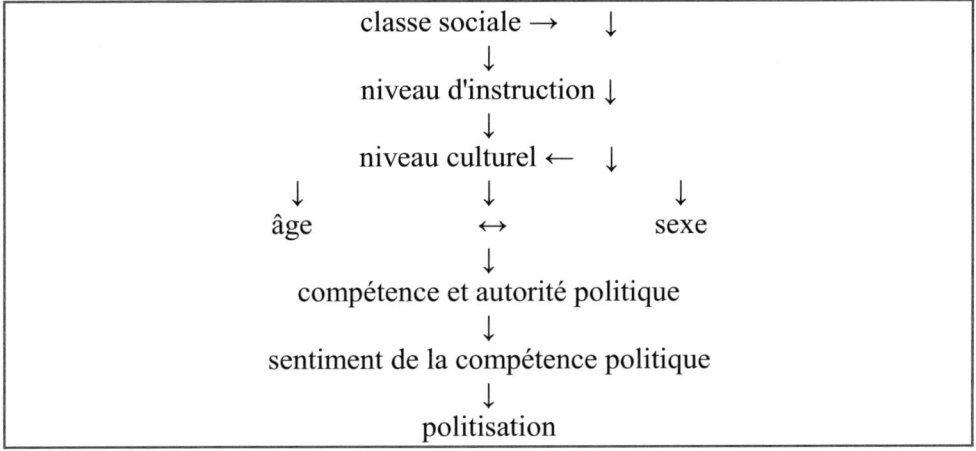

Les facteurs de la politisation[582]

Les deux principaux facteurs de la politisation sont donc :
1° Le niveau culturel, lui-même très lié au niveau de scolarisation, sauf dans les cas, de plus en plus rares, d'autodidactes ayant des trajectoires ascendantes leur ayant permis d'acquérir par eux-mêmes, et notamment par la lecture[583], une compétence culturelle ;
2° L'appartenance à un groupe social s'inscrivant dans une division du travail, voire une ségrégation entre groupes.

Il existe des cas où la politisation des profanes n'est pas aussi déterminante de la structuration de l'espace social et de sa division en classes. Ces cas sont suffisamment rares pour qu'ils ne puissent, à eux seuls, remettre en cause le lien entre ordre politique et ordre social, c'est-à-dire contester la domination exercée par les dominants au sein du champ du pouvoir et la division du travail qui permet ce travail de domination. Ces cas se rencontrent toutes les fois où fonctionnent des « mécanismes de substitution » qui permettent à des agents n'ayant pu bénéficier d'une scolarité prolongée, d'accéder à une forme de compétence politique. C'est principalement l'appartenance à une organisation (parti, syndicat, association, etc.) elle-même inscrite dans le champ politique qui

---

de production artistique est un frein puissant à la participation des artistes au renouvellement de la symbolique politique.
[582] *Ibid.*, p. 161.
[583] MAUGER (G.), POLIAK (Cl.) et PUDAL (B.), *Histoires de lecteurs,* Paris, Nathan, 1999.

permet cette politisation par accumulation d'un capital militant[584]. Cet effet de substitution d'un apprentissage au sein d'un collectif à l'acquisition de savoirs scolaires qui font défaut aux agents sociaux concernés – que l'on nomme politisation organique – sera d'autant plus efficace que leur niveau culturel initial est faible. On comprend dès lors pourquoi si le militantisme permet de compenser, dans une certaine mesure, des « handicaps » culturels et sociaux, il crée en contrepartie les conditions d'une « remise de soi » et d'une fidélité sans nuance à l'organisation[585].

Quels sont les effets de la politisation sur les comportements électoraux ? Il convient de s'intéresser, en première analyse, à la participation électorale. La participation régulière aux élections résulte à la fois d'une compétence politique objective et d'un sentiment de compétence. Inversement, l'abstentionnisme structurel témoigne d'une indifférence vis-à-vis du jeu et des enjeux politiques. Pour Daniel Gaxie, « il existe une tendance permanente à l'abstentionnisme lié à l'état de la distribution du capital culturel dans les sociétés occidentales et aux différences de politisation que cette distribution provoque »[586]. L'indifférence peut néanmoins varier avec la nature des enjeux mis en avant et le degré d'intensité (présidentielle – 2007) et la longueur (référendum sur le traité constitutionnel européen – 2005) des campagnes électorales. Le sentiment d'obligation civique, que l'on peut assimiler à une croyance dans l'ordre social, tout comme l'identification à une famille ou à un parti politique doivent être réactivés en cours de campagne pour que les électeurs les plus éloignés du jeu politique se rendent aux urnes. La thèse du « cens caché » fait ainsi apparaître des propriétés structurantes du champ politique[587]; il est toutefois nécessaire de prendre en compte certaines transformations du corps électoral intervenues depuis les enquêtes des années soixante-dix[588].

[182] Les comportements électoraux sont affectés par les évolutions macro-sociales comme la hausse globale de la scolarisation, le vieillissement de la population en âge de voter et la réduction tendancielle des inégalités entre hommes et femmes, mais aussi par des modifications intervenues dans des espaces sociaux spécifiques comme la déstructuration des organisations « ouvrières » centrées sur le P.C.F. ou le sentiment minoritaire qui prédomine

---

[584]*Cf.* section 163.
[585]*Cf.* sections 103 et 135.
[586]GAXIE (D.), *Le cens caché... op. cit.*, p. 227.
[587]*Cf.* sections 111 à 112.
[588]GAXIE (D.), « Le vote désinvesti : quelques éléments d'analyse du rapport au vote », *Politix,* 22, 1993, pp. 138-164 ; GAXIE (D.), « Les critiques profanes de la politique. Enchantements, désenchantements, réenchantements », in BRIQUET (J.-L.) et GARRAUD (Ph.), dir., *Juger la politique*, Presses Universitaires de Rennes, 2001, pp. 217-240.

désormais chez les catholiques pratiquants[589]. On observe ainsi un déclin des formes de politisation organique et un alignement des comportements électoraux des hommes et des femmes[590]. Plus difficile à saisir sont les effets des transformations intervenues dans le système d'enseignement : la relation entre niveau de scolarisation et capital culturel est loin d'être mécanique et il est possible de repérer de plus en plus de « profils culturels dissonants »[591] dans différents groupes sociaux. Plus que du seul niveau de formation, il est aujourd'hui nécessaire de tenir compte du type de formation. Par exemple, des enquêtes ont montré que des bacheliers scientifiques titulaires de diplômes techniques (D.U.T. et B.T.S.) en trajectoire sociale ascendante et dont la légitimité du capital culturel leur apparaît encore incertaine se référaient volontiers à des représentations caricaturales du jeu politique[592] du type « Guignols de l'info »[593].

L'ensemble des variables repérables convergent néanmoins lorsque l'on observe les comportements de participation dans les milieux populaires. L'enquête menée par Céline Braconnier et Jean-Yves Dormagen dans le bureau de vote de la cité des Cosmonautes de la ville de Saint-Denis montre l'ampleur de cette démobilisation populaire. Au premier tour de l'élection présidentielle de 1974, le taux de participation était de 87,30 % (84,23 % en moyenne nationale). Lors du référendum de 2005 sur le traité constitutionnel européen, il n'était plus que de 55,80 % (69,37 % en moyenne nationale)[594]. Cette montée de l'indifférence résulte d'une combinaison de facteurs :

1° L'auto-exclusion liée aux mécanismes d'inscription sur les listes électorales. Dans cette cité, environ 25 % de la population en âge de voter n'est pas inscrite sur les listes électorales (10 % environ en moyenne nationale) et ce malgré la procédure d'inscription d'office à la majorité. Qui plus est, parmi les inscrits, on recense de nombreux électeurs mal-inscrits, c'est-à-dire inscrits dans un bureau de vote qui ne correspond pas à leur résidence effective[595]. Au total,

---

[589]LAGROYE (J.), *La vérité dans l'Église catholique. Contestations et restauration d'un régime d'autorité,* Paris, Belin, 2006, ch. 1. Les personnes interrogées à intervalle régulier par l'I.F.O.P. déclarant se rendre à la messe tous les dimanches sont passées de 14 % en 1978 à 4,5 % en 2006.

[590]MAYER (N.) et PERRINEAU (P.), *Les comportements politiques,* Paris, Armand Colin, 1997.

[591]LAHIRE (B.), *La culture des individus. Dissonances culturelles et distinction de soi,* Paris, Éditions La Découverte, 2004, 3ème partie.

[592]GAXIE (D.), « Une construction médiatique du spectacle politique ? Réalités et limites de la contribution des médias au développement des perceptions négatives du politique », in LAGROYE (J.), dir., *La politisation... op. cit.*, pp. 325-356.

[593]COLLOVALD (A.) et NEVEU (E.), « Les Guignols ou la caricature en abîme », *Mots,* 48, 1996, pp. 87-112.

[594]BRACONNIER (C.) et DORMAGEN (J.-Y.), *La démocratie de l'abstention,* Paris, Gallimard, 2007.

[595]Ce problème n'est pas propre aux quartiers populaires, même si les difficultés d'accès au logement en Île-de-France lui confèrent une particulière acuité dans le cas présent. Voir aussi

seuls 28 % des électeurs potentiels habitant dans la cité étaient inscrits dans le bureau de vote correspondant.

2° La décomposition de l'encadrement populaire. Dans cette cité de l'ancienne « ceinture rouge » de la banlieue parisienne[596], il n'y a plus un seul militant communiste... Les seules mobilisations politiques observées par les enquêteurs, notamment le soutien apporté à la cause palestinienne, sont sans conséquence directe sur la mobilisation électorale, à l'exception des élections européennes de 2004 où la liste « Europalestine » a obtenu 14 % des suffrages exprimés.

3° Les changements intervenus dans le monde du travail et la faiblesse de la présence syndicale en milieu ouvrier. Dans un contexte de chômage de masse, les emplois auxquels peuvent accéder les jeunes habitants de cette cité sont des emplois le plus souvent précaires. La disparition des collectifs de travail stables a mis fin à cette politisation organique qui passait notamment par le militantisme syndical[597]. Autant de facteurs structurels qui expliquent « l'anomie politique » de ce quartier.

4° La fragilisation des familles dont on sait le rôle important dans l'apprentissage des normes civiques et des comportements politiques[598]. C'est au sein de la structure familiale en effet que les incitations à s'inscrire sur les listes électorales et à voter sont les plus probables et le plus efficaces. Cette politisation intra-familiale est aujourd'hui compliquée d'une part par les obstacles à la naturalisation des primo-immigrants[599] qui tendent ainsi à rester à l'écart de la vie politique de leur pays d'accueil et d'autre part par l'isolement social des familles monoparentales[600], accru par les horaires de travail décalés.

b) Les partis politiques

Les partis politiques constituent, avec les élections, un des objets longtemps « privilégiés » par la science politique. Leur étude doit être effectuée de manière

---

GIMPEL (J. G.) et SCHUKNECHT (J. E.), « Political participation and the accessibility of the ballot box », *Political Geography,* 22, 2003, pp. 471-488.

[596]FOURCAUT (A.), *Banlieue rouge, 1920-1960,* Paris, Éditions Autrement, 2008.

[597]BEAUD (S.) et PIALOUX (M.), *Retour sur la condition ouvrière. Enquête aux usines Peugeot de Sochaux-Montbéliard,* Paris, U.G.E., 2004 (1ère ed. 2001).

[598]*Cf.* section 163.

[599]SPIRE (A.), *Étrangers à la carte. L'administration de l'immigration en France,* Paris, Grasset, 2005.

[600]Selon l'I.N.S.E.E., en 2005, 1,76 million de familles étaient composées d'un seul adulte avec un ou plusieurs enfants de moins de 25 ans dans un même logement. Dans 85 % des cas, il s'agit d'une mère et de ses enfants. Sur la genèse de cette catégorie, voir MARTIN-PAPINEAU (N.), *Les familles monoparentales. Émergence, construction, captations d'un problème dans le champ politique français, 1968-1988,* Paris, L'Harmattan, 2001.

historique en prenant en compte les différents contextes nationaux ayant présidé à leur apparition sans pour autant abonder les « lieux communs » qui imprègnent trop souvent l'historiographie[601]. Nous verrons ensuite comment la science politique a intégré le phénomène partisan dans des perspectives théoriques variées et qui aujourd'hui font débat.

(19) Aux origines des partis politiques

[191] Même limitée au seul cas français, l'histoire des partis politiques est complexe. À défaut de pouvoir disposer d'un critère unique, et fiable, de recensement, l'historien est le plus souvent conduit à dénombrer des myriades d'organisations. Si certaines sont assez marginales quant à leur empreinte sur le cours des évènements, elles peuvent néanmoins présenter un intérêt du point de vue de l'analyse des idéologies[602]. Inversement, des groupements plus conséquents sont parfois délaissés par l'historiographie du fait de leur faible originalité programmatique. Un premier constat s'impose s'agissant du cas français : l'apparition durable des partis politiques est largement décalée par rapport à la chronologie des opérations électorales à l'époque moderne[603], qui commence en 1789, et s'inscrit bien plus dans un mouvement d'autonomisation des activités politiques au cours des années 1880[604]. Il n'y a pas en effet de lien mécanique entre l'organisation d'élections et l'apparition de partis politiques. Le terme de « parti » est pourtant d'un usage assez ancien dans la langue française[605], mais au XIXe siècle il sert surtout à désigner une partie de l'opinion publique ou à stigmatiser un adversaire, et est utilisé le plus souvent comme synonyme de clique, de faction, etc. Raymond Huard propose une chronologie précieuse de la structuration des partis politiques en France, articulée en trois temps[606] :

1° de 1815 au milieu des années 1860 : le recours à des organisations de type partisan est surtout le fait des milieux d'opposition aux régimes successifs et se heurte aux restrictions des droits d'association, de réunion et de publication. L'absence de libertés publiques n'explique cependant pas tout...

---

[601]FRETEL (J.) et LEFEBVRE (R.), « La faiblesse des partis politiques français : retour sur un lieu commun historiographique », in OFFERLE (M.) et ROUSSO (H.), dir., *La fabrique interdisciplinaire. Histoire et science politique,* Presses Universitaires de Rennes, 2008, pp. 149-177.

[602]GOTTRAUX (Ph.), *Socialisme ou barbarie. Un engagement politique et intellectuel dans la France de l'après-guerre,* Lausanne, Payot, 1997.

[603]VOILLIOT (Ch.), « Histoire des élections », *Universalia,* 2008, pp. 118-127.

[604]*Cf.* section 11.

[605]HEERS (J.), *Les partis et la vie politique dans l'Occident médiéval,* Paris, Presses Universitaires de France, 1981.

[606]HUARD (R.), *La naissance du parti politique en France,* Paris, Presses de Sciences-Po, 1996.

Même dans les conjonctures les plus « libérales », il y a des réticences fortes à l'organisation qui tiennent aux souvenirs des périodes les plus meurtrières de la Révolution française que l'on associe volontiers au triomphe de « l'esprit de parti ». Les « montagnards » de 1849, héritiers proclamés de ceux de la première République, justifient ainsi leur méfiance vis-à-vis d'une organisation à but électoral : « Nous ne formons point de comité électoral. Nous ne voulons pas envoyer de listes, imposer de noms. Pleins de respect envers l'initiative des électeurs et la liberté des votes, nous laissons à qui de droit le soin d'élire les hommes... »[607]. À ces réticences, il faut ajouter les effets de la candidature officielle[608], et de la mise à disposition au profit des candidats favorables aux gouvernements successifs des agents de l'administration qui constituent une forme d'organisation électorale à l'efficacité parfois redoutable !

2° du milieu des années 1860 à 1890 : l'effort de structuration partisane est lié à la dimension de plus en plus concurrentielle des opérations électorales. Les élections au suffrage universel masculin nécessitent des moyens financiers de plus en plus importants afin de solliciter et de « fidéliser » les voix des électeurs. Le phénomène le plus important de cette période est assurément l'apparition d'organisations ouvrières se réclamant des diverses variantes de socialisme dont l'activité est rendue possible par la libéralisation progressive du droit de réunion[609].

3° de 1890 à 1905 : un système de partis se met en place à partir d'une « coordination départementale des luttes parlementaires »[610], c'est-à-dire de réseaux d'accréditation par lesquels les parlementaires les plus influents tentent de favoriser la promotion de leurs pairs et de leurs affiliés, et, dans un deuxième temps, à la faveur de la loi de 1901 sur les associations. Les partis politiques français demeurent néanmoins des organisations faibles, peu centralisées, et surtout concurrencées par d'autres formes d'organisation : les syndicats, les loges maçonniques, les sociétés de libre pensée[611], etc. L'importance du clientélisme notabiliaire, que rend possible le scrutin d'arrondissement, explique pourquoi les élites républicaines « modérées » demeurent au fond assez étrangères à l'organisation partisane.

Force est donc de constater, à la suite de Raymond Huard, que durant la troisième République, « toute une partie de la classe politique est restée longtemps attachée à un mode d'encadrement des masses qui reposait sur le

---

[607] Extrait du *Programme des représentants de la Montagne* du 6 avril 1849.
[608] VOILLIOT (Ch.), *La candidature... op. cit.*
[609] COSSART (P.), *Des délibérations aux manifestations de force. Socio-histoire des réunions politiques, 1858-1939*, Thèse de doctorat en science politique, Université Paris-I, 2006.
[610] PHELIPPEAU (E.), *L'invention de l'homme politique moderne*, Paris, Éditions Belin, 2002, p. 272.
[611] LALOUETTE (J.), *La libre pensée en France, 1848-1940*, Paris, Albin Michel, 1997.

pouvoir conjugué de l'administration et des notables et économisait en conséquence la nécessité du parti » [612]. Cet attachement est lié aux caractéristiques sociales des parlementaires et non à un individualisme théorisé. En effet, au sein des assemblées de cette époque prédominent les professions libérales[613], principalement juridiques, dont l'influence politique s'inscrit dans le prolongement de la constitution de clientèles professionnelles. Pour prolonger rapidement la chronologie française présentée plus haut, notons que :

4° de 1905 à 1958 : apparaissent d'abord à gauche (S.F.I.O., P.C.F.) puis à droite (R.P.F., M.R.P.) des partis structurés et dont les adhérents se comptent en dizaine de milliers. L'objectif affiché de ces organisations, au-delà de l'obtention de postes électifs, est l'encadrement de groupes sociaux spécifiques (ouvriers, paysans, anciens combattants, etc.). Dans certaines conjonctures, ce processus d'encadrement devient prééminent, au détriment de la réussite électorale, notamment lorsque ces partis sont écartés durablement des positions centrales de pouvoir, ce qui est le cas du P.C.F. de sa naissance au congrès de Tours jusqu'en 1936, puis dans le contexte de la « guerre froide » à partir de 1947. Pour Georges Lavau, ces partis politiques écartés des fonctions de gouvernement mais très présents dans les luttes politiques et sociales exercent une « fonction tribunicienne »[614].

5° depuis 1958 : la référence aux partis politiques dans l'article 4 de la constitution du 4 octobre 1958 n'est pas anecdotique[615]. Elle est une étape d'un processus de légitimation et d'institutionnalisation des partis politiques dont l'aspect le plus important est aujourd'hui la mise en place d'un financement public des partis et des campagnes électorales [616], adossé aux résultats électoraux, et destiné à mettre fin aux scandales liés aux financements privés, de gouvernements étrangers et aux phénomènes de corruption des professionnels de la politique[617].

---

[612] HUARD (R.), *La naissance... op. cit.*, p. 316.
[613] CHARLE (Ch.), *Les élites de la République, 1880-1900,* Paris, Fayard, 2006 (1ère ed. 1987).
[614] LAVAU (G.), *À quoi sert le parti communiste français ?*, Paris, Fayard, 1981.
[615] « Les partis et groupements politiques concourent à l'expression du suffrage. Ils se forment et exercent leur activité librement. Ils doivent respecter les principes de la souveraineté nationale et de la démocratie. Ils contribuent à la mise en œuvre du principe énoncé au second alinéa de l'article premier dans les conditions déterminées par la loi. La loi garantit les expressions pluralistes des opinions et la participation équitable des partis et groupements politiques à la vie démocratique de la Nation ».
[616] http://www.senat.fr/role/fiche/financ_vie_pol.html
[617] Pour la période de l'entre-deux-guerres, voir JEANNENEY (J.-M.), *L'argent caché. Milieux d'affaires et pouvoirs politiques dans la France du XXᵉ siècle,* Paris, Fayard, 1981 ; pour la période récente, voir LASCOUMES (P.), *Corruptions,* Paris, Presses de Sciences-Po, 1999.

[192] En France, l'étude des partis politiques a longtemps reposé sur la distinction proposée par Maurice Duverger entre « partis de cadres » et « partis de masse » dans un ouvrage paru en 1951 et qui fait aujourd'hui figure de « classique » de la science politique[618]. L'analyse des partis politiques qu'il propose repose sur deux dimensions analytiquement séparées : la structure des partis et les systèmes de partis. La structure des partis est déterminée en premier lieu par une évolution historique, jugée irréversible dans les années cinquante, qui voit les « partis de masse » supplanter les « partis de cadres » et qui correspond à l'institutionnalisation du suffrage universel. Selon Maurice Duverger, les partis politiques modernes ont pour origine, dans un premier temps, les groupes parlementaires[619] et, dans un second temps, les comités électoraux qui se forment autour d'un ou de plusieurs candidats alliés à l'occasion lors des compétitions électorales. Les « partis de cadres » sont donc essentiellement composés au départ de parlementaires et de « notables ». Quant aux « partis de masse », ils sont contemporains de l'irruption du monde ouvrier, et plus généralement des groupes dominés, dans l'arène électorale. Ces partis peuvent s'appuyer sur des structures existantes, des syndicats comme le *Labour Party* en Grande-Bretagne, des Eglises comme le *Partito Popolare Italiano*, etc. Ces partis politiques sont dirigés par des « permanents » qui contrôlent, ou tentent de contrôler, les parlementaires élus. Les systèmes de partis sont des combinaisons qui reposent sur plusieurs facteurs : socio-économiques (la structure des classes sociales), idéologiques et techniques (les modes de scrutin). Ce dernier point est connu sous le nom de « lois de Duverger » selon lesquelles la représentation proportionnelle favorise un système de partis multiples, rigides et indépendants les uns des autres ; le scrutin majoritaire à deux tours un système de partis multiples, souples et dépendants les uns des autres ; le scrutin majoritaire à un tour un dualisme de partis[620]. Cette analyse, très problématique et qui laisse de côté bien des aspects des compétitions électorales, a néanmoins le mérite d'attirer notre attention sur les rapports entre partis politiques.

[193] L'exemple allemand va nous servir à montrer ce qui permet de distinguer, ou de rapprocher les partis de cadre (*Honorationenpartei*) et les partis de masse (*Massenpartei*). Commençons par la social-démocratie, qui a d'ailleurs très longtemps servi de modèle aux autres partis socialistes en

---

[618] DUVERGER (M.), *Les partis... op. cit.*
[619] Cette proposition se vérifie au regard de l'histoire britannique, beaucoup moins dans le cas français.
[620] DUVERGER (M.), *L'influence des systèmes électoraux sur la vie politique,* Paris, Armand Colin, 1950.

Europe[621]. Le premier parti allemand revendiquant l'appellation ouvrière s'est constitué à l'appel de Ferdinand Lassalle[622]. Le 18 mars 1863, ce dernier proposa de « constituer un parti politique indépendant » et « de faire du suffrage universel direct le slogan et la bannière de ce parti »[623]. Le 23 mai de la même année, un congrès réunissant 600 délégués provenant de onze villes différentes donne naissance à l'Association générale des travailleurs allemands (*Allgemeiner Deutscher Arbeitverein*)[624]. Le succès de cette organisation fut limité : un an après sa création, elle ne comptait que 35 membres à Berlin, capitale de la Prusse, et environ 3500 dans l'ensemble de l'Allemagne. Ouvertement réformiste et engagée dans une démarche électorale, ce parti devait faire face à la concurrence d'une autre organisation ouvrière, le Congrès des associations ouvrières allemandes (*Verband Deutscher Arbeitvereine*) en lien avec l'Association internationale des travailleurs (*Internationale Arbeiterassoziation*) créée à Londres le 28 septembre 1864 autour de K. Marx et de F. Engels[625]. C'est cette formation qui va se transformer, lors du congrès d'Eisenach (7-9 août 1869) en Parti social-démocrate des travailleurs (*Sozialdemokratische Arbeitpartei*) à l'initiative de Wilhelm Liebknecht et d'August Bebel. L'unification de l'Allemagne en 1871 et l'industrialisation rapide de ce pays vont favoriser l'expansion du parti social-démocrate. (et parallèlement du syndicalisme ouvrier) et ce malgré la répression féroce menée par les patrons d'industrie et par l'État impérial qui se dota d'une législation anti-socialiste (*Gesetz gegen die gemeingefährlichen Bestrebungen der Sozialdemokratie* – 21 octobre 1878) à cette fin[626]. Cette répression était prolongée hors des frontières du Reich par la collaboration entre les différentes

---

[621] GOUGEON (J.-P.), *La social-démocratie allemande, 1830-1896. De la révolution au réformisme*, Paris, Aubier, 1996, pp. 55-157. Voir aussi FULBERTH (G.), HARRER (J.), *Die Deutsche Sozialdemokratie 1890-1933*, Luchterhand, 1974 ; GUTTSMAN (W. L.), *The German Social Democratic Party, 1875-1933. From Ghetto to Government*, Londres, Allen & Unwin, 1981 ; ROVAN (J.), *Histoire de la social-démocratie allemande*, Paris, Éditions du Seuil, 1978.

[622] Sur les problèmes posés par cette chronologie, voir BOUVIER (B.), « Les débuts de la social-démocratie allemande », in SAINT-GILLE (A.-M.), dir., *Cultures politiques et partis aux XIXe et XXe siècles : l'exemple allemand*, Presses Universitaires de Lyon, 2005, pp. 57-70.

[623] GOUGEON (J.-P.), *La social-démocratie... op. cit.*, p. 70.

[624] STEENSON (G. P.), *« Not One Man! Not One Penny! » German Social Democracy, 1863-1914*, University of Pittsburgh Press, 1981.

[625] MARCOU (L.), « Internationale(s) », in BENSUSSAN (G.) et LABICA (G.), dir., *Dictionnaire critique du marxisme*, Paris, Presses Universitaires de France, 1999 (1ère ed. 1982), pp. 609-613.

[626] Le Chancelier profita de l'émotion causée par un attentat commis le 2 juin contre Guillaume 1er. Voir CAHN (J.-P.), « Les "lois sur les socialistes" (1878-1890) », in *L'Empire allemand de l'unité du Reich au départ de Bismarck, 1871-1890*, Nantes, Éditions du Temps, 2002, pp. 205-213.

polices européennes[627]. Pourquoi un tel acharnement ? Le S.D.A.P. était un parti qui se proclamait « révolutionnaire ». En 1871, ses dirigeants saluèrent la Commune de Paris comme « la première étape de l'émancipation du prolétariat »[628]. Jusqu'en 1919, beaucoup de ses dirigeants furent condamnés à des peines de prison et plusieurs de ses journaux furent interdits[629]. Cette répression n'a toutefois pas été suffisante pour enrayer les succès électoraux du parti dont le nom fut changé en *Sozialdemokratische Partei Deutschlands* en 1890. Cette année-là, le total des voix obtenues par les candidats sociaux-démocrates atteignait 20 %. En 1912, avec 34,8% des voix et 110 sièges, le S.P.D. devient le plus important des partis politiques représentés au *Reichstag*. Rien d'étonnant à ce qu'il apparaisse alors comme un modèle d'organisation pour tous les partis socialistes européens. En 1914, le S.P.D. compte environ un million d'adhérents[630] et près de 4000 permanents rémunérés. La presse social-démocrate est un vaste ensemble qui regroupe en 1895 75 journaux, dont 39 quotidiens[631]. Son budget de fonctionnement est de 1 971 000 marks (1912) et il contribue très largement au financement d'autres partis socialistes en Europe[632]. Si ses adhérents sont à 85% des ouvriers, il s'agit principalement d'ouvriers qualifiés (*Facharbeiter*), majoritairement d'origine protestante et déchristianisés[633]. Au début du XXe siècle, l'électorat social-démocrate ne se limite plus à la seule classe ouvrière mais intègre également des électeurs issus des classes moyennes (*Mittelstand*) urbaines[634]. Quant aux permanents, leur rôle croissant dans la direction du parti apparaît comme un phénomène préoccupant aux yeux de ceux qui, comme Karl Kautsky en 1909, estiment que « les gens du

---

[627]LIANG (H.-H.), *The Rise of Modern Police and the European State System from Metternich to the Second World War,* Cambridge University Press, 1992, ch. 3.

[628]GOUGEON (J.-P.), *La social-démocratie... op. cit.*, p. 98.

[629]À titre d'exemple, du 1er avril 1911 au 31 mai 1912, 323 procès furent engagés contre des rédacteurs de la presse social-démocrate. *Ibid.*, p. 157.

[630]SPERBER (J.), *The Kaiser's Voters. Electors and Elections in Imperial Germany,* Cambridge University Press, 1997, p. 54. À la même époque, la S.F.I.O. compte moins de 100 000 adhérents.

[631]STEENSON (G. P.), *After Marx, Before Lenin. Marxism and Socialist Working-Class Parties in Europe, 1884-1914,* University of Pittsburgh Press, 1991, p. 64. Voir aussi HALL (A.), *Scandals, Sensation and Social Democracy. The S.P.D. Press in Wilhelmine Germany, 1890-1914,* Cambridge University Press, 1977.

[632]Ce n'est pas le seul aspect de son influence internationale, la richesse des débats doctrinaux de la social-démocratie allemande autour de l'opposition réformisme/révolution doit aussi être prise en compte.

[633]Ils partageaient ainsi l'hostilité vis-à-vis des catholiques des protestants restés fidèles à leurs Eglises.

[634]Cette dimension a été mise en avant par les travaux des sociologues d'alors, notamment ceux de Robert Blank. BLANK (R.), « Die soziale Zusammensetzung der sozialdemokratishen Wählerschaft Deutschlands », *Archiv für Sozialwissenschaft und Sozialpolitik,* 20, 1905, pp. 507-553.

sommet sont à ce point pris par les tâches administratives que nécessite l'appareil du parti que la vision à long terme, l'intérêt pour ce qui se passe en dehors du travail des organisations leur font défaut »[635]. Les premières analyses sociologiques des entreprises partisanes ont largement corroboré ce phénomène[636].

Qu'en est-il du côté des conservateurs[637]? Le D.K.P. (*Deutsch-Konservative Partei*) est créé en juin 1876 à Francfort-sur-le-Main à partir d'une scission au sein du groupe parlementaire majoritaire au sein du *Reichstag*. Ce parti défend la notion d'État autoritaire (*Obrigkeitsstaat*), sa composition sociale le rapproche de celle de la Ligue des agrariens (*Vereinigung der Steuer und Wirtschafsreformer*), une association de propriétaires terriens prussiens créée la même année, mais avec un recrutement élargi à d'autres régions de l'Empire[638] et aux élites administratives[639]. Aux côtés du parti, on note l'existence – pour des raisons légales – d'une association électorale (*Wahlverein*). Grâce aux dons qu'elle reçoit, elle soutient des candidats et surtout un réseau de journaux conservateurs. Progressivement, toute une série de petits groupes vont s'agréger au D.K.P., qui est le parti majoritaire au sein de l'*Abgeordnetenhaus* en Prusse mais dont l'influence reste limitée au niveau national : il n'obtient que 9 % des suffrages aux élections au *Reichstag* en 1912. Si les parlementaires conservent un rôle important dans les instances dirigeantes, ils doivent à cette époque s'effacer devant la personnalité de Heydebrand, le leader du groupe parlementaire, qui devient président du parti en 1913. Ce leadership écrasant n'empêche pas la formation d'un embryon de bureaucratie partisane. Le journal interne *Unsere Partei* en est l'expression ; on y évoque, par exemple, les moyens les plus efficaces de distribuer les tracts du parti. Le D.K.P. contribue au financement des campagnes électorales, mais il doit faire face à la concurrence d'autres ligues conservatrices comme le *Bund der Landwirte* qui

---

[635] Cité par WAHL (A.), *Les forces politiques en Allemagne, XIXᵉ-XXᵉ siècles,* Paris, Armand Colin, 1999, p. 147.

[636] MICHELS (R.), *Les partis politiques. Essai sur les tendances oligarchiques des démocraties,* Paris, Flammarion, 1971 (1ère ed. 1911). Sur la trajectoire intellectuelle de l'auteur, les éléments de biographie présentés par Pierre Cours-Salies et Jean-Marie Vincent in MICHELS (R.), *Critique du socialisme. Contribution aux débats du début du XXᵉ siècle,* Paris, Éditions Kimé, 1992, pp. 9-42.

[637] Les informations qui suivent sont tirées de RETALLACK (J. N.), *Notables of the Right. The Conservative Party and Political Mobilization in Germany, 1876-1918,* Boston, Allen & Unwin, 1988.

[638] MIARD-DELACROIX (H.), « Les conservateurs dans l'Allemagne impériale, entre tradition et nationalisme », in SAINT-GILLE (A.-M.), dir., *Cultures politiques et partis aux XIXᵉ et XXᵉ siècles : l'exemple allemand,* Presses Universitaires de Lyon, 2005, p. 89.

[639] VINCENT (M.-B.), *Serviteurs de l'État. Les élites administratives en Prusse de 1871 à 1933,* Paris, Belin, 2006, p. 186 et s.

comptait plus de 300 000 adhérents à la veille de la guerre[640] ou la *Bayerische Bauerbund*. En 1917, le D.K.P. et son leader sont pratiquement sont pratiquement mis hors-jeu par la formation du D.V.P. (*Deutsche Vaterlandspartei*) dont les effectifs vont atteindre 1 250 000 adhérents dès l'année suivante. Le modèle du parti de masse semble, aux yeux des contemporains[641], avoir définitivement supplanté celui du parti de cadres.

[194] La naissance des partis politiques dans l'Allemagne unifiée est inséparable de la révolution industrielle et des conflits qui s'en sont suivis. Ce lien contextuel n'est pas spécifique aux seuls partis ouvriers si l'on en croit l'analyse proposée par Stein Rokkan[642]. La typologie qu'il propose, et qui prend la forme d'une carte des partis politiques, met l'accent sur les conditions de leur formation. Héritier en cela de la sociologie fonctionnaliste, Rokkan considère en effet les partis politiques à la fois comme des agents de conflit et comme des agents d'intégration. Les partis politiques sont liés à quatre clivages structurants (voir tableau ci-dessous) auxquels Stein Rokkan ajoutera un cinquième lié à la révolution russe de 1917 dans un livre ultérieur[643].

CLIVAGE	**CONTEXTE**
État/Église	Construction nationale
centre/périphérie	id.
urbain/rural	Révolution industrielle
possédants/travailleurs	id.
socialistes/communistes	Révolution de 1917

Clivages et formation des partis politiques

Cette analyse a été systématisée en langue française par Daniel-Louis Seiler qui associe deux familles de partis politiques à chacun de ces clivages structurants [644]. Le clivage État/Église a donné naissance aux partis anticléricaux, comme le parti radical en France[645], et aux partis démocrates-chrétiens. Le clivage centre/périphérie a donné naissance aux partis centralistes et aux partis régionalistes, comme la Ligue du Nord en Italie[646]. Le clivage

---

[640]MIARD-DELACROIX (H.), « Les conservateurs... », *op. cit.*, p. 90.
[641]VON BELOW (G.), *Das gute Recht der Vaterlandspartei*, Berlin, 1917.
[642]LIPSET (S. M.), ROKKAN (S.), *Party Systems and Voter Alignment,* New York, Free Press, 1967.
[643]ROKKAN (S.), *Citizens, Elections, Parties,* Oslo University Press, 1970.
[644]SEILER (D.-L.), *Partis et familles politiques,* Paris, Presses Universitaires de France, 1980 ; SEILER (D.-L.), *Les partis politiques en Occident,* Paris, Éditions Ellipses, 2003.
[645]BAAL (G.), *Histoire du radicalisme,* Paris, La Découverte, 1994.
[646]DIAMANTI (I.), *La Lega. Geografia, storia e sociologia di un nuovo soggetto politico,* Rome,

urbain/rural a donné naissance aux partis agrariens. Le clivage possédants/travailleurs a donné naissance aux partis bourgeois et aux partis ouvriers qui se sont scindés après 1917 en partis socialistes et partis communistes, ces derniers soutenant l'U.R.S.S. C'est le clivage initial qui détermine durablement l'orientation de chaque parti, au-delà des changements de label ou d'appellation. Ainsi la C.D.U. allemande – dont le sigle la rapproche de la famille démocrate-chrétienne – est en fait un « parti bourgeois » qui forme, avec le S.P.D. dont nous avons parlé plus haut, un couple issu du clivage possédant/travailleur. Pour Daniel-Louis Seiler, c'est d'ailleurs ce clivage qui est le plus structurant. Les partis politiques qui forment son échantillon sont 64 % à se répartir selon cette ligne contre 22 % pour le clivage centre/périphérie et 9,5 % pour le clivage État/Église.

[195] Cette analyse a été étendue aux pays non-européens par Kenneth Janda sur la période 1957-1962, marquée par la formation de nouveaux États en Asie et en Afrique[647]. Dans ces pays, qui étaient quelques années auparavant des colonies européennes et dont certains ont accédé à l'indépendance à l'issue de conflits armés [648], c'est tout naturellement le clivage centre-périphérie qui prédomine, sans faire disparaître toutefois l'importance du clivage possédants/travailleurs. Les limites de cette analyse typologique, et des précédentes, sont évidentes : comparer des trajectoires nationales différentes d'une part, et comptabiliser – avec le même poids, des partis de taille et de structures différentes de l'autre, ne peut conduire qu'à des approximations ou à des artefacts statistiques sans intérêt pour l'analyse sociologique[649]. C'est en grande partie pour ces raisons que la sociologie politique française a repris à son compte l'étude des partis politiques sous l'angle de l'étude d'entreprises partisanes.

(20) Du parti politique à l'entreprise partisane

[201] En s'inspirant de la définition proposée par Max Weber du parti comme « sociation ayant pour but de procurer à leurs chefs le pouvoir au sein d'un groupement et à leurs militants actifs, des chances idéales ou matérielles, de poursuivre des buts objectifs, d'obtenir des avantages personnels ou de

---

Donzelli, 1993.
[647] JANDA (K.), *Political Parties. A Cross-National Survey,* New York, Free Press, 1980.
[648] DROZ (B.), *Histoire de la décolonisation au XXᵉ siècle,* Paris, Éditions du Seuil, 2009.
[649] Ce sont là les limites de la perspective comparative proposée aujourd'hui par la science politique européenne. CARAMANI (D.), *The Nationalization of Politics. The Formation of National Electorates and Party Systems in Western Europe,* Cambridge University Press, 2004.

réaliser les deux ensemble »⁶⁵⁰, Michel Offerlé propose d'étudier les partis politiques comme des ensembles de relations sociales investies dans des entreprises spécialisées dans la sollicitation des suffrages. Une entreprise partisane est, selon lui, « un type particulier de relation dans laquelle un ou des agents investissent des capitaux pour recueillir des profits politiques en produisant des biens politiques »⁶⁵¹. Les partis politiques se présentent à nous aujourd'hui comme des marques, des sigles, des appellations en concurrence les uns avec les autres. Si l'on prend en compte, l'ensemble des partis en compétition pour l'obtention des positions de pouvoir⁶⁵², cela signifie qu'il est possible d'étudier chacun d'entre eux « comme un champ de luttes et un espace de concurrence objectivé entre des agents ainsi disposés qu'ils luttent pour la définition légitime du parti et pour le droit de parler au nom de l'entité et de la marque collective dont ils contribuent par leur compétition à entretenir l'existence ou plutôt la croyance en l'existence »⁶⁵³. Tout ce qui apparaît aux profanes comme des éléments distinctifs d'un parti politique – la rose du parti socialiste français par exemple – forme un capital socialement objectivé de l'organisation. Les militants d'un parti politique sont donc intéressés à la garantie de ce capital collectif, ce qui suppose la mise en œuvre de technologies, de manières de faire et de voir susceptibles de se traduire en succès électoraux, en élargissement de la sphère d'influence ou en reconnaissance par les entreprises de presse⁶⁵⁴. Dans cette logique, les compétitions électorales fonctionnent comme des épreuves, au sens mathématique du terme, où ce capital collectif est à chaque fois remis en jeu dans une logique concurrentielle.

[202] Le militantisme partisan s'inscrit donc dans une démarche collective. S'il est abusif de le distinguer *a priori* d'autres formes de militantisme⁶⁵⁵, force est de reconnaître que le militantisme partisan peut présenter dans certains cas des caractéristiques spécifiques témoignant d'un engagement hors du commun – à l'instar des « établis » issus des mouvements d'extrême-gauche des années soixante-dix⁶⁵⁶. Dans certains cas, on peut même parler de socialisation secondaire au sein de l'univers partisan tant la formation des militants est

---

⁶⁵⁰WEBER (M.), *Économie... op. cit.*, p. 371.
⁶⁵¹OFFERLE (M.), *Les partis politiques,* Paris, Presses Universitaires de France, « que sais-je ? », 1987, p. 22.
⁶⁵²Et pas uniquement les positions électives.
⁶⁵³OFFERLE (M.), *Les partis... op. cit.*, p. 14.
⁶⁵⁴Certains partis politiques peuvent ainsi exister durablement malgré des résultats électoraux faibles ou insignifiants.
⁶⁵⁵*Cf.* section 16.
⁶⁵⁶DRESSEN (M.), *De l'amphi à l'établi. Les étudiants maoïstes à l'usine, 1967-1989,* Paris, Belin, 1999 ; et le témoignage d'un des plus célèbres d'entre eux : LINHART (R.), *L'établi,* Paris, Éditions de Minuit, 1978.

structurée et fonctionne comme un apprentissage scolaire[657]. En France, le militantisme partisan est aujourd'hui un phénomène quantitativement limité comme le montre le tableau ci-dessous.

LCR/NPA	PCF	Verts	PS	PG	UDF	UMP	FN	
3 000	138 000	9 000	180 000		33 000	245 000	50 000	**2006**
9 000	64 000	9 000	150 000	9 000		240 000	17 000	**2009**

Les adhérents des partis politiques en France[658]

Si l'on considère que l'adhésion peut être une démarche assez formelle, sans véritable engagement militant, on pourrait être tenté d'en déduire une faible influence des entreprises partisanes hors du champ politique[659]. Ce serait faire fi d'une autre dimension importante à prendre en compte pour étudier le rôle des partis politiques : le multi-positionnement[660] d'une part importante des adhérents des partis politiques. Jacques Lagroye notait ainsi que ce qui caractérise en premier les membres des partis politiques c'est leur « activisme multipositionnel »[661]. Dans une étude réalisée en Gironde au début des années soixante-dix, il a relevé que deux-tiers des militants communistes étaient alors membres d'une organisation syndicale (principalement la C.G.T. et le S.N.E.S.) et que la moitié se considéraient comme des militants actifs dans d'autres organisations. De manière générale, il existe des réseaux informels qui lient entre eux les groupes militants et qui sont basés sur l'ensemble des institutions qui requièrent, ou qui font appel au dévouement : partis, associations, syndicats, églises, etc. Ces réseaux forment ce que Jacques Lagroye nomme des « systèmes concrets d'appartenance multiple ». Ce phénomène n'est pas sans importance au vu de la concurrence que se livrent entre elles les entreprises partisanes pour attirer et fidéliser les militants les plus actifs. Mais l'activisme multipositionnel contribue aussi à fabriquer des représentations à travers des figures militantes qui sont parties intégrantes de l'image publique des partis : l'ouvrier communiste syndiqué à la C.G.T., l'instituteur socialiste, le petit

---

[657]ETHUIN (N.), *L'éducation et la formation des militants et des cadres au PCF (1970-2003)*, Thèse de doctorat en science politique, Université Lille-II, 2003.
[658]Ces données, invérifiables, sont principalement celles fournies par les organisations et peuvent être surestimées.
[659]Pour un exemple de ce type d'analyse, voir MENY (Y.), « La faiblesse des partis politiques français. Une persistante exceptionnalité », in D'ARCY (F.), ROUBAN (L.) dir., *De la cinquième République à l'Europe*, Paris, Presses de Sciences-Po, 1996, pp. 77-94.
[660]BOLTANSKI (L.) « L'espace positionnel. Multiplicité des positions institutionnelles et habitus de classe », *Revue française de sociologie*, XIV, 1973, pp. 3-26.
[661]LAGROYE (J.) ea, *Sociologie... op. cit.*, p. 292 et s.

commerçant « frontiste »⁶⁶², etc. Ces représentations, tout comme les systèmes d'action auxquelles elles renvoient, sont loin d'être monolithiques. Même lorsqu'elles s'inscrivent durablement dans des perspectives communes des organisations proches d'un parti politique peuvent être amenées à entrer en conflit avec lui. En voici un exemple : en 1984, le gouvernement de Pierre Mauroy renonce à une des 110 propositions du candidat Mitterrand, la constitution d'un « service public unifié de l'éducation nationale », en raison de la mobilisation très forte des défenseurs de l'enseignement catholique. Cette décision crée au sein des organisations « laïques » (sociétés de libre pensée, loges maçonniques, Ligue des droits de l'homme, etc.) regroupées au sein du *Comité National d'Action Laïque,* et dont beaucoup de membres sont aussi adhérents au P.S., un trouble durable⁶⁶³, à même d'affaiblir le potentiel de mobilisation électorale du parti socialiste. Ce type de crise ponctuelle a pu affaiblir tel ou tel parti politique, de même que les scissions⁶⁶⁴, la création de nouveaux partis ou l'incapacité à mobiliser de nouveaux groupes sociaux⁶⁶⁵. Néanmoins, l'hypothèse proposée par Jacques Ion selon laquelle le modèle classique et structuré du parti politique inscrit dans un système d'action laisserait place à des univers militants autonomes⁶⁶⁶ n'a pas été vérifiée empiriquement⁶⁶⁷.

[203] C'est pourquoi, l'étude d'une entreprise partisane doit toujours inclure celle de son environnement. En effet, la force des partis politiques tient à leur capacité à agréger, ne serait-ce que le temps d'un vote, des groupes sociaux différents. Au-delà de la théorisation spontanée proposée par Otto Kirchheimer sous le vocable de « parti attrape-tout »⁶⁶⁸, il est nécessaire d'appréhender cette

---

⁶⁶²Le terme désigne les militants du Front National.
⁶⁶³Pour les effets sur les adhérents de la L.D.H., voir Agrikoliansky (E.), *La ligue française des droits de l'homme et du citoyen depuis 1945. Sociologie d'un engagement civique,* Paris, L'Harmattan, 2002 ; ainsi que Naquet (E.), *La Ligue des droits de l'homme : une association en politique,* Thèse de doctorat en histoire, I.E.P. de Paris, 2005.
⁶⁶⁴Verrier (B.), *Loyauté militante et fragmentation des partis, du CERES au MDC,* Thèse de doctorat en science politique, Université Strasbourg-III, 2003.
⁶⁶⁵Mischi (J.), « La recomposition identitaire du PCF : modernisation du parti et dépolitisation du lien partisan », *Communisme,* 72-73, 2003, pp. 71-99 ; Pudal (B.), « La beauté de la mort communiste », *Revue française de science politique,* LII, 5-6, 2002, pp. 545-559.
⁶⁶⁶Ion (J.), *La fin des militants ?,* Paris, Éditions de l'Atelier, 1997.
⁶⁶⁷Sawicki (F.), Simeant (J.), « Décloisonner la sociologie de l'engagement militant. Note critique sur quelques tendances récentes des travaux français », *Sociologie du travail,* LI, 1, 2009, pp. 97-125.
⁶⁶⁸Kirchheimer (O.), « The Transformation of the Western European Party Systems », in La Palombara (J.), Weiner (M.) eds, *Political Parties and Political Development, Princeton,* Princeton University Press, 1966, pp. 177-200. Voir aussi Krouwel (A.), « Otto Kirchheimer and the Catch-All Party », *West European Politics,* XXVI, 2, 2003,

capacité de mobilisation via l'analyse des « conditions économiques et des circonstances historiques dans lesquelles [les partis politiques] évoluent »[669] pour reprendre une formule ancienne de Georges Lavau. L'approche proposée par Frédéric Sawicki met ainsi en évidence les réseaux différenciés qui constituent le parti socialiste en étudiant « les configurations locales qui spécifient les propriétés des individus et des groupes »[670]. Il s'agit de compléter la nécessaire sociographie[671] des entreprises partisanes par la prise en compte des espaces sociaux différenciés dans lesquels les individus et les groupes s'inscrivent au-delà de la seule concurrence entre organisations. « En pratique, nous dit Frédéric Sawicki, les relations d'amitié ou de fidélité qui peuvent être fondées sur des échanges multiples de services ou le partage de souvenirs liés à la participation à des luttes communes et qui sont doublées par des relations de parenté tenant à l'étroitesse des réseaux militants, ne sont pas moins importantes pour comprendre les interactions politiques que la dimension conflictuelle et concurrentielle »[672] des entreprises partisanes. L'analyse des réseaux inspirée des travaux de Jacques Lagroye conduit à la mise en évidence de « sites d'interaction »[673] autour des organisations locales du parti socialiste. Dans le Pas-de-Calais, la fédération présente une forte identité militante et ouvrière construite dans la concurrence avec le P.C.F. et qui, comme dans le cas de dernier, fonctionne comme une « marque distinctive »[674]. Dans le Var, le militantisme socialiste fait une part importante aux petits propriétaires indépendants, y compris des agriculteurs, et à un leadership de type clientélaire en crise depuis les années quatre-vingt. En Ille-et-Vilaine, la montée en puissance du P.S. depuis les années soixante-dix doit beaucoup à la montée en puissance de militants issus des organisations de jeunesse catholiques et dont beaucoup sont regroupés localement au sein du courant « rocardien ». Ce n'est qu'en explicitant la genèse de l'identité partisane locale que l'on peut ainsi appréhender les fortunes diverses des candidats socialistes lors des consultations électorales récentes. Loin d'être une « marque » uniforme, l'identité socialiste

---

pp. 23-40. Une bonne partie de la littérature politologique sur les partis vise à imposer de nouvelles catégories dans les débats entre spécialistes : voir KATZ (R.), MAIR (P.), « Changing Models of Party Organization and Party Demoracy : The Emergence of the Cartel Party », *Party Politics,* I, 1, 1995, pp. 5-28 et PANEBIANCO (A.), *Political Parties. Organization and Power,* Cambridge University Press, 1982.

[669] LAVAU (G.), *Partis politiques et réalités sociales. Contribution à une étude réaliste des partis politiques,* Paris, Armand Colin, 1953, p. 7. Cet ouvrage est une réponse à celui de Maurice Duverger paru deux ans auparavant.

[670] SAWICKI (F.), *Les réseaux du parti socialiste. Sociologie d'un milieu partisan,* Paris, Éditions Belin, 1997, p, 23.

[671] C'est-à-dire le recensement des adhérents en fonction de variables objectivées.

[672] SAWICKI (F.), *Les réseaux... op. cit.*, pp. 27-28.

[673] *Ibid.*, p. 31.

[674] PUDAL (B.), *Prendre parti... op. cit.,* p. 11.

apparaît comme un capital symbolique et militant[675] susceptible d'appropriations différenciées et dont le rendement électoral est – au-delà des fluctuations perceptibles lors des scrutins nationaux – lié aux transformations qui affectent les groupes sociaux concernés (déclin des indépendants dans le Var, augmentation des classes moyennes salariées en Ille-et-Vilaine, etc.).

c) *Médias, communication et sondages*

[211] Parmi les différents acteurs qui occupent des positions spécifiques dans l'univers des médias, il existe un groupe particulier – les journalistes politiques – dont le rôle va croissant dans la mise en forme des évènements et dans la production de verdicts sur les luttes et les enjeux internes au champ politique. De manière générale, on sera donc amené à se demander dans quelle mesure, et avec quels outils, l'action collective et la politique électorale, que nous avons évoqué précédemment, sont-elles déterminées aujourd'hui par l'action conjointe des entreprises spécialisées dans la communication.

(21) Le journalisme politique

[212] La première forme de journalisme politique, dont l'existence remonte à la Révolution française, a été ce que l'on nomme le journalisme parlementaire : la rédaction de comptes rendus des débats des assemblées. Des noms aujourd'hui célèbres ont donné ses quartiers de noblesse à cette activité. Émile Zola, par exemple, qui de février 1871 à décembre 1872 a suivi les travaux de l'assemblée constituante réunie à Versailles et dont 363 chroniques ont paru dans *La Cloche* et dans *Le Sémaphore de Marseille*. Selon ses propres termes, il y proposait à ses lecteurs « une physionomie et un résumé des débats... sans préjudice des menues nouvelles »[676]. Au sein des journaux qui traitent de questions politiques, les hommes de lettres côtoient des parlementaires où leurs collaborateurs[677], tous affublés de l'étiquette de « publicistes »[678]. Le journalisme reste, au XIXe siècle, inséparable de l'activité politique elle-même[679]. À ce journalisme spécialisé dans les débats parlementaires et dans

---

[675]*Cf.* section 163.
[676]ZOLA (E.), *Oeuvres complètes. Tome 5 : Thiers au pouvoir (1871-1873),* Paris, Nouveau monde éditions, 2003.
[677]BAYON (N.), *Eugène Spuller (1835-1896) - Itinéraire D'un Républicain Entre Gambetta et Le Ralliement,* Lille, Presses du Septentrion, 2005.
[678]À ne pas confondre avec les spécialistes du droit public.
[679]JOANA (J.), *Pratiques politiques des députés français au XIXe siècle,* Paris, L'Harmattan, 1999. Ils ont en commun la passion du duel : VOILLIOT (Ch.), *Le Parlement et le duel en France, 1870-1914,* Mémoire pour le DEA de politique comparée et de sociologie politique, Université Paris-X Nanterre, 1995.

l'expression d'opinions va succéder, par étapes[680], un journalisme spécialisé dans les enjeux internes au champ politique et aux stratégies de communication de ses acteurs, attaché à décrypter et à vulgariser la compétition politique[681]. Ce journalisme politique présente, selon Erik Neveu, trois caractéristiques[682] :

1° Il s'agit d'un journalisme « noble » qui est l'apanage des médias d'information générale et qui occupe de ce fait une place privilégiée au sein des rédactions ;

2° Il s'agit d'un journalisme qui doit rendre compte d'enjeux de plus en plus ésotériques du fait des transformations internes au champ politique[683] ;

3° Il s'agit d'un journalisme qui entretient une relation structurelle de « proximité » avec ses sources, c'est-à-dire les autres acteurs du champ politique.

Comme le souligne Jean-Baptiste Legavre, les journalistes politiques sont désormais des « spécialistes du jeu politique »[684]. L'enquête qu'il a réalisée sur les élections régionales de 2004, en collaboration avec Nicolas Hubé, met en évidence les transformations de cette profession. Lorsque l'on prend en considération les « unes » des quotidiens[685], les « papiers » consacrés au jeu politique sont prédominants (de 100 % pour *Libération* à 90 % pour *La Croix*) ; mais il en va de même pour les articles des pages intérieures (de 96,5 % pour *Libération* à 77 % pour *Ouest-France*). Cette focalisation sur le jeu politique se traduit par des « unes » accrocheuses, volontiers pensées sur un mode dramatique du type « La République est en danger ! ». Les élections régionales, qui sont des compétitions locales, sont constituées par ce traitement journalistique en épreuve politique nationale. Cette manière de décrire le jeu politique fait de plus en plus l'impasse sur le contenu des débats des assemblées ou sur les marqueurs idéologiques. Elle est la conséquence des positions collectivement occupées par ces journalistes politiques, à la frontière du champ

---

[680] CHARLE (Ch.), *Le siècle de la presse (1830-1939),* Paris, Éditions du Seuil, 2004 ; DELPORTE (Ch.), *Les journalistes en France, 1880-1950. Naissance et construction d'une profession,* Paris, Éditions du Seuil, 1999 ; FERENCZI (Th.), *L'invention du journalisme en France. Naissance de la presse moderne à la fin du XIXème siècle,* Paris, Payot, 1993 ; PALMER (M. B.), *Des petits journaux aux grandes agences. Naissance du journalisme moderne (1863-1914),* Paris, Aubier, 1983.

[681] KACIAF (N.), « Le journalisme politique d'une République à l'autre. Les conditions de transformation des pages "politique" de la presse française (1945-1981) », in COHEN (A.), LACROIX (B.) et RIUTORT (Ph.), dir., *Les formes... op. cit.*, pp. 367-384.

[682] NEVEU (E.), « Quatre configurations du journalisme politique », in RIEFFEL (R.) et WATINE (Th.), dir., *Les mutations du journalisme en France et au Québec,* Paris, Éditions Panthéon-Assas, 2002, p. 253 et s.

[683]*Cf.* section 111.

[684] LEGAVRE (J.-B.), « Les journalistes politiques : des spécialistes du jeu politique », in MATONTI (F.), dir., *La démobilisation,* Paris, La Dispute, 2005, pp. 117-142.

[685]Réalisée à partir d'un corpus de 293 « unes » et de 2942 articles de 8 quotidiens.

journalistique et du champ politique[686], qui partagent *l'illusio* propre aux professionnels de la politique, entre autres l'importance à accorder à la compétition pour les positions de pouvoir et au dévoilement des « coulisses » du jeu politique[687]. Aujourd'hui, les journalistes politiques ont beaucoup de traits communs avec les principaux acteurs du secteur dont ils sont censés rendre compte : ils sont majoritairement issus des classes moyennes et supérieures, ils ont souvent été formés sur les bancs de la rue Saint-Guillaume[688], ils fréquentent les mêmes lieux et forment parfois des couples très... médiatiques. Les investissements des journalistes qui s'intéressent au jeu politique ne sont donc pas si éloignés de ceux des professionnels de la politique eux-mêmes. Cette proximité sociale ne favorise pas un journalisme « de parti »[689] – dont le modèle français, *L'Humanité*, est plutôt mal portant – ou militant[690], mais une forme de commentaire distancié, ajusté aux positions occupées dans le champ du pouvoir. Sous la plume de ces journalistes, la vie politique se réduit à une sorte de jeu de chaises musicales (les anglophones parlent plus volontiers de *horse race*[691]) où sont majoritairement absent les profanes, symboliquement exclus de commentaires qui se limitent aux seules stratégies des professionnels de la politique.

[213] Les relations entre journalistes et professionnels de la politique ne sont pas pour autant inscrites dans une logique de pure subordination. Il convient de les analyser, ainsi que le suggère Jacques Le Bohec, comme des « échanges de coups »[692]. Toute une série d'interactions décisives échappent en effet au citoyen téléspectateur. Les journalistes politiques ne sont pas dépourvus de ressources opposables aux professionnels de la politique, mais leur maniement reste délicat. Faire état de propos tenus *off*, par exemple[693], peut déboucher sur

---

[686]CHUPIN (I.) et NOLLET (J.), « Jalons pour une sociologie historique des interdépendances du journalisme à d'autres univers sociaux », in *Journalisme et dépendances*, Paris, L'Harmattan, 2006, pp. 15-33.
[687] KACIAF (N.), « Mettre en scène les coulisses. Le "secret" comme ressource et comme rhétorique journalistique », in WUILLEME (T.), dir., *Autour des secrets,* Paris, L'Harmattan, 2004, pp. 203-219.
[688]Formule journalistique « classique » pour désigner l'Institut d'Études Politiques de Paris...
[689]PARK (R. E.), « The Natural History of the Newspaper », in *Le journaliste et le sociologue,* Paris, Éditions du Seuil, 2008 (1ère ed. 1923), pp. 49-53.
[690]Le journalisme militant ou le *civic journalism* américain trouvent dans les nouveaux médias électroniques un terrain propice à leur expression, mais sous la forme d'un journalisme de « niches » valorisant l'entre-soi communautaire. De plus, ces nouveaux supports aggravent plus qu'ils ne contribuent à résoudre les phénomènes de précarité au sein de la profession. Voir ACCARDO (A.), *Journalistes précaires,* Bordeaux, Le Mascaret, 1998.
[691]PATTERSON (T. E.), *Out of Order,* New York, Alfred A. Knopf, 1993.
[692]LE BOHEC (J.), *Élections et télévision,* Presses Universitaires de Grenoble, 2007, p. 51.
[693]Sur les usages de ce registre des confidences mi-publiques mi-privées, voir BIRENBAUM (G.),

un *scoop* mais aussi entraîner à l'avenir un *boycott* de toutes les demandes d'*interviews*. De plus, si les journalistes sont protégés par leur statut, les entreprises qui les emploient sont beaucoup plus vulnérables à la pression des annonceurs ou de groupes d'intérêts[694]. Mais les relations les plus ordinaires, les plus banales aussi, relèvent de la logique du don et du contre-don : un portrait flatteur en première page vaut bien quelques informations inédites, un stage estival dans une rédaction prestigieuse pour l'héritier de la famille vaut bien une exclusivité, etc. Les professionnels de la politique ont, à n'en pas douter, une conception instrumentale des médias[695], encouragés qu'ils sont dans ce registre par leurs conseillers en communication eux-mêmes fascinés par les *spin doctors* américains[696]. Les spécialistes de la communication partagent en partie les croyances et les intérêts de leurs commanditaires[697]. Cela ne fait pas pour autant des entreprises de presse de simples relais de stratégies bien huilées de *storytelling*[698]. Ces dernières doivent faire face à des contraintes propres à ce secteur d'activité (concurrence des médias électroniques, baisse des recettes publicitaires, etc.) et elles ne peuvent s'engager de manière trop visible en faveur de tel ou tel candidat, de tel ou tel ministre au risque de perdre des lecteurs ou des auditeurs[699]. Qui plus est, ceux-ci ne sont pas des récepteurs passifs[700]. Ils peuvent faire preuve d'une grande indifférence vis-à-vis des contenus proposés[701] ou influencer les choix rédactionnels par des comportements d'*exit*. Les ventes de *Libération* ont ainsi été affectées par les prises de position éditoriales en faveur du traité constitutionnel européen en 2005[702].

Nos délits d'initiés, Paris, Stock, 2003.

[694]*Cf.* sections 151 à 154.

[695]Analogue en un certain sens à leur conception instrumentale du droit. *Cf.* section 123.

[696] MALTESE (J. A.), *Spin Control. The White House Office of Communications and the Management of Presidential News,* Chapel Hill, The University of North Carolina Press, 1994.

[697]GEORGAKAKIS (D.), « La double figure des conseils en communication politique. Mises en scène des communicateurs et transformation du champ politique », *Sociétés contemporaines,* 24, 1995, pp. 77-94 ; LEGAVRE (J.-B.), « Crise de la représentation et nouvel homme politique. Le métier politique au prisme des conseils en communication politique », in POIRMEUR (Y.) et MAZET (P.), dir., *Le métier politique en représentations,* Paris, L'Harmattan, 1999, pp. 183-211.

[698]SALMON (Ch.), *Storytelling. La machine à raconter des histoires et à formater les esprits,* Paris, Éditions La Découverte, 2007.

[699]ESQUENAZI (J.-P.), *Télévision et démocratie. Le politique à la télévision française,* Paris, Presses Universitaires de France, 1999.

[700]LE GRIGNOU (B.), *Du côté du public. Usages et réceptions de la télévision,* Paris, Economica, 2003.

[701]HOGGART (R.), *La Culture du pauvre. Étude sur le style de vie des classes populaires en Angleterre,* Paris, Éditions de Minuit, 1970, ch. 9.

[702]Sur l'évolution de ce quotidien, voir RIMBERT (P.), *Libération, de Sartre à Rotschild,* Paris,

Cela dit, les choix journalistiques vont rarement à l'encontre des rapports de force interne au champ politique, confirmant ainsi les hiérarchies établies. C'est ce que montre Eric Darras à partir d'une enquête réalisée sur les listes d'invités à deux importantes émissions politiques télévisées entre 1982 et 1995 : *L'heure de vérité*, diffusée sur Antenne 2, et *Sept sur sept*, diffusée sur TF1[703]. Sur 167 invités à *L'heure de vérité*, 91 % sont des professionnels de la politique de premier rang, les 25 % les plus titrés d'entre eux se partageant 60 % du temps total d'antenne. Cette logique de recrutement s'explique par les contraintes d'audience qui pèsent sur ce type d'émission, y compris sur les chaînes de service public. Une des raisons de la fréquence des invitations adressées à Jean-Marie Le Pen à *L'heure de vérité* doit ainsi être rapprochée des bons scores réalisés par les huit émissions auxquelles il a participé. Inversement, des invités jugés moins spectaculaires ou démonstratifs, indépendamment de considérations idéologiques, vont bénéficier d'un temps de parole beaucoup plus faible.

Les émissions politiques n'ont plus guère leur place aujourd'hui dans les grilles de programme des différentes chaînes en raison de leur faible audience. En réponse à cette désaffection du public, se sont développées des émissions de type forum où les invités sont confrontés à des panels de spectateurs soigneusement sélectionnés[704]. Lors de la campagne électorale de 2007, TF1 a ainsi diffusé *J'ai une question à vous poser*. Il s'agit en fait de simulacres d'*agora* où, en donnant à des profanes la possibilité de poser des questions en direct, on laisse croire à une expression spontanée de la *vox populi*. Lorsque ces invités exceptionnels refusent de se prêter au jeu écrit à l'avance, les choses se passent mal. Dans un petit livre paru en 1996, Pierre Bourdieu avait dénoncé cet encadrement de la parole des profanes lors des conflits sociaux de l'année précédente[705]. Il y revient notamment sur l'émission *La marche du siècle*, diffusée sur FR3, où le présentateur, Jean-Marie Cavada, n'hésitait pas à couper la parole aux grévistes, moins à l'aise dans leur expression orale, et à les placer en position d'accusé ! De plus en plus, d'ailleurs, les professionnels de la politique préfèrent être invités dans des émissions grand public diffusées lors de tranches horaires plus favorables. Interrogés par des animateurs qui ne sont pas des journalistes politiques, ils livrent des confidences sur leur vie privée, sur leurs goûts musicaux ou leurs animaux de compagnie[706]. Comme l'indique

---

Raisons d'agir éditions, 2005.

[703] DARRAS (E.), « Le pouvoir "médiacratique" ? Les logiques du recrutement des invités politiques à la télévision », *Politix*, 30, 1995, pp. 183-198.

[704] LOCHARD (G.), *L'information télévisée*, Paris, Vuibert éditions, 2005.

[705] BOURDIEU (P.), *Sur la télévision*, suivi de *L'emprise du journalisme*, Paris, Raisons d'agir éditions, 1996.

[706] Quand il ne s'agit pas de questions *trash* portant sur les pratiques sexuelles comme celles

Philippe Riutort, « l'un des effets inattendus de la communication politique est d'inviter les professionnels de la politique à surenchérir dans diverses stratégies de présentation de soi mettant en exergue leur "authenticité" »[707]. Le phénomène n'est pas entièrement nouveau comme en témoigne, par exemple, la mise en scène, dès la fin de la IVe République, des épouses des présidents de la République[708], mais il est congruent avec l'évolution des registres télévisuels[709]. Ce faisant néanmoins, les professionnels de la politique contraignent leurs interlocuteurs habituels, les journalistes politiques, à renoncer à la relative sobriété qui les caractérisait par rapport à d'autres formes de journalisme, voire même à leurs croyances dans la place qui doit être accordée à la politique[710]. Il n'est donc pas certain que le journalisme politique ne soit pas appelé à évoluer en ce sens et à se rapprocher d'autres logiques de production de l'information, moins rigoureuses et plus ludiques, et ce d'autant plus que les entreprises où sa position était la plus forte, les quotidiens nationaux d'information générale, sont aujourd'hui dans une situation économique précaire[711]. Cette conjoncture n'apparaît donc guère propice à la remise en cause de la « double dépendance »[712] envers le champ politique et le champ économique dans laquelle sont structurellement inscrits les journalistes politiques[713].

---

auxquelles à dû répondre un soir de 2001 Michel Rocard interrogé par Thierry Ardisson dans l'émission *Tout le monde en parle.* Voir BIRNBAUM (J.) et CHEVENEMENT (R.), *La face cachée de l'homme en noir,* Paris, Stock, 2006.

[707] RIUTORT (Ph.), *Sociologie... op. cit.*, p. 100.

[708] RESTIER-MELLERAY (Ch.), « La femme du présidentiable : une figurante engagée », in POIRMEUR (Y.) et MAZET (P.), dir, *Le métier... op. cit.*, pp. 89-159.

[709] MEHL (D.), *La télévision de l'intimité,* Paris, Éditions du Seuil, 1996.

[710] Cette évolution n'est pas systématique comme le suggère une intéressante comparaison avec l'Italie. SAITTA (E.), « Le désenchantement des journalistes politiques. Une comparaison France/Italie », in COHEN (A.), LACROIX (B.) et RIUTORT (Ph.), dir., *Les formes... op. cit.*, pp. 385-402.

[711] BENILDE (M.), « Qui veut encore financer la presse ? », *Le Monde diplomatique,* février 2010 ; POULET (B.), *La fin des journaux et l'avenir de l'information,* Paris, Gallimard, 2009. En 2008, pour la première fois le nombre de cartes de presses délivrées par la C.C.I.J.P. n'a quasiment pas augmenté alors que la progression était continue depuis 1975. Voir aussi les conclusions des *États généraux de la presse écrite* qui se sont tenus en octobre 2008. http://www.ladocumentationfrancaise.fr/rapports-publics/094000017/index.shtml.

[712] CHAMPAGNE (P.), « La double dépendance. Quelques remarques sur les rapports entre les champs politiques, économiques et journalistiques », *Hermès,* 17-18, 1995, pp. 215-229.

[713] Pour la seule année 2009, 2300 des 38 000 titulaires de la carte de presse ont perdu leur emploi. Source : intersyndicale SNJ-CGT-CFDT.

(22) L'opinion publique et les sondages

[221] Les journalistes politiques ont fréquemment recours, comme d'autres commentateurs ou acteurs du champ politique, à la notion d'opinion publique[714]. Cette notion est apparue progressivement dans les discours des élites savantes du XVIIIe siècle. Ainsi, dans ses *Réflexions sur le commerce des blés* parues en 1776, le marquis Nicolas de Condorcet (1743-1794) distingue trois espèces d'opinion : « l'opinion des gens éclairés, qui précède l'opinion publique et finit par lui faire la loi ; l'opinion dont l'autorité entraîne l'opinion du peuple ; l'opinion populaire enfin qui reste celle de la partie la plus stupide et la plus misérable »[715]. En assimilant ainsi l'opinion publique à celle des « gens éclairés », Condorcet est à l'origine, avec bien d'autres, des ambiguïtés qui entourent aujourd'hui les usages sociaux de cette notion. Si le sens commun assimile l'opinion publique à celle du plus grand nombre, ses mécanismes d'objectivation demeurent obscurs. L'opinion publique existe-t-elle à l'état de grandeur physique, que des instruments seraient en mesure de révéler ? Ou n'existe-t-elle qu'à partir des instruments qui lui donnent forme, comme les sondages d'opinion, et de l'action des commentateurs qui s'appuient sur son autorité, comme les journalistes politiques dont nous venons de parler ? Tous ceux qui évoquent et invoquent l'opinion ne dissimulent-ils pas, derrière la *doxa* démocratique, le commun intérêt des « gens éclairés » au maintien de l'ordre politique ? Il est particulièrement important de répondre à ces questions car nul n'ignore aujourd'hui l'importance des enquêtes d'opinion dans les campagnes électorales et dans les luttes au sein du champ politique[716].

[222] Les sondages sont, en premier lieu, une technique d'échantillonnage statistique qui permet d'étudier la partie pour le tout. Lorsqu'ils reposent sur des échantillons aléatoires, il est possible d'estimer les marges d'erreur qui reposent sur des lois de probabilité (courbe de Gauss) et donc de transposer les résultats obtenus à partir de l'échantillon à l'ensemble de la population que l'on cherche à étudier. Mais les sondages sont aussi une technique d'enquête utilisée par des instituts à vocation commerciale qui ont recours à des échantillons construits[717],

---

[714] BLONDIAUX (L.), « Le chiffre et la croyance. L'importation des sondages d'opinion en France ou les infortunes d'une opinion sans publics », *Politix,* 25, 1994, pp. 117-152.

[715] Cité par BLONDIAUX (L.), *La fabrique de l'opinion. Une histoire sociale des sondages,* Paris, Éditions du Seuil, 1998, p. 45.

[716] GARRIGOU (A.), *L'ivresse des sondages,* Paris, Éditions La Découverte, 2006. Voir également les analyses critiques proposées par l'*Observatoire des sondages* : http://observatoire-des-sondages.org/

[717] Le plus souvent par la méthode des quotas, ce qui rend impossible le calcul d'une quelconque marge d'erreur. Voir LEHINGUE (P.), *Subunda. Coups de sonde dans l'océan des sondages,* Bellecombe-en-Bauges, Éditions du Coquant, 2007, ch. 5.

et qui prétendent mesurer les « grandes tendances » de l'opinion publique. Les sondages d'opinion – ou plus exactement les conclusions que l'on en retire – reposent sur une double hypocrisie, épistémologique et méthodologique.

Dans un article paru en 1973, dans la revue *Les Temps Modernes*, Pierre Bourdieu affirmait que « l'opinion publique n'existe pas sous la forme que lui prêtent tous ceux qui ont intérêt à affirmer son existence »[718]. L'opinion publique mesurée par les instituts de sondage sous la forme d'un pourcentage est un artefact, c'est-à-dire un résultat produit par un instrument et par lui seul, sans référence possible à une grandeur sociale préexistante. Trois postulats implicites sont au principe, selon lui, de cette technique de mesure :

1° Tout le monde peut avoir une opinion : les sondages ignorent les sans-réponses ou les refus de réponse[719] aux questions posées dans la présentation des résultats d'enquête. Très souvent, les enquêteurs vont provoquer artificiellement des réponses par la seule force d'imposition résultant d'une relation enquêteur-enquêté non scientifiquement contrôlée.

2° Toutes les opinions se valent : les sondeurs postulent une sorte d'égalité sociale des personnes interrogées, ajustée à la norme électorale (un homme = une voix), comme si l'opinion des dominants pouvait avoir un poids équivalent à celle des dominés, comme si l'opinion de ceux qui ont les moyens de la traduire en actes n'excédait pas dans les faits celle de ceux qui ne peuvent qu'en subir les conséquences.

3° Il y a un accord sur les questions qui méritent d'être posées, à travers la sélection et la mise en forme des questions (l'ordre de présentation, les réponses proposées, etc.). En fait, on observe une imposition aux personnes interrogées de la problématique des commanditaires de l'enquête. En voici un exemple : interrogés en février 2003, 59 % des personnes ayant acceptés de répondre aux enquêteurs de *Gallup* se sont déclarés favorables à l'envoi de troupes américaines en Irak pour renverser Saddam Hussein, 38 % y étaient opposés et 4 % n'ont pas répondu à la question. Lors de la même enquête, avec le même échantillon et dans la continuité de la question précédente, figurait une « Follow-Up Question » formulée de manière légèrement différente : aux personnes favorables à la guerre, on demandait s'ils seraient excédés (*upset*) si le gouvernement n'envoyait pas de troupes ; aux personnes opposées à la guerre s'ils seraient excédés si le gouvernement envoyait des troupes. Conséquence de cette formulation un peu alambiquée, 41 % des personnes interrogées ne furent pas en mesure de répondre et seulement 29 % répondirent dans un sens

---

[718] BOURDIEU (P.), *Questions de sociologie,* Paris, Éditions de Minuit, 1984, p. 235.
[719] Si les pourcentages de sans-réponses sont désormais le plus souvent mentionnés dans les tableaux de résultats, ils demeurent souvent minimisés. Quant au refus de répondre, dont le nombre va croissant, cela constitue un secret professionnel bien gardé... Sur cette question, voir LEHINGUE (P.), *Subunda... op. cit.*, ch. 6.

favorable à l'intervention armée[720].

Face à ces critiques épistémologiques qui ont été reprises par de nombreux sociologues[721], les instituts de sondage et les politologues qui travaillent pour eux ont une ligne de défense immuable, que l'on peut résumer en deux points :

1° Les sondages d'opinion ne seraient ni plus ni moins qu'une consultation électorale en temps réel ! Dès lors, consulter l'opinion à intervalles réguliers serait un progrès démocratique témoignant de la sollicitude des décideurs. Il en va *de facto* tout autrement. Le recours à des sondages « ciblés » permet aux professionnels de la politique de définir à l'avance, en fonction de leurs intérêts propres, les enjeux qui seront constitués par les commentaires autour des résultats [722]. Le sondage d'opinion est moins un outil de rationalisation de la décision qu'un instrument de légitimation de l'action publique (ou de la stratégie de *marketing* d'une firme privée).

2° Les sondages d'opinion permettent de prévoir à l'avance le résultat des élections. Malgré quelques « ratés » célèbres (aux États-Unis en 1948 ou en France en 2002), les prévisions électorales ont un avantage certain pour les instituts de sondage : elles peuvent être ultérieurement confrontées à un résultat incontestable. La qualité de la prévision devient alors un argument commercial dans la lutte qui oppose entre eux les instituts de sondage. Ne mesurant que des « intentions de vote », ces enquêtes sont pourtant loin d'avoir la fiabilité qui leur est prêtée par leurs usagers. En effet, ni le degré de mobilisation ni les choix des électeurs ne se déterminent de la même manière selon les groupes sociaux. Or, ce sont précisément les électeurs appartenant aux groupes les plus indécis ou ceux dont la mobilisation est à géométrie variable[723] que les sondeurs arrivent de moins en moins à interroger[724]! Si l'on ajoute à ces incertitudes structurelles, les réticences des personnes interrogées à révéler certains votes (pour des candidats du F.N. par exemple), leurs difficultés à se souvenir de leurs votes passés, on comprend mieux pourquoi les sondages préélectoraux ressemblent plus aux prophéties des oracles de l'Antiquité qu'à des outils scientifiques de

---

[720]MOORE (D. W.), *The Opinion Makers. An Insider Exposes The Truth Behind The Polls,* Boston, Beacon Press, 2008, pp. 5-7. L'auteur est un ancien vice-président de *Gallup Organization.*

[721] CHAMPAGNE (P.), « Le cercle politique. Usages sociaux des sondages et nouvel espace politique », *Actes de la recherche en Sciences Sociales*, 71-72, 1988, pp. 71-98 ; GAXIE (D.), « Au-delà des apparences... Sur quelques problèmes de mesure des opinions », *Actes de la recherche en sciences sociales*, 81/82, 1990, pp. 97-112 ;   LACROIX (B.), « À quoi servent les sondages ? », *Revue de science administrative de la Méditerranée occidentale*, 22-23, 1988, pp. 123-146.

[722]Le couple sécurité/insécurité en est une parfaite illustration. Voir BONELLI (L.), *La France a peur. Une histoire sociale de l'"insécurité"*, Paris, Éditions La Découverte, 2008, p. 188 et s.

[723]*Cf.* section 182.

[724]SINGER (E.), « Non-Response Bias in Household Surveys », *Public Opinion Quarterly*, LXX, 5, 2006, pp. 637-645.

prévision !

L'importance qu'accordent, collectivement, les professionnels de la politique aux prévisions des instituts de sondage est à la fois le produit de croyances propres à cet univers social[725] et de leur rôle dans la régulation du jeu politique. L'extrait reproduit ci-dessous est un exemple de ces enjeux internes au champ politique produits par les sondages et au sujet duquel les profanes sont sommés de se prononcer[726].

---

[725]Et qui ne sont que le prolongement de celles qui incitaient les gouvernants à consulter des astrologues... tout en les condamnant publiquement. DREVILLON (H.), *Lire et écrire l'avenir. L'astrologie dans la France du Grand Siècle (1650-1715)*, Seyssel, Champ Vallon, 1996.
[726]Le pourcentage élevé de personnes qui ne se prononcent pas en est un indice.

JUGEMENT SUR LES RENCONTRES DE DIJON

Samedi ont lieu les rencontres du «rassemblement social, écologique et démocrate». De manière générale est-ce que...

Vous approuvez cette initiative
61

Vous désapprouvez cette initiative
21

(Ne se prononce pas)
18

PERTINENCE PERÇUE DE LA DÉMARCHE

A votre avis, est-ce que...

C'est surtout une démarche de rassemblement, qui donne de vraies chances de battre Nicolas Sarkozy en 2012
37

C'est surtout une démarche qui accroît les divisions à gauche, et profitera à Nicolas Sarkozy
41

(Ne se prononce pas)
22

CRÉDIBILITÉ PERÇUE DE LA DÉMARCHE

Selon vous...

C'est une démarche qui n'est pas crédible : la gauche et le Modem de Francois Bayrou n'ont rien à voir
48

C'est une démarche crédible : la gauche et le Modem de Francois Bayrou ont beaucoup de valeurs communes
35

(Ne se prononce pas)
17

Sondage Viavoice pour «Libération» réalisé par téléphone les 12 et 13 novembre 2009 auprès de 1 004 personnes (méthode des quotas)

[223] Il n'est guère en effet d'évènement dont la qualification de « politique » ne tienne désormais à l'action conjuguée d'une mise en scène médiatique et d'une confirmation par la mesure sondagière de l'opinion[727]. Les luttes pour la représentation des groupes sociaux[728] s'inscrivent donc dans ce réseau de contraintes sociales. Étudiant une manifestation parisienne d'agriculteurs en 1982, Patrick Champagne souligne ainsi l'importance du regard médiatique dans la construction symbolique du « sens » de cette manifestation : « les journalistes qui rendent comptent de l'évènement contribuent largement à le faire exister politiquement, c'est-à-dire à le faire exister tout court »[729]. L'enjeu des luttes par médias interposés est bel et bien l'opinion publique telle qu'elle est mesurée par les sondages. Chaque groupe mobilisé se doit de présenter une image « positive », à même de susciter les « faveurs » de cette opinion... Cette dimension a progressivement été intégrée dans les savoir-faire des groupes mobilisés[730]. Les manifestations de rue doivent éviter les formes routinisées susceptibles de se traduire par une attention plus faible des médias et privilégier des actions spectaculaires comme l'ont fait les agriculteurs ayant transformé, le temps d'une journée, les Champs-Élysées en champ de blé. Les manifestations conçues pour les médias, et dont certaines n'existeraient pas autrement, prennent ainsi le pas sur l'expression plus spontanée des griefs des manifestants. Les organisateurs se doivent de faire advenir l'évènement par avance, en prévenant les journalistes et en leur fournissant tous les éléments d'information nécessaires. « Réussir une manifestation, c'est finalement être capable de faire produire, en respectant l'indépendance du jugement des journalistes, de "bons" articles dans la plupart des supports de presse »[731]. En anticipant sur les capacités et sur les catégories d'entendement des journalistes politiques[732], il est possible de produire ce que Patrick Champagne nomme une « manifestation de papier »[733]. L'effet attendu d'une manifestation sur le public est de plus en plus indirect. C'est moins la force intrinsèque du défilé que les images diffusées par les chaînes de télévision ou les commentaires sur le nombre de manifestants qui vont déterminer la réussite ou l'échec de la manifestation. Les manifestations « classiques » organisées par les centrales syndicales auront moins d'intérêt pour les journalistes, sauf à rassembler un nombre élevé de participants, que des *happening* savamment mis en scène par des groupes regroupant des

---

[727] En 2008, les services de la présidence de la République ont dépensé 3 281 584 € pour des enquêtes d'opinion. *Libération* du 6 novembre 2009.
[728] *Cf.* sections 101 à 103.
[729] CHAMPAGNE (P.), *Faire l'opinion... op. cit.*, p. 11.
[730] *Cf.* sections 141 à 143.
[731] CHAMPAGNE (P.), *Faire l'opinion... op. cit.*, p. 234.
[732] *Cf.* sections 212 à 213.
[733] CHAMPAGNE (P.), « La manifestation comme action symbolique », in FAVRE (P.), dir., *La manifestation,* Paris, Presses de la FNSP, 1990, pp. 329-356.

professionnels de l'action symbolique comme *Act Up*[734] ou les « intermittents du spectacle »[735]. On déduira de ce qui précède, en toute logique, la nécessité d'une prise en compte des interactions croisées entre les acteurs du champ politique et du champ journalistique pour l'analyse des logiques sociales de la représentation[736].

[224] Les éléments présentés dans ce chapitre s'articulent autour du caractère central de la notion de champ politique. Ce dernier est bien un espace particulier où s'affrontent, avec des ressources inégales, une pluralité de groupes sociaux pour dire et imposer une vérité sur le monde social, pour conforter ou subvertir l'ordre existant. Mais, nous venons de le voir à propos des journalistes, les champs ne peuvent être étudiés isolément car il existe de nombreux groupes ou de nombreuses professions dont l'activité les place, de manière durable ou temporaire, à la frontière de plusieurs champs. C'est le cas des acteurs dominants du champ politique qui sont aussi en compétition avec leurs homologues d'autres champs comme le champ économique, le champ administratif ou le champ scientifique. Cette compétition entre les dominants présents dans différents espaces sociaux s'articule autour de ce que nous désignerons désormais comme le champ du pouvoir. Plus encore que d'autres espaces de luttes, le champ du pouvoir présente des frontières mouvantes. Dans un pays comme la France, les acteurs dominants au sein du champ religieux n'y occupent qu'une position secondaire. L'observateur le moins averti des subtilités de la politique iranienne ne peut manquer de noter qu'il en va tout autrement à Téhéran. L'étude de l'action publique, à laquelle sera consacré le chapitre suivant, doit donc être aussi envisagée dans la perspective d'une anthropologie de ces configurations.

---

[734]BROQUA (Ch.), *Agir pour ne pas mourir ! - Act up, les homosexuels et le sida*, Paris, Presses de Sciences-Po, 2006 ; MARCHETTI (D.), « Les conditions de réussite d'une mobilisation médiatique et ses limites : l'exemple d'Act Up », in *La politique ailleurs*, Presses Universitaires de France/CURAPP, 1988, pp. 277-297.
[735] MENGER (P.-M.), *Les intermittents du spectacle. Sociologie d'une exception*, Éditions de l'E.H.E.S.S., 2005.
[736]MARCHETTI (D.), *Contribution à une sociologie des transformations du champ journalistique dans les années 80 et 90. A propos d'"événements sida" et du "scandale du sang contaminé"*, Paris, Thèse de doctorat en sociologie, E.H.E.S.S., 1997 NEVEU (E.), *Sociologie du journalisme*, Paris, Éditions La Découverte, 2001.

Chapitre 3 : L'action publique

> L'État est l'entrepreneur économique le plus important ; sous sa forme moderne d'entreprise rationalisée, il lui a été possible de procéder, en de multiples domaines de l'activité, à des réalisations qui, indispensablement, ne pourraient être exécutées, même approximativement, par aucune autre espèce de coopération sociale.
>
> **Max Weber,** *Essais sur la théorie de la science.*

[231] Pour disséquer les logiques d'action du champ du pouvoir, il est nécessaire d'étudier à la fois ce qui s'y passe (ce que la science politique de langue française nomme politiques publiques) et d'identifier les agents et les groupes sociaux concernés. Cependant, répondre à la question simple « qui fait quoi ? » ne saurait suffire. Il convient également d'analyser les formes de l'action et surtout les modalités par lesquelles elle est présentée et s'impose à nous comme publique. Ces formes peuvent être juridiques et susciter des argumentaires mettant en avant la référence à l'intérêt général ou à la continuité du service public. En effet, ceux qui prétendent agir au nom de l'État ne peuvent le faire sans s'inscrire dans des répertoires de légitimation. Ceux-ci ne sont d'ailleurs pas uniquement discursifs mais s'inscrivent dans le processus de monopolisation constitutif des États modernes, tel que nous l'avons envisagé dans le premier chapitre. C'est donc fort logiquement que nous nous intéresserons en premier lieu aux agents qui revendiquent pour eux-mêmes le monopole légitime de l'action publique (sous-chapitre 1), avant de tenter d'en éclairer le contenu (sous-chapitre 2).

1/ Qui gouverne ?

Le titre utilisé ici reprend la traduction française d'un ouvrage américain « classique » consacré aux élites[737]. Il s'agit moins ici de reprendre *in extenso* une problématique inscrite dans un contexte qui n'est pas le nôtre, celle de l'autonomie des élites politiques par rapport au monde des affaires, que de tenter de mieux cerner un groupe social singulier et l'ensemble des activités que l'on désigne sous le terme de politique[738].

a) Comment caractériser les gouvernants ?

La problématique élitiste est la manière la plus ancienne, et sans doute la plus conforme à certains présupposés de classe, dont la science politique a envisagé la question du personnel politique[739]. C'est en inscrivant les logiques de recrutement et de promotion d'un tel personnel dans le processus plus large de construction des États parlementaires que nous pourrons proposer une caractérisation plus satisfaisante du point de vue de l'analyse sociologique.

(23) Les élites politiques

[232] Les premières interrogations sur l'existence ou non d'une élite politique, ou d'une « élite du pouvoir », pour reprendre une expression du sociologue américain Charles Wright Mills[740], sont inséparables de réflexions plus générales sur la « nature » des régimes démocratiques[741]. Du point de vue

---

[737] DAHL (R. A.), *Qui gouverne... op. cit.*

[738] Je me réfère ici aux arguments de Christophe Charle pour qui le recours à la notion d'élite présente *in fine* plus d'avantages que d'inconvénients : « d'une part, le syntagme permet d'embrasser, sous un concept plus abstrait, les divers types de groupes dirigeants ou dominants qui se sont succédés en France depuis deux siècles et dont les appellations, historiquement datées, ont changé au fil des régimes ; d'autre part, la forme plurielle rappelle deux traits affirmés des groupes dirigeants en France [...] : la pluralité des groupes en luttes dans le champ du pouvoir et leur légitimité en permanence contestée ». CHARLE (Ch.), « Légitimités en péril. Éléments pour une histoire comparée des élites et de l'État en France et en Europe occidentale (XIXe-XXe siècles) », *Actes de la recherche en sciences sociales*, 116-117, 1997, p. 139.

[739] Sur la sociologie des élites, voir BUSINO (G.), dir., « Élites et bureaucraties. Une revue analytique des théories contemporaines », *Revue européenne des sciences sociales*, XXVI, n° spécial, 1988 ; COENEN-HUTHER (J.), *Sociologie des élites,* Paris, Armand Colin, 2004 ; GENIEYS (W.), « Nouveaux regards sur les élites du politique », *Revue française de science politique,* LVI, 1, 2006, pp. 121-147 ; SCOTT (J.), ed, *The Sociology of Elites,* Edward Elgar Publishing, 1990, vol. 1.

[740] WRIGHT MILLS (Ch.), *The Power Elite,* New York, Oxford University Press, 1956.

[741] *Cf.* sections 95 à 97.

de l'analyse sociologique, seuls nous intéressent ici les travaux qui présentent des éléments empiriques à même de nous aider à caractériser les propriétés et les trajectoires sociales des détenteurs de positions institutionnelles de pouvoir[742] et, par là-même des notions polysémiques et/ou intégrées dans le sens commun comme celle de technocratie[743].

La première caractéristique qui apparaît lorsqu'on étudie, par exemple, les députés élus à l'Assemblée nationale française, est la sur-représentation des groupes sociaux dominants. Plus de la moitié des députés élus en 1973 étaient des cadres supérieurs et des membres des professions libérales, alors que les ouvriers et les employés, soit plus de la moitié de la population active d'alors, étaient proportionnellement sept fois moins nombreux sur les bancs du Palais-Bourbon. Si l'on calcule des indices de représentation[744], on obtient une mesure, certes grossière, mais néanmoins significative de ces écarts : l'indice est de 0,13 pour les ouvriers en 1973 (0,03 en 2002) et de 7,95 pour les cadres supérieurs et professions libérales en 1973 (4,27 en 2002). Si les évolutions constatées relèvent pour une part de la modification de la structure socio-professionnelle, le déclin électoral du PCF contribue également à la sous-représentation croissante des catégories populaires : ouvriers et employés.

CSP	Population active (en %)	Députés élus en 1973 (en %)	Population active (en %)	Députés élus en 2002 (en %)
ouvriers	37,2	4,8	27,3	0,9
employés	16,3	3,3	29,7	2,4
agriculteurs	10,4	5,2	2,6	3,5
cadres moyens	12,6	15,6	19,8	15,4
Cadres supérieurs et professions libérales	6,4	50,9	12,5	53,4

<u>Origine socioprofessionnelle des députés à l'Assemblée Nationale</u>[745]

Autre phénomène, caractéristique des élites de la Vème République française : l'omniprésence des hauts fonctionnaires d'État, eux-mêmes largement issus des

---

[742] Les théories élitistes sont étudiées dans le cadre des enseignements d'histoire des idées politiques.
[743] DUBOIS (V.) et DULONG (D.), dir., *La question technocratique. De l'invention d'une figure aux transformations de l'action publique*, Presses Universitaires de Strasbourg, 1999.
[744] En divisant les chiffres de la seconde colonne par ceux de la première.
[745] Tableau réalisé à partir des données INSEE et de celles disponibles dans LAGROYE (J.) ea, *Sociologie politique... op. cit.*, pp. 470-741 et dans COSTA (O.) et KERROUCHE (E.), *Qui sont les députés français ? Enquête sur des élites inconnues*, Paris, Presses de Sciences-Po, 2007.

classes moyennes et supérieures [746]. Si l'on examine la composition des ministères successifs, on constate qu'ils représentent en moyenne près de la moitié des effectifs : 46,7 % dans le gouvernement de Jacques Chirac en 1974, 49 % dans le gouvernement de Raymond Barre en 1976, 46,2 % dans le gouvernement de Pierre Mauroy en 1981, 45,2 % dans le gouvernement de Laurent Fabius en 1984. L'alternance de mai-juin 1981 a néanmoins produit des changements internes à cette élite ministérielle. Les enseignants du supérieur, par exemple, qui ne représentaient que 2 % des membres du gouvernement de Raymond Barre en 1978, étaient proportionnellement dix fois plus nombreux dans le gouvernement de Laurent Fabius en 1984 (21,4 %)[747]. On a donc assisté, momentanément, à un rééquilibrage au sein de la haute fonction publique au profit du pôle intellectuel et au dépend des hauts-fonctionnaires issus des grandes écoles. Sur une période plus récente, on observe des inflexions du même ordre : on recense des ministres issus des classes populaires, ouvriers et employés (14,8 %) dans le gouvernement de Lionel Jospin mais pas dans les gouvernements d'Alain Juppé et de Jean-Pierre Raffarin[748]. Inversement, les ministres dirigeants d'entreprise étaient plus nombreux dans le gouvernement de Jean-Pierre Raffarin (15,4 %) que dans le gouvernement de Lionel Jospin (3,7 %).

Troisième caractéristique des élites politiques françaises, mais pas la moins significative d'un point de vue d'une sociologie des types de domination[749]: la sur-représentation masculine. Le phénomène est ancien et manifeste, Catherine Achin et Sandrine Lévêque l'expliquent par la conjonction de multiples contraintes : les règles institutionnelles (scrutin majoritaire, cumul des mandats), une sélection des candidat(e)s contrôlée par les entreprises partisanes et l'autonomie relative du champ politique par rapport aux transformations sociétales[750]. Au nom de la « parité », l'accès des femmes aux candidatures électives est désormais encadré par une législation spécifique[751], non sans résistance des entreprises partisanes lors de son adoption[752]. L'augmentation du nombre de femmes ayant accédé à des mandats électifs est en partie la

---

[746]EYMERI (J.-M.), *La fabrique des énarques,* Paris, Économica, 2001, p. 17 et s. *Cf.* section 241.

[747] GAÏTI (B.), « "Politique d'abord": le chemin de la réussite ministérielle dans la France contemporaine », in BIRNBAUM (P.), dir., *Les élites socialistes au pouvoir, 1981-1985,* Paris, Presses Universitaires de France, 1985, pp. 53-85.

[748]JOLY (H.), « Les élites politiques : regard croisé sur le cas français », in *Formation des élites en France et en Allemagne,* Cergy-Pontoise, CIRAC, 2005, tableau p. 161.

[749]BOURDIEU (P.), *La domination masculine,* Paris, Éditions du Seuil, 1998.

[750] ACHIN (C.) et LEVEQUE (S.), *Femmes en politique,* Paris, Éditions La Découverte, 2006, pp. 72-77.

[751]Loi n°2000-493 du 6 juin 2000 tendant à favoriser l'égal accès des femmes et des hommes aux mandats électoraux et fonctions électives.

[752]ACHIN (C.), ea, *Sexes, genre et politique,* Paris, Économica, 2007.

conséquence de cette législation[753]. Certaines configurations électorales restent néanmoins marquées par une conception masculine et notabiliaire du « métier » politique[754], mais les résultats agrégés masquent néanmoins des évolutions peu conformes aux stéréotypes de la politique électorale[755]. Des départements ruraux comme la Nièvre ou l'Yonne se caractérisent aujourd'hui par un pourcentage proportionnellement plus élevé de femmes occupant des postes de maire. Les électeurs français sont peut-être en train de donner raison à Joan W. Scott qui estime que la loi sur la parité « a perturbé des habitudes séculaires » et a posé ouvertement « la question de la relation entre le sexe et la représentation politique »[756].

en %		
Conseils municipaux	8,3 (1977)	35 (2008)
dont Maires*	2,8	13,8
Conseils généraux	2,3 (1976)	13,1 (2008)
Conseils régionaux	8,5 (1986)	47,6 (2004)
Assemblée nationale	3,7 (1978)	18,4 (2007)
Sénat	1,7 (1976)	18,2 (2008)
Parlement européen	22,2 (1979)	44,4 (2009)

Proportion de femmes parmi les titulaires de fonctions électives[757]

[233] Peut-on effectuer une comparaison avec d'autres pays ? Si certains chiffres sont disponibles, il ne faut jamais oublier que les modalités différentes

---

[753]Voir les études réalisées sur ce point par l'*Observatoire de la parité*. http://www.observatoire-parite.gouv.fr/travaux/publications.htm

[754]A titre d'exemple, voir POURCHER (Y.), *Votez tous pour moi ! : Les campagnes électorales de Jacques Blanc en Languedoc-Roussillon (1986-2004)*, Paris, Presses de Sciences-Po, 2004.

[755]ABELES (M.), *Jours tranquilles en 89. Ethnologie d'un département français,* Paris, Éditions Odile Jacob, 1989.

[756]SCOTT (J. W.), *Parité ! L'universel et la différence des sexes,* Paris, Albin Michel, 2005, p. 213.

*Ce chiffre ne concerne que les 36 villes de plus de 100 000 habitants. Selon les statistiques du ministère de l'intérieur (bureau des élections), le pourcentage des femmes maires est en moyenne de 11,9 pour l'ensemble des communes à la suite des élections de 2008. C'est dans les 1681 communes ayant entre 3500 et 9000 habitants que cette proportion est la plus faible, soit 7,1 %.

[757]Tableau réalisé à partir des données disponibles dans ACHIN (C.) et LEVEQUE (S.), *Femmes... op. cit.* ; BEAUVALLET (W.) et MICHON (S.), « Les femmes au Parlement européen : effets du mode de scrutin, des stratégies et des ressources politiques. L'exemple de la délégation française », *Swiss Political Science Review,* XIV, 4, 2008, pp. 663-690 ; HUBE (N.), « Le recrutement social des professionnels de la politique », in COHEN (A.), LACROIX (B.) et RIUTORT (Ph.), dir., *Nouveau manuel... op. cit.*, p. 346, et mise à jour de l'auteur.

de construction de certaines données, surtout celles relatives au statut socio-professionnel[758], compliquent et limitent l'intérêt de l'exercice. On s'en tiendra donc à un seul exemple, en lui-même significatif, issu des travaux de Robert D. Putman[759]. Les diplômés de l'enseignement supérieur sont très largement majoritaires dans les assemblées parlementaires électives : 88 % des membres du Congrès américain, 78 % des députés italiens et 59 % des députés allemands. Ce dernier chiffre, si l'on le replace dans son contexte est un indice de manières différentes de « faire carrière » dans le champ politique. Le parti social-démocrate assurait dans les années soixante-dix la promotion d'une élite concurrente à celle issue des universités allemandes grâce aux liens qu'ils entretenaient avec les organisations syndicales et aux possibilités ouvertes de compenser par le capital collectif de l'organisation la faiblesse du capital culturel de ses militants[760]. Paradoxalement, la (relative) démocratisation de l'accès à l'enseignement supérieur a contribué à accroître le monopole collectif des diplômés sur la représentation des différents groupes sociaux. C'est ce qu'indiquent, en conclusion de leur enquête sur les parlementaires européens entre 1848 et 1999, Maurizio Cotta et Heinrich Best : « Dans tous les pays (à l'exception frappante de la Norvège) une grande majorité de représentants est titulaire d'un diplôme universitaire, alors même que l'on enregistre un déclin significatif – moins de 15 % en moyenne – des représentants ayant un faible niveau d'éducation (le stigmate typique associé à la classe ouvrière) »[761]. Contraints de se plier aux manières de faire et de voir le monde des dominants, les professionnels de la politique issus des groupes dominés (comme l'ancien premier ministre Pierre Bérégovoy ou le président brésilien Lula), doivent, plus que d'autres, donner des gages de leur « sens des responsabilités » ou de leur « refus des idéologies partisanes »...

(24) La « noblesse d'État »

[241] Parler de noblesse dans un pays attaché à son histoire révolutionnaire et républicaine est une forme de provocation. Le terme est pourtant approprié aux logiques sociales mises en évidence par Pierre Bourdieu dans son enquête sur le champ des grandes écoles et sur les classes préparatoires. La « noblesse

---

[758]DESROSIERES (A.), *Gouverner par les nombres,* Paris, Presses de l'École des mines, 2 vols., 2008.
[759]PUTMAN (R. D.), *The Comparative Study of Political Elites,* Englewood Cliffs, Prentice Hall, 1976.
[760]*Cf.* sections 193 et 201.
[761]BEST (H.), COTTA (M.), eds, *Parliamentary Representatives in Europe, 1848-2000. Legislative Recruitment and Careers in Eleven European Countries,* Oxford University Press, 2000, pp. 498-499.

d'État » est un groupe social produit d'une socialisation singulière reposant sur des parcours scolaires sélectifs et dont les membres font carrière, au moins pour un temps, au sein de la haute fonction publique. « Véritables institutions totales issues du collège jésuite et de l'université napoléonienne, les classes préparatoires aux grandes écoles rassemblent dans un espace séparé des adolescents qui se ressemblent par beaucoup de leurs propriétés scolaires mais aussi sociales »[762]. Les modalités d'étude au sein de ces lycées contribuent à produire des groupes homogènes. Les liens crées ont d'autant plus de chances d'être durables qu'ils reposent sur des contacts prolongés et sur une mise à l'écart par rapport aux autres élèves.

Origine sociale des élèves en 2008 (en %)	Classe de 6ème	Bacheliers	Inscrits en CPGE
OUVRIERS ET INACTIFS	38	29	9
EMPLOYES	18	16	7
AGRICULTEURS – ARTISANS - COMMERCANTS	11	11	9
PROFESSIONS INTERMEDIAIRES	17	21	20
CADRES - PROFESSIONS LIBERALES	16	23	55

<u>La sélection scolaire en France</u>[763]

Ce processus très élitiste de (sur)sélection scolaire crée par lui-même un capital symbolique exclusif et très inégalement réparti. En effet, le passage par les classes préparatoires et l'intégration d'une grande école fonctionnent comme un adoubement, dans une atmosphère d'adhésion commune aux buts de l'institution et de travail partagé. « Cet attachement affectif, qui naît de pouvoir s'aimer soi-même dans ses pareils, est un des fondements, avec le conformisme logique associé à l'homogénéité des structures mentales, de ce que l'on appelle esprit de corps »[764]. Cette particularité fait de la noblesse d'État un groupe social très soudé. Ce qui rassemble ses membres va au-delà des positions dominantes partagées qui caractérisent habituellement les élites. Comment expliquer ce phénomène ? Il est la conséquence de l'enfermement symbolique produit par la compétition initiale qui tend à homogénéiser des catégories de pensée, favorisant ainsi la reproduction de la domination exercée par cette noblesse. Selon Pierre Bourdieu, ce processus de sélection et de reproduction s'articule

---

[762]BOURDIEU (P.), *La noblesse d'État. Grandes écoles et esprit de corps,* Paris, Éditions de Minuit, 1989, p. 104.
[763]Source : DEP – Ministère de l'éducation nationale.
[764]*Ibid.*, p. 111.

autour de ce qu'il nomme « rites d'institution », c'est-à-dire du mécanisme qui transforme un verdict scolaire (la réussite à un concours très sélectif) en une frontière sociale qui institue un ordre légitime limitant à un petit nombre l'accès aux positions les plus élevées offertes par l'État. Cette « efficacité magique de l'acte d'adoubement »[765] n'est bien entendu possible que si ceux qui sont ainsi distingués sont capables de « jouer le jeu » et apportent à l'institution les propriétés sociales qu'elle sait reconnaître. Mécanisme d'une efficacité redoutable qui repose sur une « dialectique de la consécration et de la reconnaissance » et qui, parce qu'il permet aussi de consacrer, années après années, quelques miraculés sociaux [766], reste conforme aux attendus d'un système méritocratique. Le champ des grandes écoles qui intègrent une minorité sélectionnée d'étudiants sanctionne en premier lieu des compétences sociales héritées. Cette reproduction élitiste n'est compréhensible que si l'on admet que « les dominants tendent toujours à imposer comme nécessaires et légitimes les capacités dont ils ont la maîtrise et à inscrire dans la définition de l'excellence les pratiques dans lesquelles ils excellent »[767]. De fait, le passage par les grandes écoles ne garantit pas seulement l'accès à des postes et à des carrières prestigieuses. Il garantit aussi que ceux qui occuperont ces postes et feront carrière se conformeront à l'esprit de corps dans lequel ils ont été socialisés. L'efficacité de ce mécanisme de reproduction sociale résulte d'une pédagogie spécifique bien mise en évidence par Jean-Michel Eymeri : « Il s'agit là d'une formation par les pairs et les "grands anciens", parfois fort jeunes puisque l'on vient souvent enseigner à Sciences-Po dès l'année de sa sortie de l'ENA. Cette socialisation n'opère pas par transmission "professorale", *i.e.* transmission de savoirs ordonnés par des professionnels du savoir, mais par transmission "artisanale" entre des praticiens et des apprentis-praticiens. Son ressort fondamental est le mimétisme ; son objet principal l'inculcation de savoir-faire et de devoir-être autant sinon plus que de savoirs »[768]. Le champ des grandes écoles, et son bon fonctionnement, est donc décisif dans la structuration du champ du pouvoir dont il socialise une bonne partie des agents, bien au-delà de la haute fonction publique[769].

---

[765] *Ibid.*, p. 142.
[766] Pierre Bourdieu, ancien élève de l'E.N.S. de la rue d'Ulm, se considérait comme tel ; voir BOURDIEU (P.), *Esquisse pour une auto-analyse,* Paris, Éditions Raisons d'agir, 2004. Sur la manière dont ces mécanismes de sélection sont appréhendés dans les classes populaires, voir OBERTI (M.), SANSELME (F.) et VOISIN (A.), « Ce que Science-Po fait aux lycéens et à leurs parents : entre méritocratie et perception d'inégalités », *Actes de la recherche en sciences sociales,* 180, 2009, pp. 102-124.
[767] BOURDIEU (P.), *La noblesse... op. cit.*, p. 168.
[768] EYMERI (J.-M.), « La machine élitaire. Un regard européen sur le "modèle" français de fabrication des hauts fonctionnaires », in JOLY (H.), *Formation des élites... op. cit.*, p. 118.
[769] Cette noblesse « républicaine » est par conséquent très attentive à tout ce qui pourrait remettre

[242] Cette « noblesse d'État » est-elle une spécificité française ? Pour une part seulement. Si la notion même de haute fonction publique est l'objet de débats en Italie[770], certaines des caractéristiques sociales de l'élite administrative française se retrouvent dans d'autres pays : le Japon pour ce qui est du système de formation[771], l'Angleterre ou l'Allemagne[772] pour ce qui est des origines sociales[773].

Deux éléments spécifiques caractérisent en sus la haute-fonction publique française :

1° L'accès précoce à des postes de direction pour les élèves des grandes écoles ayant réussi les concours externes. Cette médaille a son revers comme le souligne Jean-Michel Eymeri pour qui « le parcours de vie de ces individus qui, très bons élèves surinvestis dans la réussite scolaire (...) sortent à peine de l'adolescence quand ils entrent à l'ENA puis, trois ans plus tard, sont placés par leur accès au grands corps sur une véritable rampe de lancement qui les propulse à très grande vitesse vers les sommets, est plus que propice à susciter le vertige, voire la griserie d'être soi »[774].

2° La pratique ancienne et généralisée du « pantouflage »[775] qui consiste à rejoindre le secteur privé pour y obtenir des postes mieux rémunérés n'a pas d'équivalent en Europe, elle contribue d'ailleurs à définir les contours du champ de pouvoir[776] et permet aussi à la « noblesse d'État » de faire de la politique. Ce phénomène s'est accru ces dernières années : entre 1982 et 1998, la part de membres des grands corps de l'État ayant rejoint le secteur privé est passé de 6 à 15 % du total. C'est pour les inspecteurs des finances que la proportion est la

---

en cause les fondements de sa domination ; voir GARRIGOU (A.), *Les élites contre la République. Sciences-Po et l'ENA,* Paris, Éditions La Découverte, 2002 ; GARRIGOU (A.), « Les élites au défi des mérites. L'exemple de Sciences-Po », in JOLY (H.), *Formation des élites... op. cit.,* pp. 129-136

[770] DORMAGEN (J.-Y.), « Pourquoi il n'y a plus de haute fonction publique en Italie », in DREYFUS (F.) et EYMERI (J.M.), dir., *Science politique de l'administration. Une approche comparative,* Paris, Économica, 2006, pp. 47-68.

[771] KRAUSS (E. S.), « Japan : Divided Bureaucracy in a Unified Regime », in PIERRE (J.), ed, *Bureaucracy in the Modern State,* Aldershot, Edward Elgar, 1995.

[772] Le projet, en date du 15 mai 1947, d'une école d'administration conçue sur le modèle de l'E.N.A. (*Verwaltungsakademie*) au sein de la zone d'occupation française n'a pas été suivi d'effet. Voir DEFRANCE (C.), *La politique culturelle de la France sur la rive gauche du Rhin, 1945-1955,* Presses Universitaires de Strasbourg, 1994.

[773] EYMERI (J.-M.), « La machine élitaire... », *art. cit.*, tableau p. 109.

[774] *Ibid.*, p. 127.

[775] CHARLE (Ch.), *Les hauts fonctionnaires en France au XIXe siècle,* Paris, Gallimard/Julliard, 1980, ch. 8.

[776] *Cf.* section 112.

plus élevée : 28 % contre 8 % seulement pour les administrateurs civils[777]. Le fait que de plus en plus de lauréats du concours externe de l'E.N.A. proviennent d'H.E.C (environ un cinquième dans les dernières promotions contre 2 % dans les années soixante[778]) n'est sans doute pas étranger à cette reconfiguration collective des carrières autour du modèle des *business schools*[779].

b) La politique : une activité spécifique

[251] Nous avons vu précédemment qu'un processus complexe avait abouti, en France, à la structuration d'un champ politique autonome à la fin du XIXe siècle [780]. C'est cette autonomisation et la légitimation d'un espace de compétition qui font de la politique une activité spécifique. La politique, telle que nous l'entendons aujourd'hui, est donc une compétition qui oppose entre eux des entrepreneurs professionnels pour l'obtention de « trophées » au sens de Frédérick Bailey. La professionnalisation est à la fois le processus historique par lequel a été consacré, dans le cadre d'États parlementaires, une élite d'entrepreneurs[781], mais aussi le processus par lequel certaines fractions d'élites, dont au premier chef la « noblesse d'État » pour ce qui concerne la France, vont conquérir des positions de pouvoir politiquement (et pour certaines d'entre elles juridiquement[782]) définies.

(25) La professionnalisation politique

[252] L'apparition de professionnels de la politique n'a pas manqué d'attirer l'attention des premiers analystes de la vie politique et suscité des critiques savantes[783]. Pour Moseï Ostrogorski, étudiant la vie politique américaine au tournant du XXe siècle : « À mesure que l'ancienne génération fondatrice de la République disparaissait, que le développement du pays entraînait celui des

---

[777]BEZES (PH.), LE LIDEC (P.), « French top civil servants within changing configurations. From monopolization to challenged places and roles ? », in PAGE (E. C.), WRIGHT (V.), eds, *From the Active to the Enabling State. The Changing Roles of Top Officials in European Nations*, Londres, Palgrave/MacMillan, 2007, pp. 121-163.

[778]ROUBAN (L.), « La formation et la carrière des élites », *Les Cahiers français,* 350, mai-juin 2009, p. 31.

[779] GARRIGOU (A.), « La formation des élites d'État et l'avènement d'une nouvelle "classe rapace" », in BONELLI (L.) et PELLETIER (W.), dir., *L'État démantelé. Enquête sur une révolution silencieuse,* Paris, La Découverte, 2010, p. 46 et s.

[780]*Cf.* section 113.

[781]OFFERLE (M.), dir., *La profession politique, XIXe – XXe siècles,* Paris, Belin, 1999.

[782]*Cf.* sections 121 à 123.

[783]Mais aussi parfois littéraires, voir VOILLIOT (CH.), « Existe-t-il une théorie stendahlienne des coalitions ? », communication au colloque *Sociologie des alliances et des coalitions partisanes,* Lille, juin 2008.

services publics, et que les contingents politiques augmentaient par l'extension du suffrage, la poussée vers le râtelier devenait plus serrée et plus âpre. Il se forma toute une classe d'hommes de bas étage qui cherchèrent dans la politique, et de préférence dans ses eaux troubles, leurs moyens de subsistance »[784]. Ces « politiciens », qu'il oppose, de manière idéal-typique, aux parlementaires britanniques, forment à ses yeux une élite décadente. Nous ne sommes pas si éloigné, le sens de la nuance en moins, des formulations de Max Weber pour qui le professionnel de la politique, celui qui vit de la politique, s'oppose au notable, celui qui vit pour la politique. Il faut toutefois s'attarder sur les précisions apportées par le sociologue allemand, faute de quoi cette définition se transforme en formule mécanique : « Il y a deux façons de faire de la politique. Ou bien on vit *pour* la politique, ou bien *de* la politique. Cette opposition n'a absolument rien d'exclusif. Bien plutôt on fait en règle général les deux à la fois, idéellement certes, mais la plupart du temps matériellement... Notre distinction a donc pour base un aspect extrêmement important de la condition de l'homme politique, à savoir l'aspect économique. Nous dirons donc que celui qui voit dans la politique une source permanente de revenus *vit* de la politique et que, dans le cas contraire, il vit *pour* elle »[785]. Il ne faut donc pas durcir cette opposition plus que Max Weber ne fait lui-même ! Il ne nie pas que la vocation (*Beruf*) puisse jouer un rôle dans le processus de professionnalisation, mais il y a néanmoins chez lui la crainte de voir se généraliser des gouvernements ploutocratiques, c'est-à-dire constitués uniquement de « prébendiers » ou de « fonctionnaires rémunérés ». On trouve d'ailleurs chez un élève de Max Weber, Roberto Michels, une analyse qui prend au sérieux ce processus de professionnalisation[786] en le rapportant de manière explicite à l'apparition des entreprises partisanes[787].

[253] L'étude de la carrière politique du baron Armand de Mackau réalisée par Éric Phélippeau montre[788], s'il en était besoin, que l'opposition entre notables et professionnels de la politique ne doit pas être considérée de manière absolue, ce que laisse pourtant entendre toute une historiographie inspirée par le livre de Daniel Halévy sur la « fin des notables »[789]. L'avènement des professionnels de la politique dans les premières décennies de la IIIe République

---

[784]OSTROGORSKI (M.), *La démocratie et l'organisation des partis politiques,* Paris, Fayard, 1993 (1ère ed. 1903).
[785]WEBER (M.), *Le savant et le politique*, Paris, Union Générale d'Édition, 1963 (1ère ed. 1919), pp. 113-114.
[786]*Cf.* section 193.
[787]MICHELS (R.), *Les partis... op. cit.*
[788]PHELIPPEAU (E.), *L'invention de l'homme politique moderne. Mackau, l'Orne et la République,* Paris, Belin, 2002.
[789]HALEVY (D.), *La fin des notables,* Paris, Grasset, 1930.

est aussi lié à la professionnalisation de notables qui ont réussi à se maintenir dans un jeu politique devenu plus compétitif et à triompher des épreuves électorales. Fils d'un amiral, membre du Sénat sous le Second Empire et brièvement ministre, A. de Mackau débute en politique en assumant son rôle d'héritier. C'est ainsi qu'il obtint facilement un siège au sein du Conseil général de l'Orne, le département où résidait sa famille. Mais, en 1860, à l'occasion d'une élection partielle dans la circonscription d'Argentan, il se voit refuser le label de « candidat officiel » alors indispensable pour espérer être élu député au Corps législatif[790]. Ce n'est qu'en 1866, grâce à une mobilisation intense et continue de son réseau familial, qu'il obtint le précieux sésame lui garantissant le soutien des agents de l'administration. Ces premières difficultés ont incité le baron de Mackau, nous explique Éric Phélippeau, à développer sa propre structure politique et à rationaliser ses méthodes de sollicitation des suffrages. L'organisation qu'il met en place, et qu'il perfectionne au fil des scrutins, va se révéler remarquablement efficace, lui assurant de nombreuses réélections. Les archives qu'il a laissées en détaillent les modalités. Il tient un annuaire de toutes les sollicitations de ses concitoyens, pour une aide ou un emploi, avec, pour chaque requérant, un dossier complet indiquant les soutiens dont il bénéficiait et l'aide accordée. Il fait appel à de nombreux auxiliaires occasionnels mais rémunérés (entre 100 et 200), auxquels il demande, par exemple, en 1898, de recenser « l'opinion politique » de tous les conseillers municipaux de l'arrondissement afin de les affilier à son entreprise électorale. Mackau dispose également de collaborateurs permanents, dont un secrétaire présent dans son château qui assiste son épouse dans ses activités charitables. Enfin, il bénéficie du soutien du *Journal d'Alençon* dont il est un des principaux actionnaires. Cet exemple de professionnalisation n'est extraordinaire que par la qualité de la documentation laissée. Il montre que, confrontés à des nouvelles formes de concurrence électorale – les comités républicains puis les partis radicaux et socialistes – une partie des notables de la IIIe République a su s'adapter de manière pragmatique. Certains ont dû néanmoins se faire violence pour solliciter publiquement et de manière insistance des suffrages qui, auparavant, leurs étaient accordés spontanément. Ce type d'entrepreneur individuel n'a d'ailleurs pas totalement disparu de nos campagnes électorales. Il suffit, pour s'en convaincre, de regarder le nombre de candidats « divers-droite », « divers-gauche » ou « indépendants » présents et élus lors des scrutins locaux de la Ve République. Comme tous les processus, le processus de professionnalisation politique n'est ni univoque ni irréversible.

---

[790]VOILLIOT (Ch.), *La candidature officielle... op. cit.*, ch. 4.

[254] La Suisse offre d'ailleurs un exemple de professionnalisation limitée des activités politiques. Le parlement helvétique est largement composé de députés que l'on peut considérer comme des professionnels de la politique. Beaucoup, en effet, ont une autre activité professionnelle, le plus souvent en lien avec le monde des affaires. En 2005, un quart environ des parlementaires exerçaient ainsi la profession d'avocat ou de notaire. Mieux encore, 65 % siégeaient dans un conseil d'administration. Inversement, du fait d'un régime strict d'incompatibilités, les enseignants et les fonctionnaires publics sont quasiment absents de cette assemblée élective. Le lien avec les entreprises partisanes est assez faible, les carrières politiques se font par lente accumulation d'un capital de représentation qui commence le plus souvent par la conquête d'un mandat local [791]. Pour Oscar Mazzoleni, dont je résume ici la démonstration[792], la faible autonomie du champ politique par rapport au champ économique en Suisse est liée à une trajectoire singulière de construction d'un État parlementaire[793] dont les caractéristiques sont aujourd'hui les suivantes :

1° Une institution parlementaire peu contraignante (faible durée des sessions, absentéisme) et des indemnités très faibles ;

2° L'importance des pratiques de démocratie directe au niveau cantonal et surtout au niveau municipal ;

3° Le « principe de milice » qui régit symboliquement les formes de la représentation autour de l'idéal de service (très éloigné par conséquent de l'idéal-type du professionnel de la politique) ;

4° La stabilité du système de partis[794] fondé sur des coalitions très stables, ce qui limite les effets de la compétition électorale.

Un facteur conjoncturel est d'ailleurs venu s'ajouter aux précédents, la montée en puissance de l'*Union Démocratique du Centre* (U.D.C.)[795] dont les résultats électoraux en font depuis 2003 le premier parti au niveau confédéral et qui a fait de l'antiparlementarisme une ressource efficace sur le plan électoral ces dernières années, jusqu'à menacer l'équilibre de la « formule magique », c'est-à-

---

[791] Sur ce point au moins, la singularité suisse doit être relativisée : en 1999, plus de 40 % des parlementaires européens détenaient auparavant un mandat local ou régional ; 30 % environ occupaient un poste exécutif au sein d'une entreprise partisane au niveau local ou régional. BEST (H.), COTTA (M.), eds, *Parliamentary Representatives... op. cit.*, p. 505.

[792] MAZZOLENI (O.), « Critique et légitimation de la professionnalisation parlementaire en Suisse », *Politix,* 75, 2006, pp. 165-184.

[793] Pour la dimension historique, voir HERRMANN (I.), *Les cicatrices du passé. Essai sur la gestion des conflits en Suisse (1798-1918),* Berne, Peter Lang, 2006.

[794] MAZZOLENI (O.) et RAYNER (H.), DIR ;, *Les partis politiques suisses : tradition et renouvellements,* Paris, Michel Houdiard éditeur, 2009.

[795] MAZZOLENI (O.), GOTTRAUX (Ph.) et PECHU (C.), dir., *L'Union démocratique du centre : un parti, son action, ses soutiens,* Lausanne, Éditions Antipodes, 2007 ; MAZZOLENI (O.), *Nationalisme et populisme en Suisse. La radicalisation de la nouvelle UDC,* Lausanne, Presses Polytechniques et Universitaires Romandes, 2008.

dire de la coalition au pouvoir depuis 1959[796].

[255] En conclusion de cette brève analyse du processus de professionnalisation politique, il convient de préciser sur deux points le schéma wébérien :

1° Aujourd'hui, un professionnel de la politique n'est pas uniquement celui qui vit *de* la politique, mais bien plutôt tout agent social qui tente d'accumuler la forme spécifique de capital symbolique qui est en jeu au sein du champ politique et que nous avons désignée, à la suite de Pierre Bourdieu, comme le capital politique[797]. La politique est une activité qui doit toujours être appréhendée dans sa double dimension, matérielle (elle procure des revenus fixes et potentiellement de nombreux autres avantages) et symbolique (le droit de parler au nom d'un ou de plusieurs groupes et de faire prévaloir, à travers les différentes formes d'action publique, sa vision du monde).

2° Par conséquent, le processus de professionnalisation politique doit être étudié en lien avec le processus concomitant de démocratisation de l'accès aux positions de pouvoir au sein du champ politique, comme le montre le tableau ci-dessous. L'apparition des professionnels de la politique tels que nous les connaissons est la résultante d'un double processus dont le résultat se présente sous la forme de combinaisons multiples en fonction des chronologies, décalées ou synchrones, de chacun d'entre eux.

Professionnalisation Démocratisation	faible	élevée
Faible	Notables (*dignitary*)	Fonctionnaire (*functionary*)
élevée	Entrepreneur individuel (*free political entrepreneur*)	Professionnel de la politique (*professional politician*)

Professionnalisation et démocratisation[798]

---

[796] BURGOS (E.), MAZZOLENI (O.) et RAYNER (H.), « Le gouvernement de tous faute de mieux. Institutionnalisation et transformation de la "formule magique" en Suisse (1959-2003) », *Politix,* 88, 2009, pp. 39-61.
[797] *Cf.* section 111.
[798] Tableau réalisé à partir de celui proposé par BEST (H.), COTTA (M.), eds, *Parliamentary Representatives... op. cit.,* tableau 13.17 « typologie des législateurs », p. 524.

(26) Champ politique et champ du pouvoir

[261] Pourquoi recourir à la notion de champ du pouvoir ? Il s'agit d'une alternative théorique aux propositions élitistes qui assimilent les détenteurs de positions de pouvoir à une classe dirigeante unique et lui attribuent volontiers tous les maux de la planète... Le champ du pouvoir n'est pas non plus assimilable au seul champ politique. Selon Pierre Bourdieu, il s'agit d'un « univers complexe de relations objectives d'interdépendance (dans et par la domination croisée) entre des champs à la fois autonomes et unis par la solidarité organique d'une véritable division du travail de domination »[799]. Au sein de ce champ à géométrie variable s'affrontent tous ceux qui sont en position dominante dans leurs champs respectifs, c'est-à-dire ceux qui ont accumulé les espèces de capitaux propres à ces espaces sociaux (capital politique, capital économique, capital littéraire, capital scientifique, etc.). Les relations sociales objectivées au sein du champ du pouvoir définissent ainsi le taux de change entre ces différentes espèces de capitaux. Le champ du pouvoir n'est donc pas réductible à une classe dirigeante monolithique car il est, comme tous les autres champs, un espace conflictuel où la définition des postes et des conditions d'accès sont en permanence objet de luttes. Ces luttes portent sur la valeur relative des différentes espèces de capitaux et sur la légitimité qu'elles procurent à leurs détenteurs. À court terme, hors périodes de crise, ces taux de change qui définissent en quelque sorte l'accès au champ du pouvoir sont d'ailleurs assez stables. En France, par exemple, le capital politique est beaucoup plus valorisé que le capital guerrier au sein du champ du pouvoir. Cette constante serait vraisemblablement affectée si un pays voisin menaçait nos frontières, situation assez saugrenue aujourd'hui mais encore fréquente au siècle dernier, offrant ainsi la possibilité à certains officiers généraux d'accéder à des positions plus élevées au sein du champ du pouvoir et pas uniquement, comme c'est le cas aujourd'hui, à des positions élevées au sein du seul champ bureaucratique[800]. Quoi qu'il en soit, les luttes au sein du champ du pouvoir ont pour enjeu principal « le mode de reproduction légitime des fondements de la domination »[801]. L'affrontement entre les groupes dominants est parfois public, les différents acteurs prenant ainsi à témoin les profanes de leur légitimité à imposer leur vision du monde. Le plus souvent, ces luttes restent feutrées car contester publiquement le monopole relatif de tel ou tel groupe pourrait conduire à affaiblir la légitimité de ce monopole collectivement détenu aux

---

[799] BOURDIEU (P.), *La noblesse... op. cit.*, p. 373.
[800] D'où l'importance, pour les officiers généraux français, des postes d'état-major offerts par les organisations internationales comme l'O.T.A.N. Voir MERAND (F.), *European Defence Policy*, Oxford University Press, 2008.
[801] *Ibid.*, p. 376.

yeux des profanes.

Quelle est aujourd'hui la structure du champ du pouvoir en France ? S'appuyant sur les analyses factorielles de correspondance réalisées par lui-même et par ses collaborateurs, Pierre Bourdieu a montré qu'il s'organisait selon une « structure chiasmatique »[802], c'est-à-dire une structure qui repose sur un principe de hiérarchisation dominant (le capital économique) et un principe second (le capital culturel). Le champ bureaucratique, qui regroupe l'ensemble des fonctionnaires d'État, occupe, quant à lui, une position intermédiaire dans cet espace. Néanmoins, les membres de la « noblesse d'État »[803], parce qu'ils cumulent à la fois capital culturel, capital économique et le capital symbolique propre au champ bureaucratique, c'est-à-dire la capacité à définir les formes de l'action publique, y occupent une grande partie des positions les plus élevées. C'est pourquoi ce groupe, dans l'état actuel des taux de change entre espèces de capitaux au sein du champ du pouvoir, peut être assimilé à un groupe dominant. La reproduction de cette domination suppose donc qu'une part importante des postes les plus prestigieux au sein du champ politique et du champ de l'économie demeure accessible à ceux qui jouent le jeu de la « noblesse d'État » et de ses procédures ritualisées de sélection.

[262] Un exemple devrait permettre d'éclairer cette proposition théorique. L'opposition entre Dominique de Villepin et de Nicolas Sarkozy, qui fait périodiquement la une des journaux depuis plusieurs années, n'est pas seulement affaire de caractères ou d'ambitions contraires. Elle peut aussi se lire à travers leurs trajectoires sociales respectives. Celle du premier est exemplaire des possibilités offertes par l'appartenance à la « noblesse d'État ». Disposant d'un capital social et d'un capital culturel élevé, Dominique de Villepin a accédé sans aucun mandat électif à des positions élevées au sein du champ politique (ministre des affaires étrangères, ministre de l'intérieur, premier ministre) par simple reconversion du capital bureaucratique accumulé précédemment à la suite de son passage par l'E.N.A. La trajectoire du second est elle aussi exemplaire : l'ascension sociale de N. Sarkozy est le fruit d'une lente et patiente accumulation de capital politique, ce que montre la précocité de son engagement militant et les mandats électifs qu'il a su conquérir, et accessoirement de capital économique, à travers son cabinet d'avocat d'affaires. Ce qui oppose ces deux professionnels de la politique, ce ne sont pas seulement des ambitions rivales mais aussi deux états de la structure relationnelle du champ du pouvoir. Le désir dont ils ont tous deux fait preuve d'accéder à la

---

[802]*Ibid.*, p. 382. Un chiasme est un procédé de style consistant à croiser des termes dans deux membres de phrase parallèles.
[803]*Cf.* section 241.

présidence de la République est conforme à des principes, pour une part opposés, de légitimation et de reconversion d'espèces différentes de capitaux : d'un côté, la prééminence du capital bureaucratique monopolisé collectivement par les membres de la « noblesse d'État » ; de l'autre, celle du capital de représentation au sein des champs politique et de l'économie. La rivalité entre ces deux prétendants, membres du même parti politique, a été d'autant plus féroce que cette lutte était, depuis 2002, une lutte de succession, visant à s'approprier un héritage, celui de Jacques Chirac qui lui avait accumulé de manière concomitante capital bureaucratique et capital politique[804].

Les luttes qui opposent entre eux, au sein du champ du pouvoir, les agents les plus fortement dotés en capitaux de toute sorte ont néanmoins ceci de particulier qu'elles mettent en scène une rhétorique de l'universel. C'est sans doute d'autant plus vrai lorsque la division du travail de domination repose sur la délégation en lien avec des procédures électives. En effet, pour délégitimer et affronter un adversaire, rien de plus commode que d'en appeler à la raison, au civisme, au désintéressement, à l'intérêt général[805], etc. Or, ces concessions et ces stratégies verbales, parfois teintées de cynisme, peuvent, dans une logique de concurrence pour des postes, s'imposer à ceux qui y font référence ; sous peine, à un moment donné, de devoir donner effectivement suite à ce qui n'était initialement que des promesses ! C'est pourquoi, les dominés sont parfois en mesure de contraindre les dominants à agir en fonction des principes auxquels ces derniers se réfèrent publiquement. Les associations qui soutiennent les mal-logés ont ainsi obtenu du gouvernement Fillon l'inscription dans le droit positif d'un droit au logement opposable sans faire preuve d'une capacité exceptionnelle à troubler l'ordre public[806]. En l'occurrence, mais de tels exemples ne sont pas rares, ce qui peut apparaître comme une concession gouvernementale n'est qu'une manifestation d'un principe structurant du champ du pouvoir : les dominants ne peuvent sans risque affronter, méconnaître ou contourner les principes qui légitiment leur domination. En effet, comme le souligne Pierre Bourdieu, et même si elle est entreprise à des fins de légitimation ou de mobilisation, « l'universalisation symbolique des intérêts particuliers » à laquelle ont en permanence recourt les dominants, parfois sur le mode de la tactique élémentaire, « fait inévitablement avancer l'universel »[807]. On comprend mieux ainsi dans quelle mesure le travail de domination exercée

---

[804] Sur cette problématique de l'héritage, voir COLLOVALD (A.), *Jacques Chirac et le gaullisme*, Paris, Belin, 1999.

[805] CHEVALLIER (J.), « Réflexions sur l'idéologie de l'intérêt général », in *Variations autour de l'idéologie de l'intérêt général*, Paris, Presses Universitaires de France, 1978, vol. 1, pp. 11-45.

[806] *Cf.* section 143.

[807] BOURDIEU (P.), *La noblesse... op. cit.*, p. 559.

dans nos sociétés démocratiques, le plus souvent au nom de l'État, par des groupes sociaux numériquement peu nombreux ne peut être confondu avec les formes anciennes de tyrannie. À des formes simples de domination se sont progressivement substituée des formes plus complexes reposant sur ce que Luc Boltanski nomme « impératif de justification » où les normes et les rapports d'experts remplacent les idéologies comme vecteur du changement imposé à tous ceux qui restent à l'écart du champ du pouvoir[808] et qui, le plus souvent, en restent là...

---

[808] BOLTANSKI (L.), *Rendre la réalité inacceptable,* Paris, Éditions Demopolis, 2008, p. 149 et s.

2/ Les politiques publiques

[271] Dans leur manuel consacré aux politiques publiques, Yves Mény et Jean-Claude Thoenig les définissaient comme « le produit de l'activité d'une autorité investie de puissance publique et de la légitimité gouvernementale »[809]. Cette définition demande sans doute à être précisée aujourd'hui, au regard des nombreux travaux disponibles d'une part et de son ambiguïté intrinsèque de l'autre. En effet, si les politiques publiques renvoient sans aucun doute au versant historiquement légitimé et aujourd'hui partiellement remis en cause de l'action publique, celui de l'État, force est de constater que l'action que l'on n'ose toujours encore désigner comme publique est multiforme. Ces évolutions, qui vont être présentées dans leurs grandes lignes, appellent également une réflexion sur le cadre d'analyse à privilégier pour en comprendre les logiques politiques, économiques et sociales.

a) Les différents niveaux de l'action publique

En introduction à un de ses récents ouvrages, Jean-Pierre Gaudin note qu'aujourd'hui « les politiques publiques apparaissent plutôt comme le produit d'initiatives multiples, à la fois publiques et privée, internationales, nationales et locales »[810]. C'est ce schéma qui nous guidera dans une présentation succincte des différents niveaux de l'action publique qui s'exerce, ou tente de s'exercer, aujourd'hui sur le territoire et sur la population qui y réside[811].

(27) De l'Europe aux collectivités territoriales

[272] Spontanément, les politiques publiques sont associées à l'action gouvernementale et au découpage que suggère la hiérarchie des ministères et des administrations centrales d'État. Or, du fait de la décentralisation et de la construction européenne, deux autres niveaux d'action doivent désormais être évoqués. Au niveau européen, on peut, au risque d'une simplification exagérée, distinguer deux types de politiques publiques : des politiques sectorielles qui viennent, en théorie, se substituer à l'action des États membres et des politiques d'intégration liées aux contraintes posées par les élargissements successifs de

---

[809] MENY (Y.) et THOENIG (J.-Cl.), *Politiques publiques,* Paris, Presses Universitaires de France, 1989. Il s'agit du premier manuel spécialisé paru en France.
[810] GAUDIN (J.-P.), *L'action publique. Sociologie et politique,* Paris, Presses de Sciences-Po/Dalloz, 2004, p. 2.
[811] Pour une présentation plus détaillée, outre les références précédemment citées, voir LASCOUMES (P.) et LE GALES (P.), *Sociologie de l'action publique,* Paris, Armand Colin, 2007.

l'Union Européenne[812]. Examinons brièvement deux exemples :

1° La « politique agricole commune » (P.A.C.) est sans doute la politique européenne la plus connue, la plus sensible et surtout une des plus anciennes car son origine remonte au Traité de Rome de 1957. Elle est le fruit d'un compromis entre la France et l'Allemagne et visait, au départ, à sauvegarder les intérêts français en accompagnant la modernisation des structures et des exploitations agricoles initiée au niveau national. C'est pourquoi, la P.A.C. proposait à la fois des aides à la modernisation et un système de prix garantis. Dans un premier temps, cette politique va aboutir à une intensification de la production et à une coûteuse gestion des excédents. Une réforme radicale[813] a été entreprise en 1992 par suppression des subventions et par alignement progressif des prix européens, plus élevés, sur les prix mondiaux dans une logique libre-échangiste inspirée par l'O.C.D.E.

2° La « politique régionale » est la conséquence des élargissements successifs qui ont vu l'U.E. intégrer des États dont les structures administratives et les niveaux de productivité économique étaient très éloignés les uns des autres. L'objectif principal de cette politique était donc de favoriser la cohésion de l'ensemble communautaire en apportant une aide aux zones rurales, en déclin industriel ou sous-développées[814] ; il a été constamment réaffirmé par les différents traités européens. Cette politique repose sur plusieurs instruments : programmes LEADER de soutien aux initiatives de développement rural, programmes URBAN de soutien au développement urbain, programmes INTERREG destinés à favoriser les coopérations inter-régionales, etc. Reposant sur le partenariat avec les institutions locales, ces politiques d'intégration richement dotées ont favorisé un « processus d'européanisation »[815] sous contrôle mobilisant de nombreux acteurs attirés par les subventions disponibles aux différents guichets. Selon un fonctionnaire européen, interrogé par Laurent Le Ny, le terme d'« auge aux cochons » serait même plus approprié pour les désigner[816] !

Les politiques européennes sont généralement méconnues des citoyens, alors même que la Commission Européenne s'est imposée comme un entrepreneur de politiques publiques multiforme[817]. Il y a plusieurs explications à ce

---

[812]Dehousse (R.), Deloche-Gaudez (F.) et Jacquot (S.), dir., *Que fait l'Europe ?*, Paris, Presses de Sciences-Po, 2009.

[813]Fouilleux (E.), « Entre production et institutionnalisation des idées. La réforme de la politique agricole commune », *Revue française de science politique,* L, 2, 2000, pp. 277-305.

[814]Smith (A.), *L'Europe politique au miroir du local. Les fonds structurels et les zones rurales en France, en Espagne et au Royaume-Uni,* Paris, L'Harmattan, 1995.

[815]Massardier (G.), *Politiques et actions publiques,* Paris, Armand Colin, 2008, p. 253.

[816]*Ibid.*, p. 255.

[817]Polo (J.-F.), *La Commission européenne : un espace de compromis. Le cas de la politique audiovisuelle européenne,* Thèse de doctorat en science politique, IEP d'Aix-en-Provence,

phénomène : la répartition des fonds européen est principalement effectuée au niveau régional et ce sont les responsables élus à ce niveau qui s'en attribuent les mérites[818] ; l'absence de fiscalité européenne n'incite pas les électeurs contribuables à s'intéresser aux budgets de l'U.E., la complexité réglementaire et procédurale[819] de l'action publique européenne est assez décourageante pour les profanes... Cette absence de visibilité de l'action de l'U.E. est à mettre en regard avec la légitimité déclinante des institutions européennes dans les pays « fondateurs » (qui sont aussi des contributeurs nets au budget communautaire). Il ne s'agit pas d'un simple problème de communication mais d'un problème plus structurel. Les responsables gouvernementaux ou régionaux sont passés maître dans l'art de s'attribuer les bénéfices concrets de l'action européenne, sans craindre de dénoncer par ailleurs les méandres des bureaucraties bruxelloises ! Ces stratégies d'auto-imputation sont une manière très ordinaire de « faire de la politique » mais leur généralisation crée un obstacle de taille à la légitimation du processus de construction européenne.

[273] Qu'en est-il des politiques publiques nationales ? En France, sous l'Ancien régime, les secrétaires d'État qui assistaient le souverain dans la gestion des affaires du royaume avaient des attributions géographiquement déterminées. Chacun d'entre eux avait la charge d'une ou de plusieurs provinces. Ce n'est qu'en 1626 qu'une première répartition sectorielle est opérée, autour du chancelier, du surintendant puis contrôleur général des finances et de quatre secrétariats d'État (la Guerre, la Marine, les Affaires étrangères et la Maison du Roi), auxquels s'ajoutèrent par la suite quelques domaines secondaires (les fortifications[820], les pensions, le clergé, la R.P.R.[821], etc.). Devenue département de l'intérieur à la fin du XVIIIe siècle puis ministère de l'intérieur en 1790[822], la Maison du Roi est donc à l'origine de la plupart des actuels départements ministériels, à l'exception de ceux issus de l'administration des finances[823]. Cette

---

2000.

[818] PASQUIER (R.), « L'européanisation par le bas : les régions et le développement territorial en France et en Espagne », in FONTAINE (J.) et HASSENTEUFEL (P.), dir., *To change or not to change ? Le changement de l'action publique à l'épreuve du terrain,* Presses Universitaires de Rennes, 2002, pp. 171-188.

[819] KOHLER-KOCH (B.) et LARAT (F.), « La dissémination du modèle communautaire de gouvernance comme processus d'adoption et d'adaptation », *Politique européenne,* 2, 2000, pp. 87-106.

[820] *Cf.* section 61.

[821] Il s'agit de la « religion prétendument réformée ».

[822] Décrets du 7 août 1790 et des 27 avril et 25 mai 1791.

[823] MOULLIER (I.), *Le Ministère de l'Intérieur sous le Consulat et le Premier Empire, 1799-1814. Gouverner la France après le 18 Brumaire,* Thèse de doctorat en histoire, Université Lille-III, 2004.

cartographie administrative, faite de ministères relativement indépendants les uns des autres, a survécu *ipso facto* et sans grands changements jusqu'à la seconde guerre mondiale. À partir de 1945, la mise en place de l'État-providence et de la planification ont donné naissance à des formes d'actions publiques transversales et inter-ministérielles. Cet accroissement du périmètre de l'action étatique a été défendu par des élites « modernisatrices » unies autour d'un projet de « démocratie économique » censé se substituer au parlementarisme classique jugé dépassé et inefficace. En mettant « la science économique au service de la rationalisation de l'État »[824], ces hauts-fonctionnaires vont largement contribuer à justifier l'intervention de la puissance publique dans des secteurs où l'initiative et la régulation privée étaient auparavant la règle. Cet élan modernisateur va se briser sur la crise économique des années soixante-dix. Le développement du chômage de masse va contrainte les gouvernements successifs à mettre en place des politiques d'accompagnement à destination des groupes sociaux les plus touchés par cette crise[825]. Emblématique de ces politiques publiques complexes du point de vue de l'organisation administrative, la politique de la ville, apparue au début des années quatre-vingt-dix, montre les limites de la coordination de réseaux administratifs[826] différents, aux intérêts parfois opposés, voire contradictoires[827]. Aujourd'hui, c'est principalement à partir des nouveaux cadres et principes budgétaires mis en place par la L.O.L.F[828], eux-mêmes inspirés par les théories du *New Public Management,* « ensemble hétérogène d'axiomes tirés de théories économiques, de prescriptions issues de savoirs de management, de descriptions de pratiques expérimentées dans des réformes (notamment dans les pays anglo-saxons) et de rationalisations doctrinales réalisées par des organisations transnationales »[829] que sont redéfinis les contours de l'action publique au niveau national[830].

---

[824] DULONG (D.), *Moderniser la politique. Aux origines de la Ve République,* Paris, L'Harmattan, 1997, p. 21.

[825] MATHIOT (P.), *Acteurs et politiques de l'emploi en France (1981-1993)*, Paris, L'Harmattan, 2001.

[826] Un réseau administratif est composé d'une administration centrale, de services déconcentrés et d'établissements publics plus ou moins autonomes.

[827] CHEVALIER (G.), *Sociologie critique de la politique de la ville : Une action publique sous influence,* Paris, L'Harmattan, 2005.

[828] Loi organique relative aux lois de finances n° 2001-692 du 1er août 2001. Voir SINE (A.), *L'ordre budgétaire, l'économie politique des dépenses de l'État,* Paris, Economica, 2006.

[829] BEZES (Ph.), « Le renouveau du contrôle des bureaucraties. L'impact du New Public Management », *Informations sociales,* 126, 2005, p. 28.

[830] POLLITT (C.), BOUCKAERT (C.), *Public Management Reform. A Comparative Analysis,* Oxford University Press, 2000.

[274] Cette redéfinition des missions de l'État doit être présentée en parallèle avec l'extension des bureaucraties et des politiques locales depuis les premières lois de décentralisation en 1982. Les transferts de compétence et l'abandon de la tutelle préfectorale ont alimenté une dynamique des politiques locales désormais légitimée et encouragée[831]. Communes, départements et régions ont mis en place une offre multiforme de services publics dans des domaines où l'action de l'État demeurait limitée ou contingentée, que ce soit en matière culturelle, sportive, éducative, sociale, etc... L'apparition de nouveaux acteurs institutionnels – l'intercommunalité, les « pays » – a rendu complexe une architecture administrative qui ne ressemble plus que de très loin à l'administration pyramidale conçue sous le Consulat par Bonaparte ! Le maître mot de l'action publique est désormais la contractualisation. Il s'agit, pour les élus locaux, comme l'a bien montré Jean-Pierre Gaudin[832], de mobiliser le maximum de partenaires et de financements afin de réduire les coûts réels de l'action publique tout en conservant la possibilité de s'en attribuer symboliquement les bénéfices. Le manque de lisibilité de l'action publique est aujourd'hui dénoncée par certains acteurs du champ politique[833], mais la plupart d'entre eux s'accommodent d'une « reterritorialisation » qui leur permet de tenter de maîtriser la production locale de biens publics dans la logique de ce que Emmanuel Négrier définit comme « l'échange politique territorial », à savoir une « série de transactions entre plusieurs ressources et acteurs et dont l'enjeu majeur est constitué par l'action publique au sein du territoire et/ou entre territoires »[834]. Les négociations et la mise en œuvre de ces accords représentent un coût élevé pour les différents acteurs[835], car les collectivités locales s'inscrivent aujourd'hui dans un double système de concurrence : horizontal (entre collectivités de même catégorie) et vertical (entre collectivités de catégories différentes). Nous sommes en présence de ce que Daniel Gaxie désigne comme un « univers "hobbesien" policé dans lequel chacun cherche à étendre ses compétences et ses domaines d'intervention, au moins dans les domaines considérés comme pertinents, à contrôler la distribution des crédits et à maximiser se part des impôts et des subventions »[836]. Nous sommes très loin d'un optimum de gestion basé sur une répartition harmonieuse des compétences

---

[831] BALME (R.), FAURE (A.) et MABILEAU (A.), dir., *Les nouvelles politiques locales. Dynamiques de l'action publique,* Paris, Presses de Sciences-Po, 1999.
[832] GAUDIN (J.-P.), *Gouverner par contrat,* Paris, Presses de Sciences-Po, 1999.
[833] Voir les travaux du *Comité pour la réforme des collectivités locales* présidé par E. Balladur.
[834] NEGRIER (E.) et JOUVE (B.), *Que gouvernent les régions d'Europe. Échanges politiques et mobilisations régionales,* Paris, L'Harmattan, 1998, p. 23.
[835] BOSC (Ch.), Émergence *et négociation de politiques environnementales locales à Lyon et à Montpellier,* Thèse de doctorat en science politique, Université de Montpellier, 2003.
[836] GAXIE (D.), « Structures et contradictions de l'édifice institutionnel », in *Luttes d'institution. Enjeux et contradictions de l'administration territoriale,* Paris, L'Harmattan, 1997, p. 275.

et des financements... Les élus et les responsables locaux sont capables de faire front, au-delà des clivages partisans, pour défendre les lois de décentralisation et dénoncer les transferts de charges ; tous s'inscrivent néanmoins dans une dynamique interventionniste qui fait apparaître, dans certains cas, une véritable concurrence entre les différents niveaux d'administration[837].

Quelles sont les causes de cette dynamique ? Pour Fabien Desage et Jérôme Godard, il faut les chercher dans la « croyance bien enracinée parmi les acteurs de la compétition politique dans la capacité des institutions politiques locales à se singulariser les unes par rapport aux autres, à travers la mise en place de dispositifs d'action publique spécifiques »[838]. Cette sur-valorisation des politiques locales s'articule autour d'une rhétorique de la proximité[839] et d'une dévalorisation par contre-coup de l'intervention étatique. Le jeu électoral luimême alimente cette dynamique interventionniste. Lorsque Catherine Trautmann devient maire de Strasbourg en 1989, succédant ainsi à une lignée d'élus « conservateurs », elle cherche à faire émerger des politiques locales « innovantes » et « modernes » afin de se différencier de ses adversaires, de lutter contre l'influence croissante des élus du F.N. et de préserver ses soutiens au départ peu nombreux au sein de l'administration locale. Comme l'a montré Virginie Anquetin, « les politiques menées par la municipalité strasbourgeoise pour répondre à sa conception des contraintes électorales conjoncturelles ont abouti au développement d'activités, de procédures ou de technologies publiques spécifiques »[840] fortement médiatisées. Les élus locaux disposent en outre d'un répertoire de justification à même de justifier leurs interventions, celui du « socialisme municipal ». Même si les historiens portent un regard beaucoup plus nuancé sur les réalisations des municipalités de gauche (à majorités radicales puis socialistes ou communistes) à la « Belle époque » puis dans l'entre-deux-guerres[841], les élus ne manquent jamais de se référer à ces

---

[837] PAOLETTI (M.), *Décentraliser d'accord, démocratisation d'abord,* Paris, Éditions La Découverte, 2007.

[838] DESAGE (F.) et GODARD (J.), « Désenchantement idéologique et réenchantement mythique des politiques locales », *Revue française de science politique,* LV, 4, 2005, p. 633.

[839] LE BART (Ch.) et LEFEBVRE (R.), sd, *La proximité en politique, Usages, rhétoriques, pratiques,* Presses Universitaires de Rennes, 2005.

[840] ANQUETIN (V.), « Production des politiques publiques et mobilisation électorale. Pour une sociologie politique des politiques publiques mises en oeuvre à Strasbourg, 1989-2001 », in *Les politiques publiques à l'épreuve de l'action locale,* Paris, L'Harmattan, 2007, p. 187.

[841] BIENVENU (J.-J.) et RICHET (L.), « Le socialisme municipal a-t-il existé ? », *Revue historique de droit français et étranger,* 2, 1984, pp. 205-223 ; BRUNET (J.-P.), *Un demi-siècle d'action municipale à Saint-Denis la rouge, 1890-1939,* Paris, Éditions Cujas, 1981 ; CHAMOUARD (A.), « La mairie socialiste, matrice du réformisme, 1900-1939 », *Vingtième siècle,* 96, 2007, pp. 23-33 ; DOGLIANI (P.), *Un laboratorio du socialismo municipale : La Francia, 1870-1920,* Milan, Franco Angeli, 1992 ; FOURCAUT (A.), *Bobigny, banlieue rouge,* Paris, Presses de la FNSP/Éditions ouvrières, 1986 ; LORCIN (J.), « Une utopie fin-de-

réalisations dont les bâtiments les plus visibles (voire des quartiers entiers comme à Villeurbanne[842]) sont autant de preuves de leur capacité à produire des biens publics.

[275] Il convient toutefois de nuancer cette proposition en tenant compte de la diversité des configurations locales. Dans une intéressante monographie sur la ville d'Atlanta[843], Clarence N. Stone a mis en évidence l'existence d'un « régime urbain » (*urban regime*) qu'il définit comme un arrangement informel regroupant à la fois des institutions publiques et des firmes privées qui vont être amenées à coopérer pour élaborer et mettre en œuvre des politiques locales en s'appuyant sur une coalition. Dans un article postérieur, cet auteur a développé son analyse en identifiant quatre régimes urbains différents[844] :

1° Le régime de *statu quo ante* qui se caractérise par une gestion routinière et un faible effort fiscal ; ce régime est compatible avec une coopération limitée entre acteurs publics et privés et la faible mobilisation de ressources extérieurs à la coalition au pouvoir. Ce modèle correspond à ce que nous désignons en France comme une gestion « notabiliaire »[845].

2° Le régime de croissance où l'objectif de la coalition au pouvoir est de promouvoir le développement de la ville ou de lutter contre son déclin ; ce régime suppose la mobilisation d'importantes ressources privées et publiques. La gestion de grands projets suppose d'être attentifs aux effets sur les différents groupes sociaux afin d'éviter la formation de mouvements d'opposition. Ce modèle correspond à la figure du « maire-entrepreneur » mis en évidence dans le cas français[846].

---

siècle au Pays noir : le socialisme municipal à Saint-Étienne en 1900 », *Le Mouvement Social*, 184, 1998, pp. 53-73 ; MAREC (Y), *Pauvreté et protection sociale aux XIXᵉ et XXᵉ siècles : des expériences rouennaises aux politiques nationales,* Presses Universitaires de Rennes, 2006 ; MAREC (Y), dir., *Villes en crise ? Les politiques municipales face aux pathologies urbaines,* Paris, Éditions Créaphis, 2007 ; MURARD (L.) et ZYLBERMAN (P.), *L'hygiène dans la République. La santé publique en France ou l'utopie contrariée, 1870-1918,* Paris, Fayard, 1996 ; NEVERS (J.-Y.), *Les municipalités urbaines à la Belle époque : le cas de Toulouse, 1890-1914,* Toulouse, CERTOP, 2003 ; POLLEZ (M.), *La gestion d'Henri Carette, maire de Roubaix, 1892-1901,* Thèse de doctorat en histoire, Université Lille-III, 1986.

[842] MEURET (B.), *Le socialisme municipal. Villeurbanne, 1880-1982 : histoire d'une différenciation,* Presses Universitaires de Lyon, 1982.

[843] STONE (C. N.), *Regime Politics : Governing Atlanta, 1946-1988,* Lawrence, University of Kansas Press, 1989.

[844] STONE (C. N.), « Urban Regimes and the Capacity to Govern » *Journal of Urban Affairs*, XV, 1, 1993, pp. 1-28.

[845] LE YONCOURT (T.), *Le préfet et ses notables en Ille-et-Vilaine au XIXᵉ siècle (1814-1914),* Paris, L.G.D.J, 2001.

[846] HARVEY (D.), « From Managerialism to Entrepreneurialism : The Transformation in Urban Governance in Late Capitalism », *Geografiska Annaler. Series B, Human Geography*, LXXI, 1, 1989, pp. 3-17 ; LE BART (CH.), *Les maires, sociologie d'un rôle,* Villeneuve-d'Ascq,

3° Le régime progressiste où les politiques locales s'articulent autour d'objectifs privilégiés par les classes moyennes (environnement, qualité de la vie, équipements culturels, etc.) ; ce régime est potentiellement instable car il peut aller à l'encontre des intérêts de certains acteurs du champ de l'économie. Il nécessite un soutien électoral de la population ou des détenteurs des positions centrales de pouvoir. Il est sans doute possible d'inclure la gestion de la ville de Paris depuis 2001 dans ce cadre.

4° Le régime populaire, que l'auteur envisage théoriquement mais juge improbable aux États-Unis. Ce régime s'appuie sur la fourniture de biens publics aux classes populaires, au besoin en mettant à contribution les entrepreneurs privés par le biais de hausse d'impôts. Ce régime suppose aussi un fort encadrement électoral des électeurs les moins supposés participer aux élections locales. Il correspond, dans ses grandes lignes[847], à ce que nous avons désigné précédemment comme « socialisme municipal »[848].

Quoi qu'il en soit, il apparaît que l'État n'est plus aujourd'hui, en France, le régulateur ou l'arbitre des politiques locales, dont les dynamiques sont devenues largement endogènes, et alors même que des acteurs privés prennent une part de plus en plus importante dans l'action publique, remettant ainsi en cause, comme en a récemment formulé l'hypothèse Saskia Sassen « la tendance, plusieurs fois séculaire, qui a vu la croissance et le renforcement d'un domaine public formalisé »[849].

(28) Le rôle des acteurs privés

[281] Insister sur le rôle d'acteurs privés dans le cadre de politiques définies comme publiques pourrait, à première vue, apparaître contradictoire. Il n'en est rien. Aujourd'hui les firmes et les agents du secteur privé jouent un rôle essentiel, à la fois dans la définition et dans la conduite de l'action publique. Le deuxième point est bien connu et ne nécessite pas, dans ce cadre, de longs développements. Les différents réseaux administratifs sont en permanence en relation avec des acteurs privés dans le cadre de procédures variées (marchés publics, concessions, délégations de service public, etc.) afin de mener à bien leurs missions. On imagine mal en effet l'administration de l'Éducation nationale fabriquer par elle-même les chaises, les tableaux, les battons de craie et tous les équipements nécessaires à une salle de classe ! Plus intéressante, du

---

Presses du Septentrion, 2003.
[847] Dans ses grandes lignes seulement car, pour Clarence N. Stone, l'objectif principal de ces politiques locales n'est pas l'émancipation des classes populaires mais l'amélioration de leur « employabilité ».
[848] *Cf.* section 274.
[849] SASSEN (S.), *Critique de l'État... op. cit.*, p. 155.

point de vue de l'analyse sociologique, est la place qu'occupent les firmes et les agents du secteur privé dans la définition des politiques publiques, domaine que l'on pourrait croire réservé aux agents de l'État et au gouvernement[850]. Trois cas de figures nous éloignent insensiblement de l'image d'un gouvernement seul maître de ses décisions :

1° Lorsque l'action de groupes d'intérêt leur permet de co-diriger ou d'influencer de manière décisive les politiques publiques[851] ;

2° Lorsque des firmes privées sont en situation de monopole ou d'oligopole, comme par exemple dans le secteur de la distribution de l'eau[852], ce qui limite l'éventail des contrats et des solutions techniques disponibles à ceux proposés par ces firmes ;

3° Lorsque, pour des raisons budgétaires, les autorités publiques sont contraintes de s'en remettre à des partenaires privés pour le financement et, par suite, la gestion des opérations et des équipements prévus.

Ce dernier cas de figure est de plus en plus fréquent en France dans le cadre des partenariats public-privé (P.P.P.) institués par l'ordonnance du 17 juin 2004. Encouragés par l'Union Européenne [853], les P.P.P. sont censés accroître l'efficacité de la dépense publique en respectant les prescriptions du *New Public Management* et en introduisant les mécanismes de régulation propres aux entreprises privées[854]. Ces dernières, principalement celles relevant du secteur du B.T.P., se voient confier la construction et la gestion d'équipements publics moyennant le paiement d'une redevance sous forme de loyer majoré. En voici quelques exemples : la société *Eiffage* a remporté en 2006 un appel d'offre qui lui a permis de construire et lui permet aujourd'hui de gérer, via une de ses filiales *Optimep 4*, quatre établissements pénitentiaires à Roanne, Nancy, Lyon et Béziers, soit un investissement total de 270 millions d'euros[855], la société *Crédit agricole Leasing/Auxifip* a obtenu de la part de la ville de Perpignan en juillet 2008 le droit de créer et d'exploiter un nouveau théâtre pour une durée de

---

[850] Surtout si l'on s'en tient à l'article 20 de la constitution de la Vème République qui précise que « Le Gouvernement détermine et conduit la politique de la Nation ».

[851] *Cf.* sections 152 à 155.

[852] Trois firmes se partagent à elles-seules 69 % du marché de la distribution de l'eau potable en France selon une étude *Bipe/FP2E* de janvier 2008, citée par *Les Échos* du 25 novembre 2008. Voir GIBLIN (B.), « L'eau : une question géopolitique, en France aussi », *Hérodote,* 110, 2003, pp. 9-28.

[853] Dans le cadre de la politique dite de « concurrence » ; cf. le *Rapport du groupe sur le réseau transeuropéen de transport* publié par la Commission européenne en 2003.

[854] SAINT-MARTIN (D.), *Building the New Managerialist State. Consultants and the Politics of Public Sector : Reform in Comparative Perspective,* Oxford University Press, 2000.

[855] Le contrat de bail signé le 23 février 2006 pour l'établissement de Roanne prévoit que l'État devra s'acquitter pendant 27 ans d'un loyer de 3,8 millions d'euros avant d'hériter enfin de compte du bâtiment ; *Libération* du 19 janvier 2009.

32 ans[856]. En Grande-Bretagne, où ce type de partenariat existe depuis 1987 (*Private Finance Initiative*[857]), des évaluations portant sur les investissements ainsi réalisés ont montré qu'ils engendraient une hausse des coûts de réalisation des équipements, principalement en raison de l'inflation d'études préalables et de la complexité des montages financiers[858]. Dans le même ordre d'idée, la *Fédération canadienne des municipalités* a publié le 30 août 2007 une étude exhaustive sur les constructions d'écoles, d'hôpitaux, de routes, de métro ou de réseaux d'aqueduc effectuées au Canada par l'entremise des P.P.P. Elle montre que ces projets ont finalement été plus coûteux qu'un projet équivalent directement financé par les collectivités publiques[859]. Que représentent les bénéfices réalisés par les différentes firmes intervenant dans le cadre de ces contrats ? On peut estimer que sont autant de recettes potentielles qui échappent aux collectivités publiques (même si une partie est réintégrée dans le budget des États via l'imposition de ces bénéfices) ou de coûts supplémentaires. De plus, il serait assez naïf de croire que les firmes privées ne font que répondre à des appels d'offres : elles sont en mesure de les susciter et de les orienter dans les secteurs qu'elles jugent rentables en faisant pression sur les responsables gouvernementaux. Aux États-Unis, par exemple, où désormais les fonctionnaires fédéraux n'assurent directement qu'un quart environ des tâches gouvernementales[860], l'emprisonnement des condamnés est devenu un marché très lucratif du fait des activités de sous-traitance réalisée par les détenus[861] ; il en va de même de la sous-traitance des activité militaires ou des subventions aux industries d'armement qui représentaient en 2008 pas moins de 82 % du budget de la défense[862] et de 88 % de celui de la N.A.S.A.[863]. *In fine*, il est nécessaire de prendre en compte le contexte macro-économique dans lequel s'effectuent ces opérations. Premièrement, les États sont soumis à ce que les économistes appellent un « stress fiscal »[864]: ils doivent fournir des biens et des

---

[856]Rozier (S.), « La culture à l'encan. Politique culturelle et culture du résultat », in BONELLI (L.) et PELLETIER (W.), dir., *L'État démantelé...op. cit.*, p. 281.

[857]La première réalisation de ce type a été le pont *Queen-Elizabeth II* à Londres.

[858]http://www.unison.org.uk/acrobat/13672.pdf

[859]http://www.fcm.ca/CMFiles/Annual%20Report%202007-f1VFE-332008-2658.pdf

[860]LIGHT (P. C.), *A Government Ill Executed. The Decline of the Federal Service and How to Reverse It,* Cambridge, Harvard University Press, 2008.

[861]WACQUANT (L.), *Les prisons de la misère,* Paris, Raisons d'agir éditions, 1999, pp. 83-85. Voir aussi BELL (E.), *L'État britannique entre le social et le carcéral. Une étude du « tournant punitif » de la politique pénale néo-travailliste, 1997-2007,* Thèse de doctorat es lettres, Université Lyon-II, 2008.

[862]STANGER (A.), *One Nation Under Contract. The Outsourcing of American Power and the Future of Foreign Policy,* Yale University Press, 2009.

[863]WEDEL (J. R.), *Shadow Elite. How the World's New Power Brokers Undermine Democracy, Government, and the Free Market,* New York, Basic Books, 2009, p. 79.

[864]PEROTTI (P.), « Fiscal Policy in Good Times and Bad », *Quartely Journal of Economics,* CXIV,

services en nombre croissant alors que leurs ressources sont contraintes par l'augmentation du stock de la dette et les stratégies d'évasion fiscale des firmes ou des groupes sociaux en position dominante. Deuxièmement, la globalisation et la dérégulation des marchés financiers internationaux ont accru artificiellement la capacité d'investissement des firmes privées[865]. La notion même d'action publique doit donc être reconsidérée à l'aune de la substitution de l'idéal de « l'État compétitif » à la norme, certes parfois idéalisée, de « l'État réglementaire »[866]. Processus complexe qui se traduit de premier abord par une marchandisation généralisée de l'action publique[867], et de manière incidente, par un recul de la « main gauche » de l'État.

[282] Loin d'être intangibles, ni même toujours perçues de manière identique, les limites entre secteurs public et privé ont en effet largement été déplacées au profit du second ces dernières années. Le constat d'une « privatisation des États » comme « multiplication des points d'exercice du pouvoir »[868] établi par Béatrice Hibou vaut pour une large partie des pays du Sud. Encore faut-il ne pas se leurrer sur un processus qui, la plupart du temps, ne concerne pas des États monopolistes mais bien, comme nous l'avons vu précédemment, des « quasi-États »[869]. Dans ces conditions, ce sont moins à des transferts formels de propriété auquel l'on assiste qu'à de multiples arrangements et contrats qui démultiplient les possibilités de captation de rentes offertes aux acteurs. Le regard porté sur les pays du Sud confère ainsi à la notion d'action publique un caractère d'étrangeté qui doit nous alerter. Parler d'action publique pour désigner ce que font des agents et des groupes au nom de l'État nous renvoie au discours commun de légitimation des élites bureaucratiques. Il n'est donc pas certain que vouloir analyser des politiques publiques ne constitue pas également une forme sophistiquée de discours de l'État (occidental) sur lui-même et non un véritable objet construit par les sciences sociales.

4, 1999, pp. 1399-1436 ; voir aussi O'CONNOR (J.), *The Fiscal Crisis of the State,* New York, St Martin's Press, 1973.

[865]LORDON (F.), *Jusqu'à quand ? L'éternel de la crise financière,* Paris, Raisons d'agir éditions, 2008.

[866]SASSEN (S.), *Critique de l'État... op. cit.*, p. 166.

[867] MARTY (F.), TROSA (S.) et VOISIN (A.), *Les partenariats public-privé,* Paris, Éditions La Découverte, 2006, ch. 1.

[868]HIBOU (B.), dir., *La privatisation des États,* Paris, Éditions Karthala, 1999, p. 39.

[869]*Cf.* section 73.

b) L'analyse des politiques publiques

[291] L'analyse des politiques publiques s'est développée initialement aux États-Unis dans les années trente. Il faudra attendre les années quatre-vingt pour que la *policy analysis* trouve une traduction française[870], et soit inscrite dans les programmes d'enseignement en science politique, reléguant au deuxième plan la science administrative[871] et la sociologie urbaine d'inspiration marxiste qui avait pris comme objet l'action planificatrice de l'État[872]. Tout en reprenant à leur compte de nombreuses références américaines, les chercheurs français vont progressivement développer des approches originales. Depuis lors, l'analyse des politiques publiques s'est imposée comme un cadre d'analyse légitime au sein de la science politique et au-delà...

(29) Qu'est-ce que l'analyse des politiques publiques ?

[292] Les premiers analystes des politiques publiques ont élaboré des grilles d'analyse séquentielle visant à décrire les modalités de la prise de décision par les détenteurs de positions de pouvoir. La plus connue, la plus critiquée aujourd'hui sans doute (non sans raisons…), est celle de Charles Jones. Elle met en évidence cinq étapes successives de l'action publique[873] :

1. l'identification d'un problème, ce qui se traduit par son inscription sur un agenda politique ;
2. la formulation de solutions, soit dans le cadre de négociations, soit en interne ;
3. la prise de décision ;
4. la mise en œuvre du programme (*implementation*) ;
5. l'évaluation des résultats des différents programmes.

Cette grille d'analyse linéaire présuppose une rationalité effective de l'action publique selon un schéma assez naïf demande/réponse. Ce postulat de rationalité est, de manière générale, très présent dans les travaux nord-américains inspirés de l'école du *rational choice*. L'enjeu principal des recherches menées dans cette perspective est d'identifier le moment de la décision, l'action concrète des agents restant secondaire ou, pour le moins,

---

[870] LECA (J.) et MULLER (P.), « Y-a-t-il une approche française des politiques publiques ? Retour sur les conditions de l'introduction des politiques publiques en France », in GIRAUD (O.) et WARIN (Ph.), dir., *Politiques publiques et démocratie,* Paris, Éditions La Découverte, 2008, pp. 35-72.

[871] CHEVALLIER (J.), *Science administrative*, Paris, Presses Universitaires de France, 1986.

[872] Voir « Les marxistes et la question urbaine. Entretien avec Edmond Préteceille », *Politix,* 7-8, 1989, pp. 24-29.

[873] JONES (C.), *An Introduction to the Sudy of Public Policy,* North Scituate, Duxbury Press, 1970.

étudiée seulement dans une logique mécanique. Or, il s'avère que l'action publique est très dépendante de contextes et d'enjeux extérieurs aux acteurs gouvernementaux. C'est pourquoi il est nécessaire de s'intéresser plus en détails aux modalités d'inscription sur l'agenda politique que Jean-Gustave Padioleau définit comme « l'ensemble des problèmes perçus comme appelant un débat public, voire l'intervention des autorités publiques légitimes »[874].

[293] Ces modalités sont multiples, si l'on suit l'analyse proposée par Philippe Garraud qui distingue[875] :

1° Le modèle de la mobilisation : une demande sociale constituée et relativement forte conduit à des conflits entre les autorités gouvernementales et des groupes organisés, ayant recours aux médias et revendiquant le soutien de l'opinion publique, se substituant ainsi aux partis politiques ou aux organisations syndicales[876] ;

2° Le modèle de l'offre politique : une demande sociale est construite par l'action conjointe des partis politiques qui bénéficient d'un accès facile et durable aux médias ;

3° Le modèle de la médiatisation : les entreprises de presse ont un rôle moteur et autonome dans la construction d'enjeux saillants pour le champ journalistique ;

4° Le modèle de l'anticipation : les autorités gouvernementales ont la maîtrise de l'agenda politique qui est structuré par des groupes d'intérêts ayant un accès privilégié aux administrations centrales et par les initiatives des leaders politiques en fonction de l'information dont ils disposent ;

5° Le modèle de l'action corporatiste et silencieuse : à partir d'une demande catégorielle forte, des groupes organisés co-gèrent l'agenda de leur secteur avec les autorités légitimes[877].

L'élaboration des agendas est donc, pour Philippe Garraud, relativement contingente, c'est-à-dire liée à des conjonctures gouvernementales et aux luttes entre groupes organisés. Cela ne signifie pas pour autant que les politiques publiques soient imprévisibles ou changeantes car les acteurs concernés ont souvent en commun des manières de voir et construire problèmes et solutions. Bruno Jobert et Pierre Muller ont recours à la notion de « référentiel » pour comprendre comment se construisent ainsi des valeurs, des normes et des images sociales qui vont à la fois favoriser la mobilisation des acteurs intéressés

---

[874]PADIOLEAU (J.-G.), *L'État au concret,* Paris, Presses Universitaires de France, 1982, p. 56.
[875]GARRAUD (Ph.), « Politiques nationales : élaboration de l'agenda », *L'Année sociologique,* 40, 1990, pp. 17-41.
[876]*Cf.* sections 151 à 154.
[877]SULEIMAN (E.), *Les notaires : les pouvoirs d'une corporation,* Paris, Éditions du Seuil, 1987.

par l'action publique et légitimer leur action[878]. Ces référentiels sont le produit des relations entre acteurs en fonction de leurs intérêts, convergents ou non. Il existe des référentiels sectoriels et un référentiel global qui est « une représentation générale autour de laquelle vont s'ordonner et se hiérarchiser »[879] les précédents. Parmi les acteurs qui contribuent à la construction de ces référentiels, certains ont un rôle décisif car ils occupent des positions intermédiaires entre différents groupes ou secteurs. La littérature scientifique les désigne comme « médiateurs », « multipositionnés »[880], « marginaux-sécants »[881] ou « leaders transactionnels »[882]. De manière générale, les analyses des référentiels tendent à confirmer la vision corporatiste de l'action publique, les acteurs de chaque secteur étant supposés disposer d'une autonomie relative par rapport à l'administration centrale et de lieux propres de négociation. Ces approches sont souvent qualifiées de cognitives car elles mettent particulièrement l'accent sur les manières dont les acteurs appréhendent les réalités et tentent d'imposer, par la négociation, leurs visions du monde social[883]. S'ils ont considérablement fait progresser notre connaissance des modalités effectives de l'action publique, ces travaux demeurent prisonniers d'une vision institutionnaliste : les acteurs qui participent à la construction des référentiels sont le plus souvent en effet identifiés par leurs positions institutionnelles.

[294] L'analyse de réseaux (*network analysis*)[884] tente de contourner cet obstacle en construisant de manière empirique des « communautés de politiques publiques » (*policy communities*)[885] où s'élaborent les cadres de l'action à travers des négociations et des échanges sectorisés. Plusieurs méthodes sont utilisables dans cette perspective (positionnelle, institutionnelles, réputationnelle), toutes visent à mesurer la fréquence et l'intensité des relations entre acteurs par le biais de graphes relationnels ou de tableaux d'échange, en affectant des coefficients aux relations identifiées. Le traitement informatique

---

[878] JOBERT (B.) et MULLER (P.), *L'État en action,* Paris, Presses Universitaires de France, 1987.

[879] MULLER (P.), *Les politiques publiques,* Paris, Presses Universitaires de France, 1990, p. 47.

[880] MASSARDIER (G.), « Les savant les plus "demandés". Expertise, compétences et multipositionnalité : le cas des géographes dans la politique d'aménagement du territoire », *Politix,* 36, 1997, pp. 163-180.

[881] JAMOUS (H.), « Éléments pour une théorie sociologique des décisions politiques », *Revue française de sociologie,* IX, 1, 1968, pp. 71-88.

[882] BAILEY (F. G.), *Les règles... op. cit.*

[883] MULLER (P.), « L'analyse cognitive des politiques publiques. Vers une sociologie politique de l'action publique », *Revue française de science politique,* L, 2, 2000, pp. 189-207.

[884] RHODES (R. A. W.), MARSH (D.), *Policy Network in British Government,* Oxford, Clarendon Press, 1992.

[885] RICHARDSON (J.-J.), JORDAN (A. G.), *Policy Styles in Western Europe,* Londres, Allen & Unwin, 1982.

des données recueillies permet ensuite de calculer des indices de relation et de distinguer, à partir de critères préalablement définis (le degré de hiérarchisation, la stabilité dans le temps et l'ouverture sur l'extérieur) des communautés qui réunissent soit, de manière durable, des acteurs politiques, administratifs et issus de secteurs professionnels (*iron triangle*), soit des « réseaux de projets »[886] ou des « réseaux thématiques » (*issue networks*) moins institutionnalisés car limités à des projets précis. Comme en matière d'analyse électorale, la sophistication de ces méthodes d'analyse est loin de toujours déboucher sur des résultats à la hauteur des investissements intellectuels réalisés.

(30) Pour une sociologie de l'action publique

[301] Les pratiques des agents de l'État peuvent être appréhendées avec la boîte à outils « classique » du sociologue sans nécessairement recourir aux outils sophistiqués des spécialistes des politiques publiques[887]. L'enquête menée par Pierre Bourdieu et Rosine Christin sur le marché de la maison individuelle en France met en avant le rôle de l'État dans la construction de ce marché à travers les différentes politiques d'aide aux particuliers. La réglementation dans le domaine de la construction de logements individuels n'est pas seulement le fruit d'une décision désincarnée mais le produit de luttes sociales entre « d'un côté, des agents ou des institutions bureaucratiques investies de pouvoirs différents et souvent concurrents et dotés d'intérêts de corps parfois antagonistes, et de l'autre, des institutions ou des agents qui interviennent pour faire triompher leur intérêts ou ceux de leurs mandants »[888]. Ces luttes pour élaborer les règles s'établissent sur la base de conflits ou d'alliances d'intérêts, mais aussi d'affinités d'habitus. Ce que nous nommons, par facilité, la « politique du logement » n'est en fait, dans ses déclinaisons successives, qu'un aspect des luttes internes au champ bureaucratique pour dire ce que doit faire et ce que doit être l'État. Par exemple, la notion de « droit au logement » qui figure dans l'article 1er de la loi du 22 juin 1982 est le fruit de négociations et de l'alliance entre associations familiales, syndicats, partis de gauche, réformateurs sociaux, chercheurs en sciences sociales, etc.

L'étude des politiques publiques ne doit pas se limiter à ces généralités, même rebaptisées « référentiels », qui, comme le droit au logement, sont régulièrement contredites, voire ignorées, lorsqu'on étudie le détail de la réglementation ou les décisions particulières. Pour comprendre l'ensemble des actes des agents de l'État ou des collectivités locales, il est nécessaire de restituer la structure du champ dans lesquels ils s'inscrivent, c'est-à-dire, de

---

[886] GAUDIN (J.-P.), *Politiques de la ville,* Paris, Presses Universitaires de France, 1995.
[887] *Cf.* section 283.
[888] BOURDIEU (P.), *Les structures sociales de l'économie,* Paris, Éditions du Seuil, 2000, p. 116.

l'ensemble de leurs trajectoires et de leurs positions. Cela passe par le repérage des agents efficients que sont « les individus qui ont assez de poids pour orienter effectivement la politique du logement parce qu'ils détiennent telle ou telle des propriétés agissantes dans le champ »[889]. En établissant, comme le fait Pierre Bourdieu, une correspondance entre les prises de positions des différents agents (élus, hauts fonctionnaires, groupes d'intérêts, etc.) et les positions qu'ils y occupent, on peut comprendre les logiques d'action (ou d'inaction) du champ bureaucratique[890]. Le champ bureaucratique présente la particularité d'être fortement institutionnalisé. Néanmoins, en cas de conflit avéré ou anticipé, et pour lutter contre « la tendance à l'auto-perpétuation des instances bureaucratiques »[891], on a parfois recours à des instances *ad hoc* (commissions, comités, experts, etc.) regroupant des agents ayant accumulé suffisamment de capital bureaucratique et/ou de capital politique pour imposer à tous les autres agents une réforme des structures ou des manières de faire. Le passage, dans les années soixante-dix de « l'aide à la pierre »[892] à « l'aide à la personne » est le fruit d'une stratégie d'alliance entre un groupe de rénovateurs « libéraux » au sein qui a débouché sur un transfert de responsabilités du ministère de l'équipement – qui supervisait les programmes de construction de logements de type H.L.M. – à la direction du Trésor du ministère des finances – qui prit à son compte les aides à la personne.

[302] On peut également étudier les changements dans la définition de l'action publique à travers ses déclinaisons locales, et notamment à travers les multiples ajustements aux règles définies par les administrations centrales. Contrairement à ce que le fétichisme juridique peut laisser croire, « la règle n'est pas vraiment le principe de l'action »[893] des agents de l'État ou des collectivités locales. Elle est un enjeu autour duquel se déploient de multiples stratégies d'application au moindre coût et de contournement qui peuvent, dans certains cas, aller jusqu'à la transgression. Comme l'avait déjà montré Pierre Grémion à propos de la réforme régionale de 1964, certains « notables » locaux disposent d'un accès privilégié à l'administration locale et à ses agents, notamment les préfets et les sous-préfets, voire, pour les plus titrés d'entre eux, aux

---

[889] *Ibid.*, p. 124.
[890] Les deux axes principaux sont d'une part celui qui oppose les membres de la haute fonction publique et les groupes d'intérêts, et d'autre part celui qui oppose les administrations financières et les administrations techniques. Un troisième axe oppose les hauts fonctionnaires et élus « novateurs » à leurs homologues « conservateurs ». *Ibid.*, p. 131.
[891] *Ibid.*, p. 140.
[892] Ensemble de mesures d'aide à la construction de logements reposant sur des prêts ou des taux bonifiés.
[893] BOURDIEU (P.), *Les structures... op. cit.*, p. 164.

administrations centrales[894]. Leur capital politique accumulé leur permet d'obtenir des ajustements parfois conséquents aux règles impersonnelles édictées par les instances bureaucratiques ; de tels ajustements, en matière d'urbanisme par exemple, pouvant avoir d'importantes conséquences économiques et financières. Ces ajustements à la règle ne sont possibles que parce qu'il existe des oppositions structurales entre les différents services de l'État d'une part et entre les services de l'État et ceux des collectivités locales de l'autre. La multiplication des niveaux d'administration territoriale a démultiplié les possibilités d'ajustement tout en augmentant le volume de capital bureaucratique ou de capital politique nécessaire pour occuper une position localement dominante[895]. L'exemple du quota de 20% de logements sociaux imposés aux communes par la loi S.R.U[896] donne à voir les différents stratégies des acteurs concernés : certains tentent de se conformer à la règle en essayant d'obtenir des avantages en contrepartie, d'autres tentent d'interpréter la règle pour intégrer dans le périmètre du logement social des programmes immobiliers intermédiaires, d'autres enfin refusent d'appliquer la règle en s'appuyant sur le soutien de leurs électeurs[897] ou en arguant de l'absence de réserves foncières disponibles pour la construction de logements sociaux.

[303] L'étude de l'action publique implique, nous venons de le voir, celle de la manière de jouer de l'ensemble des acteurs concernés. Sur tous les acteurs concernés pèsent des contraintes structurales, mais aussi un impératif de justification. Il est en effet possible de repérer des catégories qui servent à justifier et à organiser l'action publique. Sylvie Tissot nous explique ainsi que la politique de la ville n'est devenue pensable qu'à partir du moment où, au tournant des années quatre-vingt, un nouveau paradigme – celui de l'exclusion[898] – amène certains réformateurs sociaux à territorialiser leurs modes d'action et à se focaliser sur les « quartiers en difficultés »[899]. La politique de la ville n'est pas une réponse mécanique à une réalité objective (le problème des banlieues), mais la mise en place d'un nouveau cadre de pensée et d'action qui

---

[894]GREMION (P.), *Le pouvoir périphérique. Bureaucrates et notables sans le système politique français,* Paris, Éditions du Seuil, 1976.
[895]*Cf.* section 274.
[896]Loi n°2000-1208 du 13 décembre 2000 relative à la solidarité et au renouvellement urbains.
[897]Les propriétaires de logement redoutant à la fois une hausse de la fiscalité locale assise sur les biens immobiliers et la dévalorisation de leur capital. Voir PINÇON (M.) et PINÇON-CHARLOT (M.), *Quartiers bourgeois, quartiers d'affaires,* Paris, Payot, 1992.
[898]MOUCHARD (D.), *Être représenté. Mobilisations d'"exclus" dans la France des années 1990,* Paris, Éditions Économica, 2009, ch. 1 ; THOMAS (H.), *La production des exclus,* Paris, Presses Universitaires de France, 1997.
[899]TISSOT (S.), *L'État et les quartiers,* Paris, Éditions du Seuil, 2007.

vient redéfinir les contours de l'État social[900] à la faveur de la montée en puissance des collectivités locales et du « tournant néo-libéral »[901] de 1983. Depuis lors, les programmes d'action publique en direction des quartiers et des cités périphériques servent à « récréer du lien social » en améliorant l'habitat et en favorisant la « participation » des habitants, et non plus à agir directement sur leurs conditions matérielles à travers des politiques de lutte contre le chômage. Le paradoxe est que cette politique « réformiste » a été en grande partie inventée et soutenue par des anciens militants d'extrême-gauche qui ont fait alliance avec des réformateurs sociaux à mesure qu'ils pouvaient ainsi intégrer des segments de l'administration d'État, et qu'elle se traduit par une stigmatisation accrue des classes populaires (les « quartiers dangereux »)[902] susceptible de justifier des formes d'intervention policière et judiciaire, autant dire une « gestion pénale de la pauvreté »[903]. Il va de soi que cette évolution répressive n'a été ni prévue ni envisagée par ceux qui furent les promoteurs et les défenseurs initiaux de la politique de la ville[904]. Cet exemple montre, s'il en était besoin, qu'une réforme de l'action publique s'appuie toujours sur des changements dans la manière de penser et de nommer les réalités sociales. Nul néanmoins ne pouvait prévoir les usages potentiels et le devenir de catégories, y compris ceux qui ont contribué à leur donner naissance dans un tout autre contexte. Sur ce point, les sociologues – nombreux à s'être investis dans cette cause – sont logés à la même enseigne que tous les autres acteurs... Raison de plus pour exercer collectivement la « vigilance épistémologique » à laquelle faisait référence l'introduction de cet ouvrage tout en paraphrasant Karl Marx, ce que le lecteur voudra bien me pardonner, pour conclure que ni l'ignorance ni « la pensée tiède »[905] n'ont jamais servi personne...

---

[900]Dont la genèse est subtilement retracée par DE SWAAN (A.), *Sous l'aile protectrice de l'État,* Paris, Presses Universitaires de France, 1995 (1ère ed. 1988).
[901]JOBERT (B.), dir., *Le tournant néo-libéral en Europe,* Paris, L'Harmattan, 2003.
[902]BONELLI (L.), *La France a peur... op. cit.*, ch. 1 ; RIGOUSTE (M.), *L'ennemi intérieur... op. cit.*, ch. 9.
[903]TISSOT (S.), *L'État et les quartiers... op. cit.*, p. 288.
[904]Voir, à titre d'exemple, DONZELOT (J.) et ESTEBE (Ph.), *L'État animateur. Essai sur la politique de la ville,* Paris, Éditions Esprit, 1994.
[905]ANDERSON (P.), *La pensée tiède. Un regard critique sur la culture française,* Paris, Éditions du Seuil, 2005.

TABLE DES MATIERES

Introduction - La science politique : objets, méthodes et problématiques — 9

Chapitre 1 : L'ordre politique — 15

1/ Naissance de l'État moderne — 19
- *a) Les formes archaïques* — 20
  - (1) Les sociétés anciennes — 20
  - (2) Existe-t-il des sociétés sans État ? — 27
- *b) La formation des États modernes ?* — 29
  - (3) La sociologie historique — 29
  - (4) La « dynamique de l'Occident » et la genèse d'une bureaucratie d'État — 38
  - (5) Vers un renversement de perspective ? — 44
- *c) L'universalisation de l'ordre étatique* — 47
  - (6) Ordre national et ordre international — 48
  - (7) Mondialisation et « crise de l'État » — 51

2/ L'analyse sociologique des institutions politiques — 61
- *a) Une catégorie hybride : les régimes politiques* — 61
  - (8) Que cent-mille typologies fleurissent... — 62
  - (9) Le triptyque DAT et ses limites — 65
- *b) Une division du travail institutionnalisée* — 83
  - (10) Domination et représentation — 85
  - (11) Qu'est-ce qu'un champ politique ? — 89
  - (12) La « politique saisie par le droit » ? — 95

Chapitre 2 : La participation politique — 101

1/ L'action collective — 103
- *a) Les théories de l'action collective* — 103
  - (13) Le paradoxe de l'action collective — 104
  - (14) La mobilisation en théories — 108

       b) Les formes contemporaines de l'action collective   112
            (15) Les groupes d'intérêt   112
            (16) La défense des causes et le militantisme   121
   2/ La politique électorale   129
       a) les comportements électoraux   129
            (17) Le vote : de l'évidence à l'analyse   130
            (18) Les déterminants sociaux du vote   133
       b) Les partis politiques   138
            (19) Aux origines des partis politiques   139
            (20) Du parti politique à l'entreprise partisane   147
       c) Médias, communication et sondages   152
            (21) Le journalisme politique   152
            (22) L'opinion publique et les sondages   158

Chapitre 3 : L'action publique   165
   1/ Qui gouverne ?   167
       a) Comment caractériser les gouvernants ?   167
            (23) Les élites politiques   167
            (24) La « noblesse d'État »   171
       b) La politique : une activité spécifique   175
            (25) La professionnalisation politique   175
            (26) Champ politique et champ du pouvoir   180
   2/ Les politiques publiques   185
       a) Les différents niveaux de l'action publique   185
            (27) De l'Europe aux collectivités territoriales   185
            (28) Le rôle des acteurs privés   192
       b) L'analyse des politiques publiques   196
            (29) Qu'est-ce que l'analyse des politiques publiques ?   196
            (30) Pour une sociologie de l'action publique   199

Table des matières   203
Index   205

INDEX

ABU-LUGHOD Janet,
ACHIN Catherine,
ALLIES Paul,
ANDERSON Perry,
ANQUETIN Virginie,
ARENDT Hannah,
ARON Raymond,
AXTMANN Roland,
BADIE Bertrand,
BAILEY Frederick,
BAYART Jean-François,
BENTLEY Arthur,
BEST Heinrich,
BOIS Paul,
BOLTANSKI Luc,
BOURDIEU Pierre,
BOUTMY Émile,
BRACONNIER Céline,
BRAUD Philippe,
BRAUDEL Fernand,
BROSZAT Martin,
BRZEZINSKI Zbigniew,
CHAMPAGNE Patrick,
CHRISTIN Rosine,
CLASTRES Pierre,
CONDORCET Nicolas de,
CONSTANT Benjamin,
COTTA Maurizio,
DAHL Robert,
DARRAS Eric,
DESAGE Fabien,
DOBRY Michel,
DORMAGEN Jean-Yves,
DOWNING Brian,
DURKHEIM Émile,
DUVERGER Maurice,
ELIAS Norbert, 7,
ENGELS Friedrich,
EYMERI Jean-Michel,
FAVOREU Louis,
FAVRE Pierre,
FOUCAULT Michel,
FRABOULET Danièle,
FRANCOIS Bastien,
FRETEL Julien,
FRIEDRICH Carl,
FURET François,
GARRAUD Philippe,
GARRIGOU Alain,
GAUDIN Jean-Pierre,
GAXIE Daniel,
GENET Jean-Philippe,
GENTILE Emilio,
GENTILE Giovanni,
GODARD Jérôme,
GOLDSTONE Jack,
GREMION Pierre,
HACKING Ian,
HARNER Michael,
HERMET Guy,
HIBOU Béatrice,
HINTZE Otto,
HIRSCHMAN Albert,
HOBSON John,
HUARD Raymond,
HUBE Nicolas,
ISRAËL Liora,
JACKSON Robert,
JANDA Kenneth,
JOBERT Bruno,
JONES Charles,
KIRCHHEIMER Otto,
KUZMICS Helmut,
LACROIX Bernard,
LAGROYE Jacques,
LAPIERRE Jean-William,
LAROCHE Josépha,
LASWELL Harold,
LAVAU George,
LE BOHEC Jacques,
LECA Jean,
LEGRAVE Jean-Baptiste,
LEHINGUE Patrick,
LE NY Laurent,
LEVEQUE Sandrine,
LEWIN Moshe,
MAIR Lucy,
MARCUSE Herbert,
MARX Karl,
MAUSS Marcel,
MAYER Arno,
MAYER Nona,
MAZZOLENI Oscar,
MBEMBE Achille,
McADAMS Robert,
MENY Yves,
MICHELET Guy,
MICHELS Roberto,
MONTLIBERT Christian de,
MOORE Jr. Barrington,
MOSCA Gaetano,
MOSSE George,
MULLER Pierre,
NEGRIER Emmanuel,
NEVEU Erik,
OBERSCHALL Anthony,
OFFERLE Michel,
OLSON Mancur,
OSTROGORSKI Moseï,
PADIOLEAU Jean-Gustave,
PASSERON Jean-Claude,
PECHU Cécile,
PHELIPPEAU Eric,

PLATON,
PUDAL Bernard,
PUTMAN Robert,
REMOND René,
RIGOUSTE Mathieu,
RIUTORD Philippe,
ROKKAN Stein,
ROUQUIE Alain,
ROUSSEAU Jean-Jacques,
SASSEN Saskia,
SAWICKI Frédéric,
SCHEMEIL Yves,
SCHUMPETER Joseph,
SEILER Daniel-Louis,
SERVICE Elman,
SHILS Edward,
SIEGFRIED André,
SIMON Michel,
SPRUYT Hendrik,
STONE Clarence,
STONE Lawrence,
STRAUSS Leo,
STRAYER Joseph,
THOENIG Jean-Claude,
TILLY Charles,
TISSOT Sylvie,
TOCQUEVILLE Alexis de,
TRUMAN David,
VAN DE WALLE Nicolas,
VAN VELSEN Jan,
WALLERSTEIN Immanuel,
WEBER Max,
WILLEMEZ Laurent,
WITTFOGEL Karl,
WOOLLEY Leonard,
WRIGHT MILLS Charles,

L'Harmattan, Italia
Via Degli Artisti 15 ; 10124 Torino

L'Harmattan Hongrie
Könyvesbolt ; Kossuth L. u. 14-16
1053 Budapest

L'Harmattan Burkina Faso
Rue 15.167 Route du Pô Patte d'oie
12 BP 226
Ouagadougou 12
(00226) 76 59 79 86

Espace L'Harmattan Kinshasa
Faculté des Sciences Sociales,
Politiques et Administratives
BP243, KIN XI ; Université de Kinshasa

L'Harmattan Guinée
Almamya Rue KA 028
En face du restaurant le cèdre
OKB agency BP 3470 Conakry
(00224) 60 20 85 08
harmattanguinee@yahoo.fr

L'Harmattan Côte d'Ivoire
M. Etien N'dah Ahmon
Résidence Karl / cité des arts
Abidjan-Cocody 03 BP 1588 Abidjan 03
(00225) 05 77 87 31

L'Harmattan Mauritanie
Espace El Kettab du livre francophone
N° 472 avenue Palais des Congrès
BP 316 Nouakchott
(00222) 63 25 980

L'Harmattan Cameroun
Immeuble Olympia face à la Camair
BP 11486 Yaoundé
(237) 458.67.00/976.61.66
harmattancam@yahoo.fr

L'Harmattan Sénégal
« Villa Rose », rue de Diourbel X G, Point E
BP 45034 Dakar FANN
(00221) 33 825 98 58 / 77 242 25 08
senharmattan@gmail.com

633391 - Décembre 2015
Achevé d'imprimer par